识干家

企業閱讀　學以致用

通路精耕操作全解

快消品20年实战精华

周俊　陈小龙◎著

中华工商联合出版社

图书在版编目（CIP）数据

通路精耕操作全解：快消品 20 年实战精华/周俊，陈小龙著．—北京：中华工商联合出版社，2015. 10

ISBN 978-7-5158-1468-1

Ⅰ. ①通… Ⅱ. ①周… ②陈… Ⅲ. ①食品企业－企业经营管理－经验－台湾省 Ⅳ. ①F426. 82

中国版本图书馆 CIP 数据核字（2015）第 240068 号

通路精耕操作全解：快消品 20 年实战精华

作　　者： 周　俊　陈小龙
责任编辑： 于建廷　效慧辉
责任审读： 郭敬梅
封面设计： 久品轩设计
责任印制： 迈致红
出版发行： 中华工商联合出版社有限责任公司
印　　刷： 三河市文阁印刷有限公司
版　　次： 2016 年 2 月第 1 版
印　　次： 2016 年 2 月第 1 次印刷
开　　本： 710mm × 1000mm　1/16
字　　数： 440 千字
印　　张： 21. 5
书　　号： ISBN 978-7-5158-1468-1
定　　价： 76. 00 元

服务热线： 010－58301130
团购热线： 010－58302813
地址邮编： 北京市西城区西环广场 A 座
19－20 层，100044
http：//www. chgslcbs. cn
E-mail：cicap1202@ sina. com（营销中心）
E-mail：gslzbs@ sina. com（总编室）

博瑞森图书：企业阅读　本土实践

亲爱的读者朋友：

也许您是博瑞森图书的老读者，也许是新朋友，欢迎您阅读博瑞森图书！

当今中国，各行各业都存在着转型升级的压力与机遇。博瑞森图书与您一同应对转型挑战并发现其带来的机遇。

我们一直在问：什么样的书能为您解决管理难题并带来启发？

我们一直在找：哪些作品能帮助企业从跟随到领先？

我们一直在做：把最好的作品以最便捷的方式呈现给您，纸质版、电子版、书摘邮件、微信……

我们策划图书的原则是：

- 企业阅读——与您一样，做水中的游泳者，而非岸上的观众或教练，企业的困惑就是我们的任务。
- 本土实践——与您一样，立足本土环境，追求卓越实践，传播最适合当下中国企业的管理之道。

我们也向所有的企业管理者、管理咨询专家和企业研究者征稿，让更多被实践检验的好思想、好方法迸发出来，为企业助力！（bookgood@126.com 或 QQ：1963328416 或手机号 13611149991（微信号），绝非“自费出书”，不向作者收取任何费用）

如果有一天，您把博瑞森图书视为您优秀的事业伙伴、管理助手，我们也就实现了自己的梦想。

博瑞森图书

前　言

康师傅控股有限公司主要在中国从事生产和销售方便面、饮品及方便食品的工作。该公司于1992年生产方便面，并自1996年起扩大业务至方便食品及饮品领域。2012年3月，该公司进一步拓展饮料业务范围，完成与PepsiCo中国饮料业务之战略联盟，开始独家负责制造、灌装、包装、销售及分销PepsiCo在中国的非酒精饮料。目前，该公司的三大品项产品皆已在中国食品市场占有显著的地位。据AC Nielsen 2014年12月零售市场研究报告的调查结果显示，以销售量为基准，在2014年1月~12月，该集团的方便面、即饮茶、包装水及蛋卷的市场占有率分别为46.8%、53.9%、20.8%及18.3%，稳居市场领导地位；整体果汁的市场占有率为23.9%，居市场第二位。据Canadean 2014年12月数据显示，百事碳酸饮料2014年销售量市场占有率以30.3%居市场第二位。“康师傅”作为中国家喻户晓的品牌，经过多年的耕耘与积累，深受中国消费者的喜爱和支持。

该公司不断完善遍布全国各地的销售网络，令新产品更加快速、有效地登陆市场，使得集团产品处于行业领先地位。截至2014年12月底，该公司共拥有582个营业所及77个仓库，服务36837家经销商及118359家直营零售商。

康师傅控股有限公司的成功并非偶然！

该公司除了拥有世界最先进的生产设备外，还拥有一支高素质的管理团队和一套系统完善的管理体系。在20多年的企业经营中，该公司最大的成功就是建立了一套完整的营销方法。通过对这一营销方法的运用，他们创造了一个又一个奇迹。可以说，独特的营销方法与优秀营销团队的有力执行是该公司的核心竞争力！

该公司的营销方法可以概括为通路精耕、品类品项管理与品牌沟通三种。其中，通路精耕是最重要的营销方法，也是助康师傅食品事业走向辉煌的一把利剑！通路精耕战略的实施为该公司征战中国市场提供了广阔的销售平台，支撑该公司建立了强大的食品王国，成为业界的霸主。

随着市场的不断变化和该公司业绩的迅猛增长，康师傅控股有限公司秉承其

“诚信、务实、创新”的经营理念，不断进行创新与变革，其他灵活的营销方法也逐步浮出水面。

在营销实践中，我们非常重视“通路精耕”方法所发挥的作用。因此，我们利用业余时间，结合自身的工作经验与心得，共同编写此书，谨将此书献给广大从事营销工作的朋友，希望对大家有所启发与帮助！

2010 年，原书经电子工业出版社出版。此后的几年里，通路精耕这一经营模式仍然保持着新鲜活力及其在营销管理上的巨大威力。借此再版的机会，我们对原书的部分内容做出新的修订，介绍了通路精耕经营模式在各行业的运用。

通路精耕是一门营销指挥学，是在准确把握中国市场运作的基本特点和基本规律的基础上建立的行动科学。有效地运用通路精耕经营模式是企业在市场竞争中建立其渠道霸权的奇术。

周俊　陈小龙

2015 年 6 月

修订说明

本书是在 2010 年 10 月 1 日第 1 版的基础上进行全面修订的。

修订的主要方面：

1. 阅读完善。

第 1 版在行文的时候，有些数字、文字上的错误，本版中进行了修正。

第 1 版中还有部分图片不够清晰也得到了解决。我们发现在亚马逊、当当网、豆瓣网对本书的评价之中，有读者反映这个问题，在本版之中对所有的图片、表格全部进行一一比照，确保清晰。

2. 用词统一。

在第 1 版之中，在对同一名词的表达方面，有数种表达的，本版全部统一，具体见增加的“术语表”。

3. 普遍适用。

这个版本的普遍适用性得到了体现。在第 1 版之中，大量引用了在饮料行业之中操作“通路精耕”的具体做法，以至于可能让读者误认为本书是一本饮料营销方面的书。要知道，即便是在最早应用“通路精耕”的康师傅系统，也涉及几个不同的行业，如顶津“饮料”、顶益“方便面”、顶园“饼干及休闲食品”，全都采用“通路精耕”，个个赚大钱。实际上，“通路精耕”在糖果、食用油、化妆品等行业也有极好的应用。

因此，在本版之中，我们增加了除饮料以外的其他快速消费品行业的一些应用小案例，以方便读者对“通路精耕”的理解。

修订说明

目录 Contents

第 1 章 何谓通路精耕 / 1

1.1 何谓通路 / 2
1.2 如何划分通路 / 4
1.3 通路精耕概述 / 7
1.4 结语 / 23

第 2 章 城市分级与区域划分 / 25

2.1 城市分级 / 26
2.2 区域划分 / 29

第 3 章 通路普查 / 35

3.1 通路普查准备 / 36
3.2 通路普查的步骤与流程 / 39
3.3 普查质量控制 / 55
3.4 通路普查资料汇整与精耕客户确认 / 55
3.5 外埠片区通路普查作业办法 / 63

第 4 章 通路布建 / 71

4.1 城市的构成与划分 / 72
4.2 城市通路经营模式 / 74
4.3 外埠区域通路经营模式 / 82

第 5 章 路线规划与人员组织布建 / 95

5.1 路线划分 / 96
5.2 人员布建 / 114
5.3 组织架构布建 / 118

第 6 章 CRC 建立 / 129

6.1 CRC 的概念与作用 / 130
6.2 CRC 的建立办法 / 136
6.3 CRC 的运用 / 139
6.4 直营客户 CRC 内容 / 141

第 7 章 终端客户管理 / 151

7.1 何谓终端 / 152
7.2 终端铺货与销售技巧 / 157
7.3 终端生动化 / 168
7.4 客户拜访八步骤 / 193
7.5 终端促销执行办法 / 199
7.6 市场资讯收集办法 / 206

第 8 章 批发客户管理 / 213

8. 1 批发客户类型与特点 / 214

8. 2 批发客户管理 / 218

第 9 章 经销商开发与管理 / 239

9. 1 经销商特点 / 240

9. 2 经销商开发 / 244

9. 3 经销商管理 / 259

第 10 章 组织结构与营业所管理 / 275

10. 1 销售目标管理 / 276

10. 2 人员管理 / 280

10. 3 通路营销资源管理 / 291

10. 4 组织结构 / 307

第 11 章 全书术语表 / 317

第 1 章

何谓通路精耕

1.1 何谓通路

1.1.1 通路的定义

通路即渠道（Channel），是指产品经过中间商从制造商转至消费者所经过的“路线”。它也是营销组合4P（Product Price Place Promotion）中的“Place”。

按是否拥有商品所有权来划分，中间商可分为经销商和代理商。按在流通中所起的作用来划分，经销商可分为批发商和零售商。图1－1是通路结构的示意图。

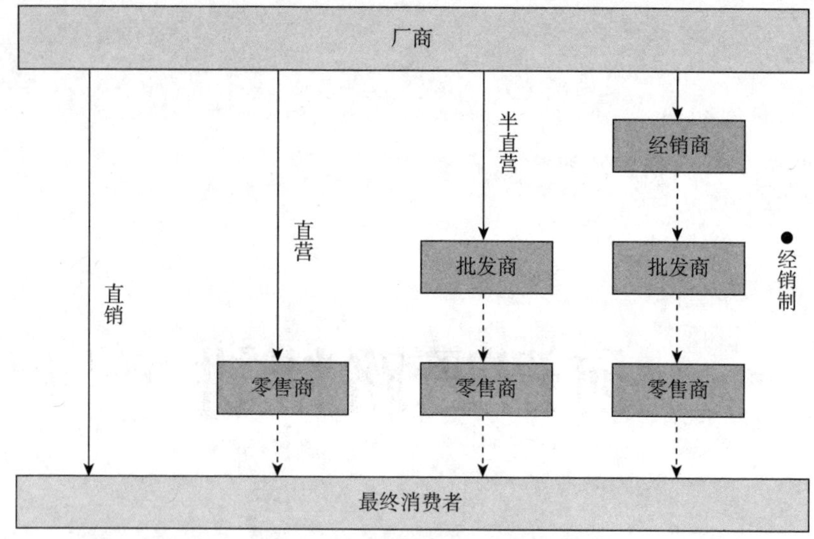

图1－1 通路结构的示意图

说明：

（1）直销通路适用于品牌敏感度高的产品，如服装、鞋。这类产品有时会以专卖店的形式存在，如NIKE运动产品、七匹狼男装。近年来，一些快速消费品以连锁加盟的形式存在，如红枣、喜糖、烟酒。

（2）直营通路一般适用于月饼等季节性强或有保质期的食品等产品，一般而言，零售商是现代型通路客户（如KA、便利店）；也有一些制造商，出于某种战略目的，直接对部分通路实行直营，比如，服装制造商会与大卖场合作，直接供货。直营是制造商加强其对通路的控制能力的一种有效方式。

（3）半直营通路一般适用于易腐或易毁产品，如蔬菜、水果。

（4）经销制通路适用于各类产品的销售。如快速消费品行业（食品、饮料、化妆品等）、小家电、建材（水管、瓷砖等）、农用物资（农药、化肥、种子等）。

在通路的结构中，通路成员一般由经销商、批发商、零售商组成，他们负责将产品从制造商送至消费者。

1.1.2 通路设计的影响因素

在考虑采用何种通路结构、如何将产品送到消费者手中时，各厂商需要结合以下因素设计合适的通路结构。

1. 产品特性

根据产品特性设计通路结构，如表 1 – 1 所示。

表 1 – 1 产品特性与通路设计

分 类	通路设计的特点
价值	产品的单位价值越小，通路越长，且通路形式趋于多元化（保质期极短的产品除外）
体积与重量	体积过大或重量过重时，多采用环节较少、选择性的间接通路，甚至直接通路
时尚性	对式样、款式等的变化敏感的产品，通路则越短越好
自然属性	对易腐性或易毁性的产品，宜采用直接通路
技术性与售后服务	对具有较高技术含量或需要在售后经常进行服务与保养的产品，宜采用短通路
产品数量	对生产数量较大的产品，宜采用环节较少，密集性的间接通路
产品生命周期	产品处在生命周期的不同阶段，采用的通路结构不同。如在成长期，需要开拓通路渠道，发展多元化；而在成熟期的末期，则要压缩通路渠道
新产品	为了迅速占领市场，企业可尽量利用现有通路，并应组织专业推销力量，协助通路成员将产品尽快向通路末端推销（分流、铺市）

2. 市场特性

根据市场特性设计通路结构，如表 1 – 2 所示。

表 1 – 2 市场特性与通路设计

分 类	通路设计的特点
潜在消费者的状况	若潜在消费者的分布面广，市场范围广泛，宜采用长通路
市场的地区性	目标市场聚集的地区，通路可适当短些，目标市场分散的地区，通路可适当长些
消费者的购买习惯	消费者的购书习惯，如最易接受的价格，购买地点的偏好，对服务的要求等，都直接影响通路的设计
产品的季节性	季节性较强的产品，宜采用短通路
竞争性产品	同性质产品宜采用相同的通路形式，以迅速占领市场
订货量的大小	如果平均订货量较大，可以考虑直接供货，则通路宜较短；如果平均订货量较小，直接供货成本较高，则通路宜较长

3. 厂商实力

根据制造商实力设计通路结构，如表 1 – 3 所示。

表1－3　制造商实力与通路设计

分　类	通路设计的特点
产品组合状况	产品种类多，规格齐全，宜采用短宽通路；反之，则采用长宽通路
对通路的控制	企业为实现战略目标，加强通路控制，就要加强销售力量，采用较短通路
品牌形象、账务状况、经营管理能力	产品质量好，品牌形象佳，资金雄厚，并具有较强经营管理能力，企业可随心所欲地选择通路形式；反之，宜采用长而宽的通路形式

1.1.3　通路的作用

1. 通路的正面作用

（1）提高产品的交易频率与销量。

（2）快速将产品分流到终端，使其与消费者接触。

（3）市场资讯收集。

（4）资金的流动。

（5）为消费者提供增值服务。

（6）分担制造商的风险。

2. 通路的负面作用

（1）销售过程长，产品流通速度慢。

（2）追捧强势产品，忽视次要品项，新品推广差。

（3）凭借通路优势，牟取制造商利益。

（4）拦截、挪用下游客户的促销品，降低产品的促销效果。

（5）自行抬价或砸价，扰乱市场价格。

（6）分销能力差，存在市场盲点。

1.2　如何划分通路

1.2.1　建立通路的重要性

（1）人无双财，在经营的过程中，制造商必须与他人合作，共享利润，这样才能获得长远的发展。

（2）赚厂商钱的人，便是真心协助制造商的人。

（3）在经营上，如果制造商直接将产品分配给消费者，那么制造商组织会过于庞大，业务人员繁多，从而加大了管理难度，增加了管理费用，进而使制造商失去规模化管理的优势。

综合以上三点，设置营销通路的结构时，制造商务必要寻求经销商、批发商与零售商的支持与配合，使他们充分发挥终端的分配功能。

1.2.2 通路的类型及特点

1. 零售商

（1）零售商店应该具备以下条件：

① 店面的位置适中，便于消费者购买产品。

② 店面宽敞，足以陈列所经营的产品。

③ 有货源充足的供应商。

④ 经营者要掌握商业基础知识。

（2）由于从业类别不同，零售商又可分为以下几类：

① 定点小商店。

定点小商店，即零售商店，此类商店有自己的所有者，有些是租借的，其出租的形态各异，如杂货店、百货店、面包店、电器店、家具店、水果店、粮油店、文具店、农用物资店、建材店、五金店、内衣店等。定点小商店的特点是消费者容易看到，且其陈列的货品多种多样。

② 定时摊贩。

定时摊贩是指仅在某些特定的时间段产生消费的摊贩生意，其特点是在特定地点、特定时间进行贩卖，如市场中的鱼肉摊贩、蔬菜摊贩、鸡鸭摊贩、小食摊档、灯光夜市以及乡镇赶集活动。

③ 流动摊贩。

流动摊贩是指没有固定的场所，以肩挑、手推车等方式到处兜售商品的摊贩，其特点是货品多为次品，且货品的价格低廉。

④ 百货公司。

百货公司大多位于闹市区，其货品多种多样，经营现代化，货品的主要购买者是妇女。消费者光顾百货公司，除了购买所需商品的目的之外，还有观光的意图。百货公司的特点是货品多样，兼具购物、休闲观光的功能。

⑤ 超级市场。

超级市场采取现代化的陈列方式，主要销售食品、日用品，以自助式的购买方式进行经营管理，货品充足，店面宽敞，位于近郊或住宅区，有停车场和消费服务设备（如托婴所、吸烟室）。

2. 批发商

大部分的批发商都有店铺，通过店铺运营生意，批发商应具备以下条件：

（1）有充足的周转资金。

（2）有支持制造商的诚意。

（3）有存储货品的场所。

（4）有运输工具。

（5）具备销售管理知识。

（6）有下游客户（二级批发商、零售店等）的大力支持。

3. 经销商

制造商往往不能有力地掌握产品的销售网络，因此，为了降低销售费用，减轻业务人员管理上的负担，多数制造商采用经销商或代理商的销售制度。

从市场角度来看，经销商和代理商都是拥有地区销售权的分销商（大批发商），但从税务的角度来看，二者有很大的不同，经销商是自购自销，负担着双重营业税，而代理商的利润为佣金，只承担营业税，其他税由制造商承担，这就减轻了代理商和制造商双方的赋税。

（1）经销商需具备下列条件。

① 资金雄厚。

② 有充分开拓市场的销售能力。

③ 在当地有较多批发商及零售商的支持。

④ 掌握丰富的商业知识。

⑤ 有接受制造商新观念的素养。

⑥ 有与制造商合作的协调能力。

⑦ 有坚持推广的毅力和解决销售问题的自主能力。

⑧ 具有5年以上的经营经验。

（2）根据其销售产品的品类，经销商可分为以下三种类型：

① 单品类专营经销商。

单品类专营经销商经营的是销售量大、单品重、体积大、单价低的产品，如可口可乐汽水、高露洁牙膏、燕京啤酒。

② 多品类经销商。

为了维持经营，达到方便零售店采购商品，进而获取利益的目的，经销商必须销售多种产品，经营多项相互间没有竞争的产品。

③ 多品牌兼售经销商。

由于经销商的实力雄厚，多家品牌的竞争者愿意将同一地区的经销权赋予该经销商。或者是一些二、三流的品牌，由于没有牵制经销商的能力，只能委曲求全，将经销权赋予经销商。

（3）制造商是否要求经销商专售，需考虑下面五个方面。

① 产品的性质。

② 业界的竞争状况（是领导品牌，还是弱势品牌）。

③ 产品的市场潜力。

④ 制造商对经销商的控制力。

⑤ 经销商对通路的影响力。

4. 购买是双重的

制造商将产品售给中间商，这是产品的第一个交易过程。消费者从零售商手中购买产品，这是产品的第二个交易过程。在产品从被生产出来到被消费者消费的整个过程中，各通路成员起着非常重要的作用。

5. 通路的层次

制造商销售通路的层次决定其交易的次数。如果销售通路运用代理商、经销商、批发商、零售商的次数越多，那么所发生的购买行为就越复杂，制造商的销售管理也越难掌控。通路层次与交易次数关系如图 1－2 所示。

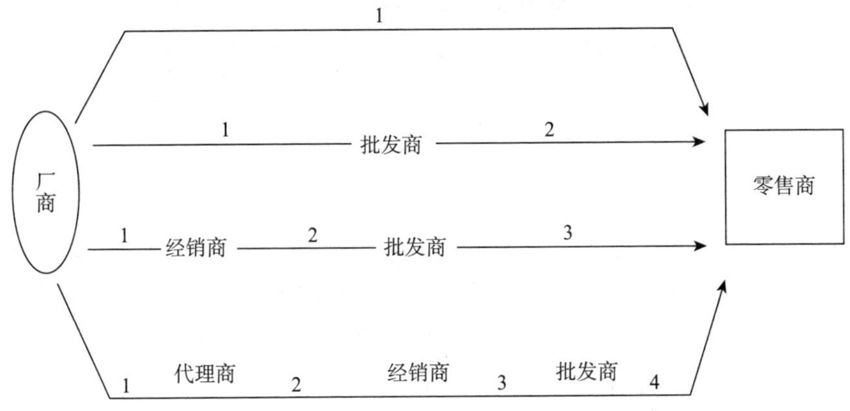

图 1－2　通路层次与交易次数关系图

在产品从制造商运送到零售商的过程中，产品经过几个层级，我们就将其称为几阶。例如，在产品从制造商先后经过经销商、批发商到零售商的通路结构中，我们将最接近消费者的通路成员称为一阶，依次类推。因此，零售商被称为一阶，批发商被称为二阶，经销商则被称为三阶。

1.3　通路精耕概述

1.3.1　通路精耕的定义

通路精耕是指对通路客户（终端客户、批发客户、经销商）的过程管理。通过对目标市场区域的划分，并设置相应的通路经营模式，对通路结构中的主要销售网点进行定人、定域、定线、定点、定期、定时拜访并提供专业化的服务，以实现对通路客户的全面掌控，提高产品在通路的覆盖率，进而使制造商成为通路的主宰。

这里的终端客户包括零售商，但并不特指零售商，终端客户还包括餐饮客户、厂矿、集团采购等终端用户。

通过采用通路精耕的基本方法，大经销商同样能达到成为通路主宰的目的。

定人：本区域，本路线，责任到人，不得随意更换本区域的经营人员，遇到责任人请假等特殊情况时，机动人员代替经营人员履行其职责。

定域：该区域是固定的，其覆盖的客户也是相对固定的，这就需要将该区域与其他区域区别开来，避免业务上的模糊地带，以及重复管理或无人管理（空白区域）情况的发生。

定线：根据每周上班的天数，划分出若干销售分线，每天跟进其中一条线路，按线路拜访一定数量的客户。例如，制造商每周工作6天，那么就可在其负责的固定区域划出6条路线，明确周一至周六的具体路线，当然制造商要对客户进行分级，确定拜访客户的频率，按每天拜访40家客户的标准安排6天的路线。

定点：就是要求业务人员按方便、省时的原则，安排客户拜访的次序，标明客户的拜访序号，再根据设定的拜访频率，安排每周、每天拜访的客户，这样才能保证有序拜访的进行。

定期：根据客户分级及其他因素，设定对每个客户的拜访频率，保证单点客户每月的拜访次数。

定时：根据定线、定点、定期的原则，确保在正常情况下，拜访客户的制造商到达本销售网点的时间保持在一个相对稳定的时间范围内。

总之，“六定”的目的在于实现对客户的服务承诺，了解客户的情况，全面掌握通路，进而成为通路的主宰。

几个需要注意的问题：

（1）如果单位只工作5天怎么办？

答：规划出5条路线。

（2）如果一个人要负责的区域比较大，忙不过来怎么办？

答：也要规划出6天路线，只是要改善交通条件。某著名国际食品饮料制造商以前要求销售人员一天拜访35个网点，地区的一个销售人员立即提出意见，认为区域范围太大，无法完成拜访任务，即便骑自行车也跑不过来，结果总部负责人坚持说：“要么你换摩托车，要么我们就找有摩托车的业务人员过来。”如此一来，每周的拜访任务得以完成。

1.3.2 通路精耕的背景与目的

1. 通路精耕的背景

（1）产品特点与通路要求。

① 产品特点。

- 价格低。
- 购买便利。
- 大量购买。
- 快速消费品。
- 有保质期。

注意：在推广通路精耕项目时，我们发现通路精耕方法也同样适用于很多非食品饮料的行业，如手机、化妆品、内衣、建材、服装、鞋帽连锁店、小五金、农用物资行业。

② 通路要求。

• 长通路：市场覆盖面广，减少资金压力，通路客户可分散一定的风险。

• 密通路：即密集型通路，能应对激烈的市场竞争，市场覆盖面广，销售潜力大，产品回转迅速。

（2）通路精耕的背景。

如果您的公司出现下列情况，那么实施通路精耕的时候就到了。

① 铺货率难以提高。

② 货流控制不力。

③ 市场价格难以控制。

④ 新产品推广不易。

除了以上所列的问题之外，还有很多市场问题，在此就不一一列举了。上述问题产生的原因主要有以下几点：

① 通路层次过多，销售通路效率低。

通路层级过多，经销商采取落后的坐商经营方式，销售通路效率较低，通路过长，经销商中转环节太多，从而延误了产品到达消费者手中的时间，提高了制造商的流通费用和产品价格。

② 经销商缺乏开拓市场的主动性。

经销商因利润低而缺乏开拓市场的主动性，区域与层次不当竞争，经销商缺乏保障，不愿意投入经营市场，从而不利于目标产品市场占有率的进一步提升。

③ 市场价盘混乱，通路利润低。

实施通路精耕之前，制造商对经销商只有产品销量上的要求，没有区域划分上的要求，通路中最大的问题是区域间和层次间存在不良竞争，市场价盘混乱，通路利润较低。推动商品流动的主要动力是通路利润，所以一旦价盘混乱，市场将失去控制。

随着整个中国市场经营环境的改变，以及市场竞争的日益激烈，原有的通路经营方式已经无法适应市场需求，新产品也无法顺利导入市场，从而影响了制造商的营运成效。因此，制造商应该实施通路变革，以减少通路层级，强化服务，建立雄厚的市场基础，实现企业的永续经营。

2. 通路精耕的目的

（1）通路精耕在做什么事情。

① 全面覆盖通路。

② 减少通路层级。

③ 成为通路的主宰。

（2）通路精耕的目的。

① 全面掌握通路，扩大产品的市场覆盖面，建立点、线、面之通路优势。

② 完善客户服务，加速产品回转。

③ 提高产品的流通效率，创造通路合理利润。

④ 稳定价盘，减少窜货现象的发生。

⑤ 及时掌握市场资讯，加强产品沟通。

⑥ 强化并完善营销组合，确保新品的上市铺货。

⑦ 做通路的主宰者，打造制造商长期发展的竞争优势。

（3）通路精耕的精髓：缩短通路，掌握末端。

① 通路精耕精神。

- 城区全面直营二阶。
- 片区全面掌握三阶下游之二阶。
- 掌握一阶。
- 决战消费者。

② 通路精耕对象。

- 一般经销通路。
- 直营通路（K/A）。
- 封闭通路（车站、工厂、监狱、学校、驻军等）。

③ 精耕城区的操作模式（全面直营二阶，一阶A、B级客户）。

- 全面直营二阶。
- 掌握8∶2法则，服务较好的A、B级士多点。（注：士多是英文“store”的音译，意为小店。）

④ 城郊外埠的操作模式。

- 城郊直营二阶。
- 外埠直接管理三阶掌握下游二阶客户。

（4）通路精耕成功的关键。

① 助理业代工作的落实。

助理业代对一阶的服务是推动通路精耕成功的关键因素，制造商应重视对助理业代的教育和培训，打造高质量助理业代团队。这一阶段教育和培训的核心内容是拜访八步骤。

② 通路客户的理解。

制造商与经销商是一对命运共同体，是亲密的合作伙伴，双方互利互助，共同经营市场。

至于不同情况下通路精耕的不同组织结构，下文我们再作介绍。

1.3.3 通路精耕的内容

通路精耕的核心内容是对零售终端及相关通路的量化管理，强化服务，压缩通路层级，提高产品覆盖率和产品流通效率，具体内容包括：

（1）城市分级：根据各城市的人口数量、居民的年人均消费量与各城市的人均 GDP 确定该城市的级别。（注：消费量的单位为瓶、包等最小商品单位）。

（2）区域划分：根据城市的规模与市场集中程度，将区域划分成核心城区、精耕城市、城郊片区与外埠片区，按照不同的通路经营模式操作。

（3）通路普查：组织人员对各城市城区与外埠区的所有同类产品售卖点进行全面盘点，并登记造册，确定需精耕的客户。

（4）设置经营方式：根据城市分级，将各城市分为核心城区、精耕城市、城郊片区与外埠片区，进而设定通路经营模式。

（5）人员布建：根据零售终端或批发商的数量及开发计划，按比例配备业务人员。

（6）拜访路线定量：业务人员每天须拜访的零售终端或批发商的数量必须达到制造商标准，必须根据制造商规定的拜访频率完成拜访任务，完成制造商规定的其他业务工作内容。

（7）工作内容量化：根据划定的工作路线，按照标准的拜访八步骤对每家客户进行拜访。

（8）拜访频率量化：根据客户的级别确定拜访频率，做到重点客户重点服务，提高人员、时间的效率。

（9）转单、配送及时：按照订单上配送品种、产品数量、配送时间上的要求，配送商确保将产品配送到位。

（10）通路客户的管理：分终端客户管理、批发客户管理与经销商客户的选择与管理。

（11）提升销售业绩的方法：增加铺货品项及铺货率，以加速产品的回转。

（12）营业组织运作与人员管理。

1.3.4 案例：康师傅实施通路精耕的几个阶段

有些读者会有这样的疑问：“‘通路精耕’模式似乎只有大制造商能使用，中小制造商能不能用？”我们来看一看作为运用“通路精耕”模式的典型案例，康师傅在其发展的不同阶段是如何应用“通路精耕”模式的。各制造商管理者可以根据自己企业的实际情况，以及所处的发展阶段，调整使用“通路精耕”的系统思想，以有效地管理制造商，提升制造商的运营效率。

康师傅控股有限公司自 1998 年 7 月起开始实行通路精耕，到目前为止，已经历四个发展阶段。

第一阶段：1998 年 7 月之前实行大经销商制（粗犷的经营）。

第二阶段：1998 年 7 月至 1999 年 9 月实行全面通路精耕。

第三阶段：1999 年 11 月至 2006 年 12 月实行有效率的通路精耕。

第四阶段：2007 年 1 月至今实行通路精耕细作。

具体的操作情况如下：

1. 1998 年 7 月之前的大经销商制

大经销商制的操作模式，如图 1－3 所示。

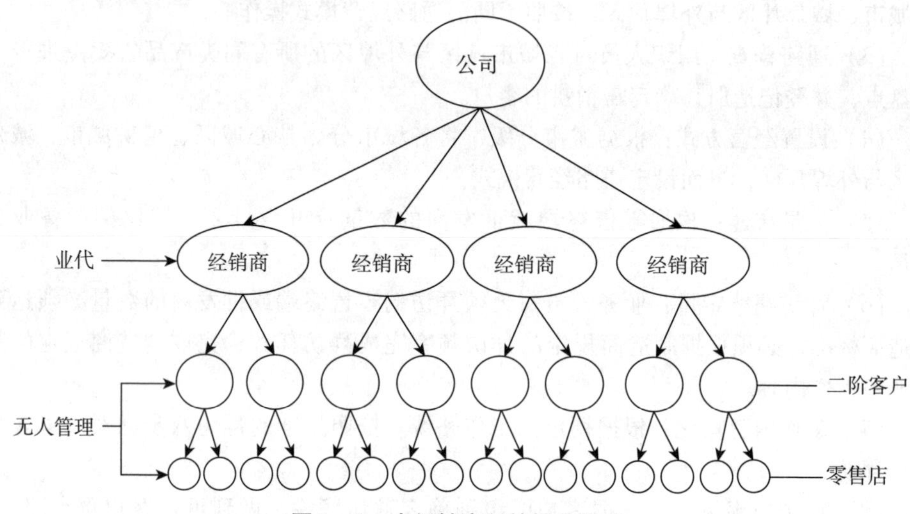

图 1－3　大经销商制的操作模式

说明：

① 由业代直接管理区域经销商制（注：业代指业务代表、业务员）。

② 由制造商直接供货给经销商，不负责一、二阶管理。

③ 大经销商制经营方式的优缺点：

优点：

- 客户少，易管理。
- 客户的经营意愿强，积极性高。
- 节省费用（运费、人员费用）。

缺点：

- 通路较难掌控。
- 客户只卖畅销品，无法实施全品项销售。
- 新产品较难推广。
- 市场命运掌控在部分三阶客户手中。
- 产品的月销售不稳定。

2. 1998 年 7 月至 1999 年 9 月的全面通路精耕

全面通路精耕的组织架构图，如图 1－4 所示。

说明：

① 以上为开始通路精耕时的经营模式。

② 以上经营模式与无通路精耕最大的区别在于服务一阶。

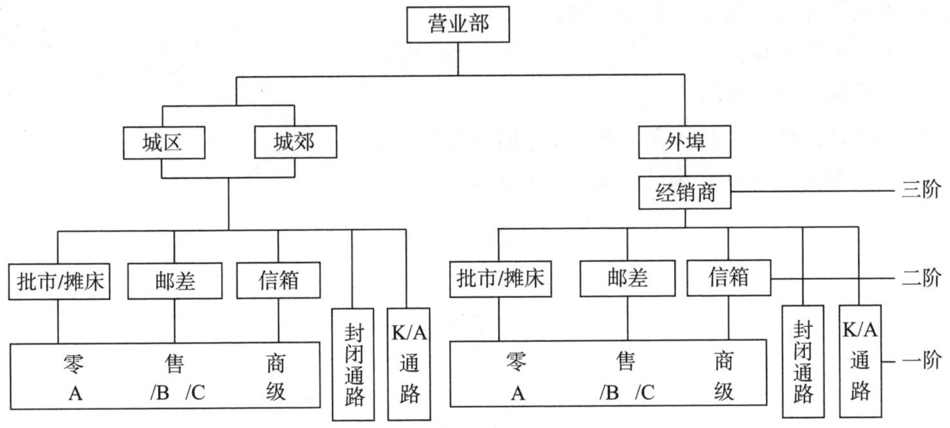

图1－4　全面通路精耕的组织架构图

③ 城区与城郊间的差异体现为城郊不服务一阶。

（1）精耕城区操作模式如图1－5所示。

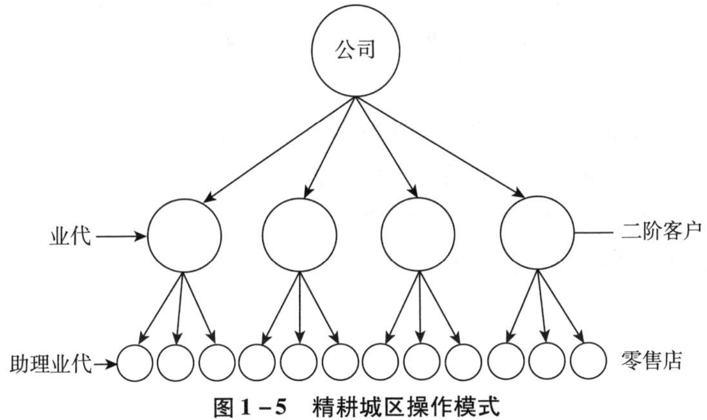

图1－5　精耕城区操作模式

说明：

① 业代负责全面管理直营二阶客户。

② 助理业代服务于一阶客户。

③ 精耕城区操作模式的优缺点。

优点：

- 通路全面掌控。
- 新产品比较容易推广，可实施全品项销售。
- 缩短通路，提高利润。
- 产品到消费者的时间缩短，产品质量有所保障。
- 减少通路库存。

缺点：

- 客户多，管理难度加大。

- 通路配送不及时，影响销售。
- 销售费用高。
- 账款收款的风险高。
- 缺乏弹性（无法压趟、批结），损失销售机会。

（2）城郊片区操作模式如图1－6所示：

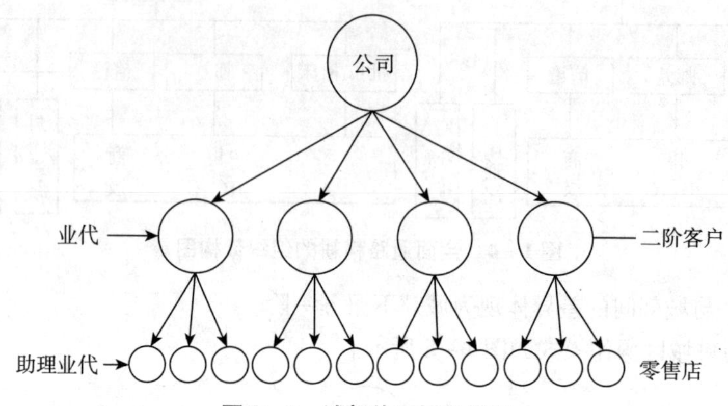

图1－6　城郊片区操作模式

说明：

① 城郊片区是指介于精耕城区与外埠片区之间的区域。

② 制造商直营二阶，由业代直接引单管理。

③ 不做一阶服务，一阶由二阶来服务。

（3）外埠片区操作模式如图1－7所示。

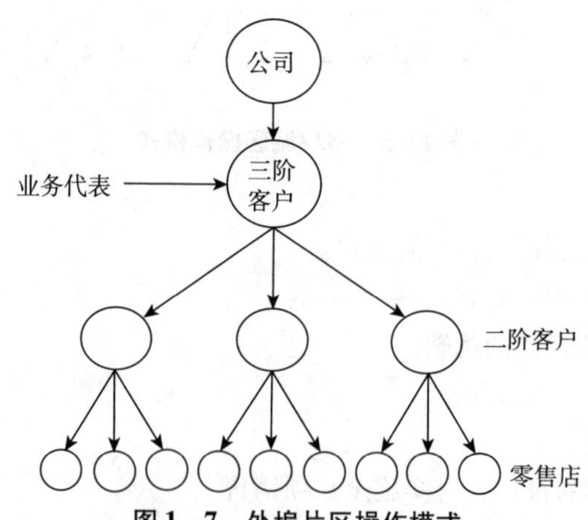

图1－7　外埠片区操作模式

说明：

① 业代直接管理三阶客户。

② 不服务于二阶客户和一阶客户。

（4）通路精耕专用名词说明。

① 通路。

三阶经销商：指直接批货给批发商，批发商直接出货给零售点通路的经销商。

二阶经销商：指直接出货给零售点的经销商。

借壳：制造商直接掌握下手客户，通过发挥上手经销商的仓储、配送功能，以求主动掌握末端（下手）客户的做法。

二阶半：若批零市场上产品的零售销量超过产品总销量的 50% 及以上，则可在该批零市场各摊床中委托一个经销商负责供货上的价位控制。

半直营：指业代管理二阶经销商，同时由助理业代掌握其所覆盖的零售点的做法。

② 通路形态

邮差：指有配送能力且送货上门的二阶经销商（行批）。

信箱：指没有办法送货至零售店的二阶经销商（坐商）。

摊床：指零售市场中的小档口。

KA：Key Account，指末端通路的重点客户（商场、超市、量贩店等）。

封闭通路：车站、工厂、网吧、监狱、学校、驻军等。

（5）通路层级中的利润分配，如图 1－8 所示。

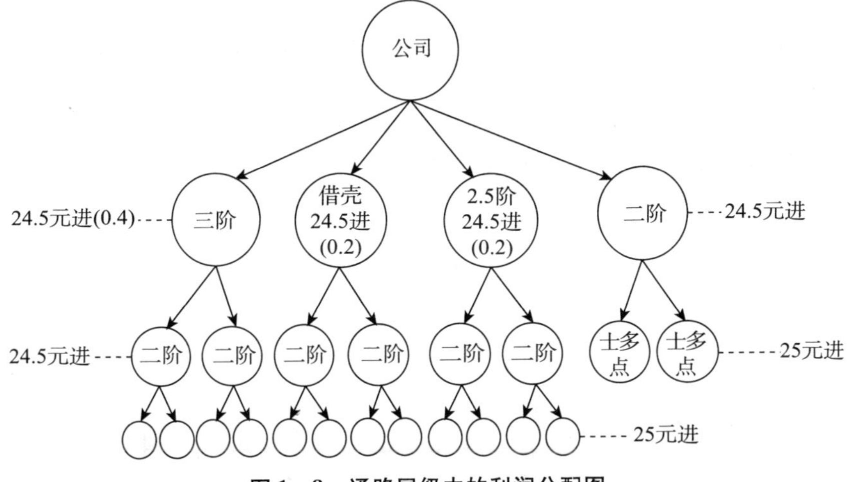

图 1－8 通路层级中的利润分配图

说明：

① 通路价盘设置是驱动和维系通路正常运作的重要保证。

② 一箱红烧牛肉面，三阶客户从工厂进货的价格为 24.5 元/箱，出货到二阶客户的价格为 24.5 元，但制造商每箱会返利 0.4 元。

③ 二阶客户从工厂或经销商进货的价格为 24.5 元/箱，出货到一阶的价格为 25 元/箱，单箱利润为 0.5 元。

④ 借壳经销商与 2.5 阶经销商从工厂进货的价格为 24.5 元/箱，出货到二阶的价格为 24.5 元/箱，但制造商每箱返利 0.2 元。

⑤ 根据此价格系统，各层级通路客户各取所得，均能正常运作。

3. 1999年11月至2006年12月有效的通路精耕

（1）该阶段通路精耕组织架构图，如图1－9所示。

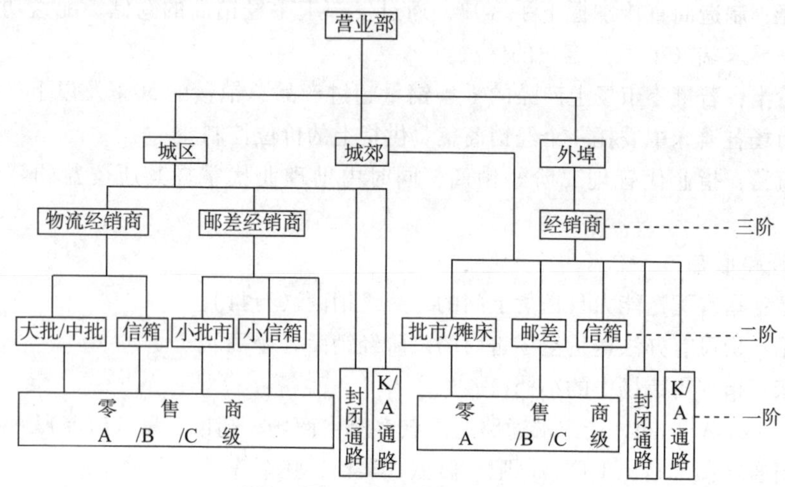

图1－9　通路精耕组织架构图

说明：

① 以上经营模式与全面通路精耕模式的区别在于批市、信箱由物流经销商配送，邮差经销商则负责一阶配送。

② 城郊与外埠之间的差异体现为城郊直接服务于二阶。

（2）精耕城区的操作模式，如图1－10所示。

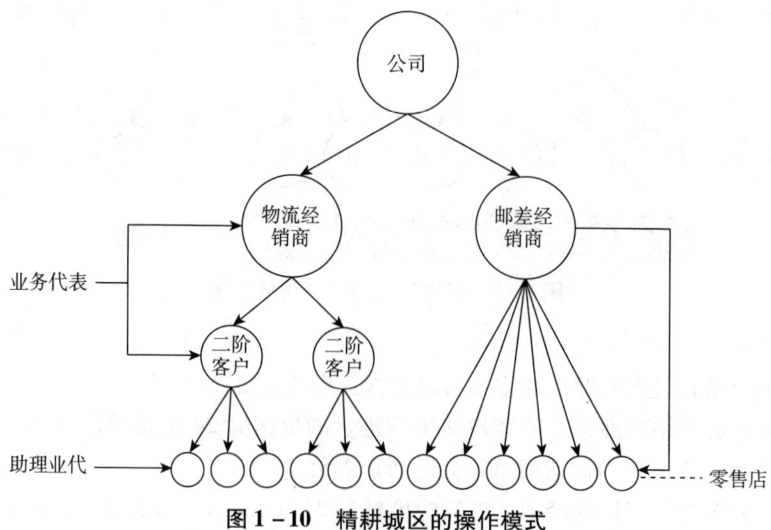

图1－10　精耕城区的操作模式

说明：

① 业代直接管理物流、邮差经销商，并掌握下游二阶客户。

② 助理业代服务于一阶客户。

③ 前期通路精耕与现在的通路精耕的区别在于物流经销商、邮差经销商的管理。

④ 其经营方式的优点：

- 管理趋向简易化。
- 通路易掌控。
- 新品易推广。
- 通路配送加快。
- 费用较省。

⑤ 其经营方式的缺点：稳定与建立物流经销商、邮差经销商较难。

（3）城郊片区操作模式如图 1－11 所示。

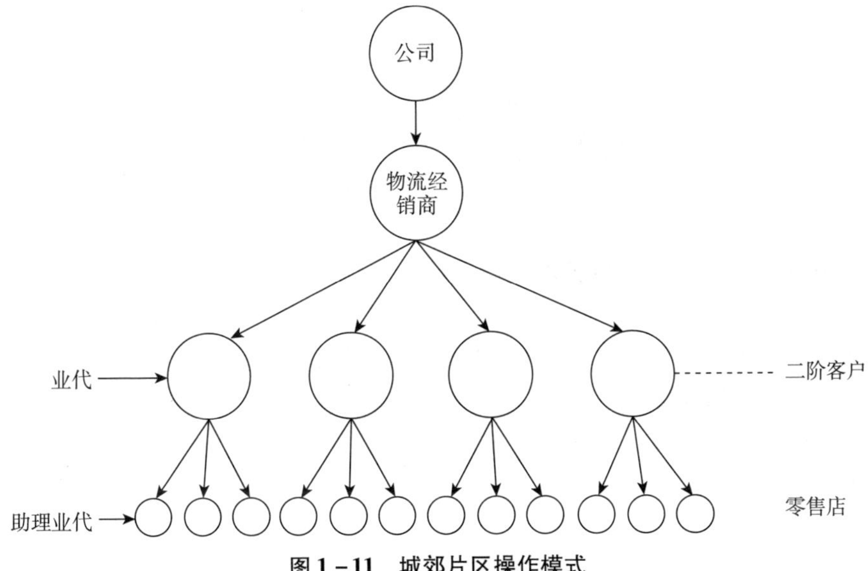

图 1－11　城郊片区操作模式

说明：

① 城郊片区指介于精耕城区与外埠片区之间的区域。

② 制造商直营二阶，由业代直接引单管理。

③ 不做一阶服务，一阶由二阶来服务。

（4）外埠片区操作模式如图 1－12 所示。

说明：

① 业代直接管理三阶客户。

② 协助三阶客户管理 2.5 阶经销商及下游二阶客户、一阶客户。

③ 2.5 阶之出手价，制造商不做控管。

④ 此种模式能改善先前三阶客户因配送无利润或利润很低，且配送地点为较远的乡镇二阶客户，而产生的无利润或利润很低的现象。

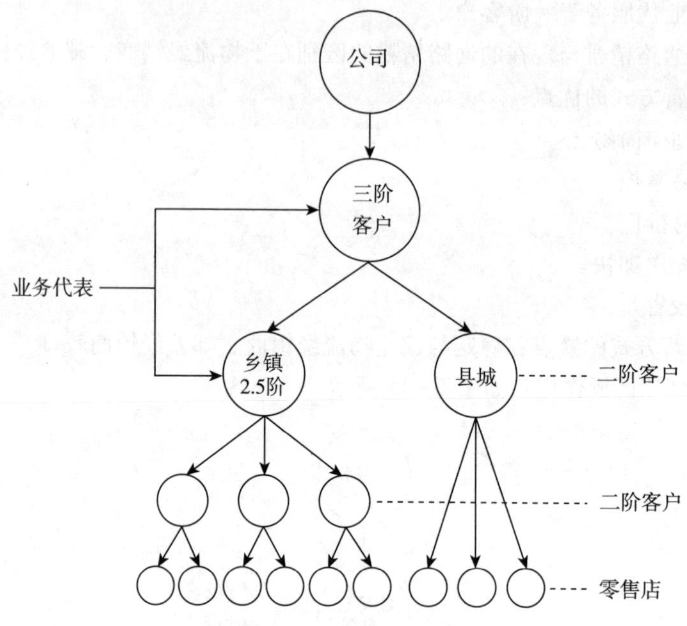

图1－12　外埠片区操作模式

4. 2007年1月至今的通路精耕细作

（1）通路精耕细作的背景。

① 城市建设的现代化给目前通路管理带来的变化。

a. 批发市场的没落。

- 批市批发商转型。
- 商圈经济日益突出。
- 二批掌控难度增加。
- 一阶进货方向更复杂。

b. 交通限制与地价上涨。

- 仓租增加，库容变小。
- 配送范围变小。
- 大车配送受到限制。
- 商圈经济加剧。

c. 单点产值增加。

- 批发商配送距离缩短。
- 批发商配送频率增加。
- 出现小订单甩货（不送货）现象。
- 服务能力相对降低。

② 通路的发展。

a. 一阶的经营效益增加。

b. 城市居民消费力的提升与消费结构的变化带动饮料销量的增加。

③ 终端掌握。

a. 终端通路点数日益增加，单点经营效益日趋提升。

b. 通路业种别区分日益清晰。

c. 零售终端对商家服务的需求增大。

d. 未来的竞争将聚焦于对终端的掌控。

④ 竞争状况。

在这个时期，通过对主要竞争对手的分析，得出如下结论：

a. 世界最大的饮料生产商可口可乐制造商，在营业据点、销售人员人数、掌握的客户数与产品的销售额上，均远远超过康师傅饮料。

b. 可口可乐将其产品的重心逐步从碳酸饮料向非碳酸饮料转移，如美汁源、原叶茶的市场拓展，这对康师傅饮料的市场经营造成很大的威胁。

（2）通路精耕细作的目标。

a. 把握市场时机，应对未来国际级的竞争。

b. 有价值通路全面覆盖，充实终端服务人员，掌握通路。

c. 精准式营销，促销的有效执行，终端生动化。

d. 通路经营方式精进，因应市场变化。

e. 建立通路门槛，提升终端拜访成交率。

（3）核心城区的通路精耕细作经营模式如图 1－13 所示。

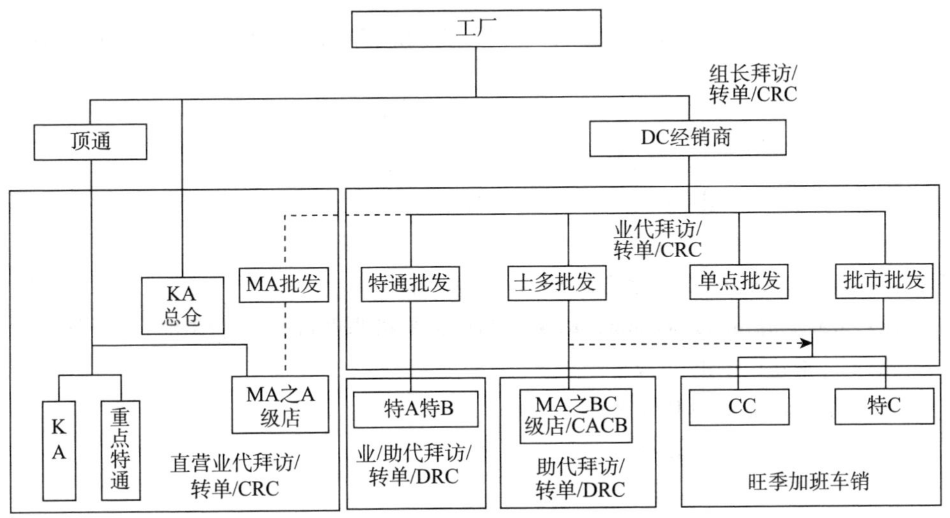

图 1－13　核心城区的通路精耕细作经营模式

说明：

① 在核心城区全面覆盖有效益终端，直营二阶，通路细分，深耕效益。

② 直营客户由制造商所属物流配送商——顶通配送，经销通路由 DC（Distribution Centre 配送中心）配送，DC 只配送二批。

③ 顶通（顶通是专为康师傅配送产品的公司）和 DC 均直接从工厂进货。

④ DC 客户由组长进行拜访与转单，批发客户由业代拜访与转单，一阶客户由助理业代拜访与转单。

（4）城区/城市经销商经营模式如图 1－14 所示。

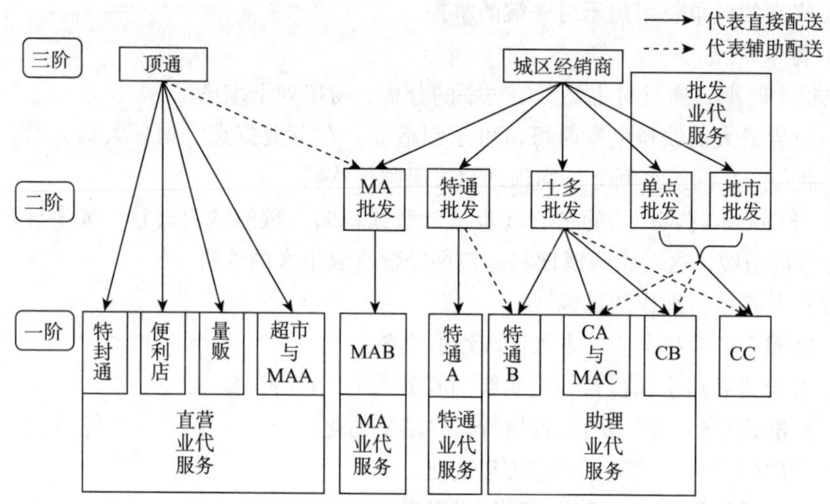

图 1－14　城区/城市经销商经营模式

说明：

① 在精耕城区，有效地覆盖零售终端/二阶客户，进行通路细分，提高深耕效益。

② 直营客户由制造商所属物流配送商——顶通配送，经销通路由城区/城市经销商配送，城区/城市经销商只配送批发客户。

③ 顶通与城区/城市经销商均直接从工厂进货。

④ 城区/城市经销商由组长进行拜访与转单，批发客户由业代拜访与转单，一阶客户由助理业代拜访与转单，CC 类客户由批发商辐射。

注：MA 是指 Major account，即主要客户，是指非直营的生鲜超市。

MAA 是指超市中的 A 级客户。

MAB 是指超市中的 B 级客户。

MAC 是指超市中的 C 级客户。

CA 是指烟杂店的 A 级客户。

CB 是指烟杂店的 B 级客户。

CC 是指烟杂店的 C 级客户。

（5）城郊/外埠通路布建图解：城郊/外埠甲 A 经营模式如图 1－15 所示。

说明：

① 城郊/外埠甲 A 掌握县城有价值终端，专车车铺 2 ±0.5 阶。

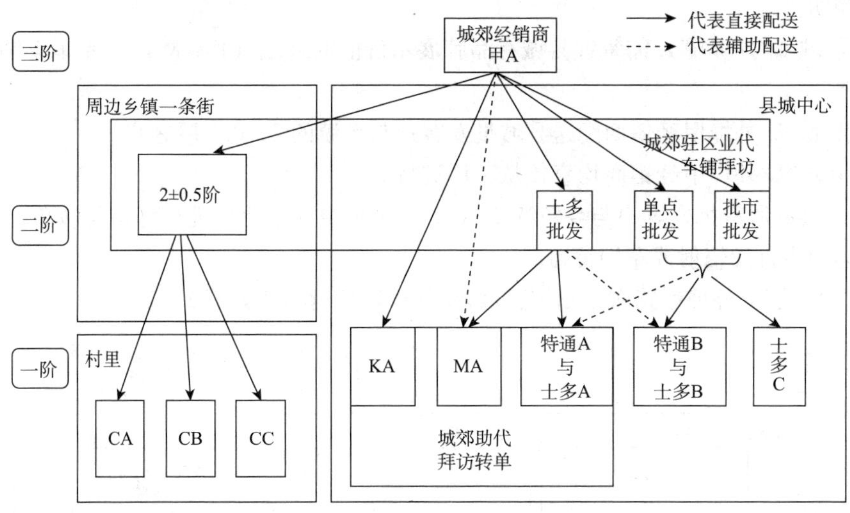

图 1－15　城郊/外埠甲 A 经营模式

② 城郊/外埠甲 A 经销商配送县城批发客户与乡镇的 2 ±0. 5 阶客户。

③ 城郊/外埠甲 A 经销商均直接从工厂进货。

④ 县城所有批发客户与乡镇的 2 ±0. 5 阶客户由批发业代或驻区业代进行拜访与转单，县城一阶客户由城郊助理业代进行拜访与转单，CC 类客户由批发辐射或车销覆盖。

⑤ 士多批发商，指专门配送到食杂店的批发客户，由制造商业务人员交订单并给予其配送，是与制造商合作的客户。

（6）城郊/外埠通路布建图解：城郊/外埠甲经营模式如图 1－16 所示。

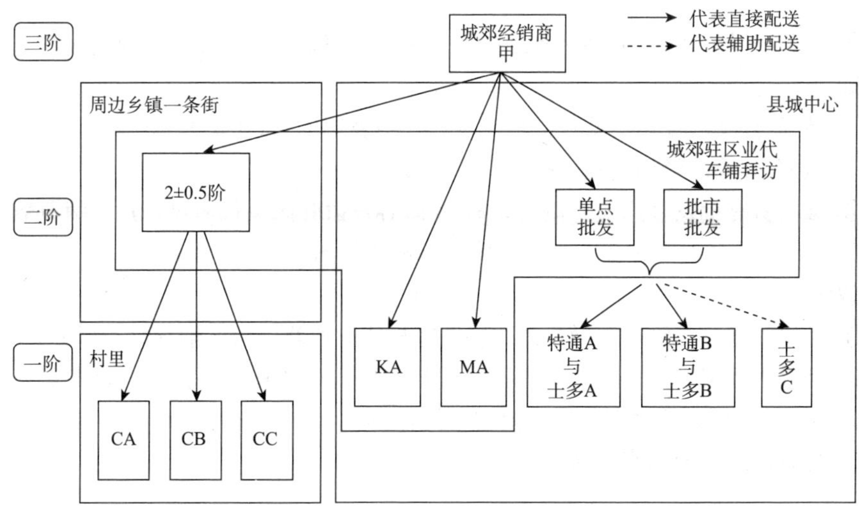

图 1－16　城郊/外埠甲经营模式

说明：

① 城郊/外埠甲A需掌握县城有品牌展示价值的终端（KA/MA），专车车铺2±0.5阶。

② 城郊/外埠甲经销商配送县城批发客户与乡镇的2±0.5阶客户。

③ 城郊/外埠甲经销商均直接从工厂进货。

④ 县城所有批发客户与乡镇的2±0.5阶客户由驻区业代进行拜访与转单，乡镇一阶客户由批发辐射或车销覆盖。

（7）城郊/外埠通路布建图解：城郊/外埠乙经营模式如图1-17所示。

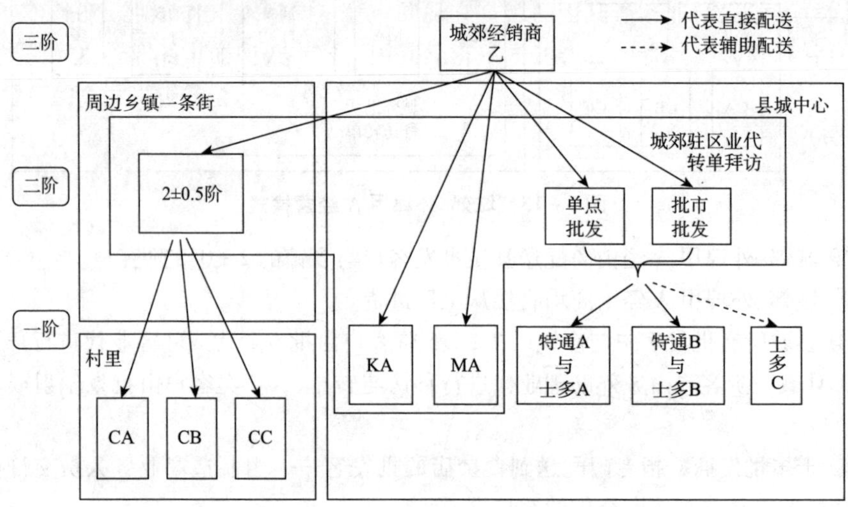

图1-17　城郊/外埠乙经营模式

说明：

① 城郊/外埠乙需掌握县城有品牌展示价值的终端（KA/MA），跟随客户车辆进行车铺。

② 城郊/外埠乙经销商配送县城批发客户与乡镇的2±0.5阶客户。

③ 城郊/外埠乙经销商均直接从工厂进货。

④ 县城所有批发客户与乡镇的2±0.5阶客户由驻区业代通过客户车销覆盖。

（8）外埠丙通路布建图解：外埠丙经营模式如图1-18所示。

说明：

① 外埠丙通过三阶客户做生意，协助客户建立通路优势，辅导大于服务。

② 外埠丙经销商由外埠业代进行拜访与辅导，一个外埠业代同时服务于几个县城的外埠经销商丙，只掌握县城重要的二批客户。

③ 外埠丙经销商均直接从工厂进货。

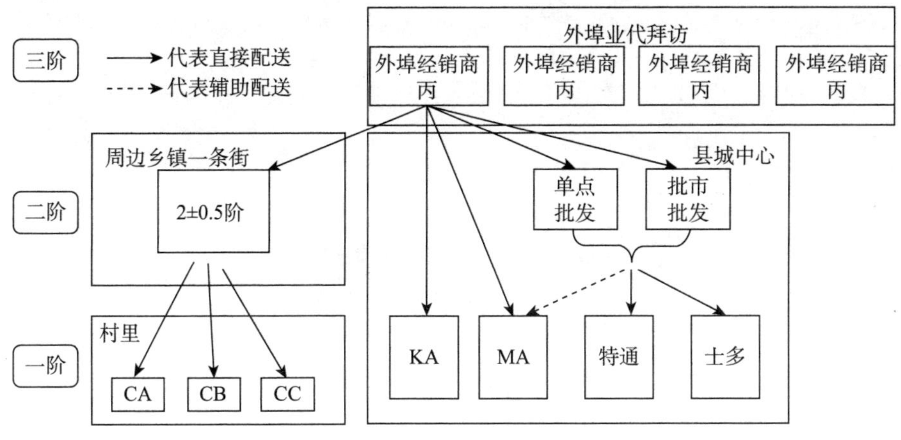

图 1－18　外埠丙经营模式

1.4　结语

营销正处于一个竞争异常激烈的时代，在这个时代，市场变化无处不在，消费行为的变化无时不在，而根据市场变化构建的营销网络同样也是不断精进的。因此，我们认为，产品销售能否成功，取决于制造商通路经营模式不断更新的能力！

我们提醒读者，在实施通路精耕的经营管理模式之前，要反复研读康师傅的案例。在不同的时期，采取不同的通路精耕模式。

通路精耕虽经历了多次变化与精进，但其基本的操作方法相对保持不变。其操作方法一般由城市分级与区域划分、通路普查、各城市通路经营方式设定、人员布建、通路客户管理、组织运作与营业所管理等部分组成。本书后面将对通路精耕的具体操作进行详细说明。

第 2 章

城市分级与区域划分

2.1 城市分级

2.1.1 城市分级的目的

（1）对城市进行规模分级，以确定各类产品在哪些区域上市推广。

（2）将有限的营销资源有效地投入各级市场，实现精准式营销。

（3）确定有针对性的通路架构，制造商保障经销商的合理利润，实现双赢。

（4）根据城市的级别，制造商配置相应的销售人员，开拓并服务于市场，做到人尽其能，使人员充分发挥积极作用。

2.1.2 城市分级的依据

在通路精耕模式逐步发展的过程中，城市分级有多个依据。

（1）根据城市中常住人口数与城区中分布的售卖产品的零售网点数量，决定城市的级别。

（2）根据地理距离与服务距离，决定城市分级与经营方式。其中，服务距离是指业务人员拜访客户路线的长度。

（3）根据城市的经济规模、城市居民的消费能力、制造商业务人员的业务能力等，综合考虑媒体的影响和作用，对各城市进行分级。

上述每种不同的城市分级依据符合通路精耕操作当时的状况。随着通路精耕操作模式的不断发展与精进，通路精耕模式更完善、更科学。如今，企业根据城市人口数（指常住人口数与流动人口数的总数）、城市居民年人均消费单位数（瓶、包等单位）及目标产品品类的整体市场销售额三个指标进行城市分级，这种城市分级方法最科学、最合理，能帮助企业实现人力的合理配置与营销资源的有效利用。下面以饮料为例，对此种城市分级方法进行简单的介绍。读者可根据实际情况，应用于不同产品。

2.1.3 城市分级方法

（1）城市定义：地级市（含）以上的城市，如黄冈市、潍坊市、大连市等。

（2）城市分级分析要素为该城市的人口数与目标产品的年人均消费量。

我们以饮料为例，阐明企业应如何根据城市的人口数与饮料的年人均饮用瓶数，进行城市分级。分析模型如下：

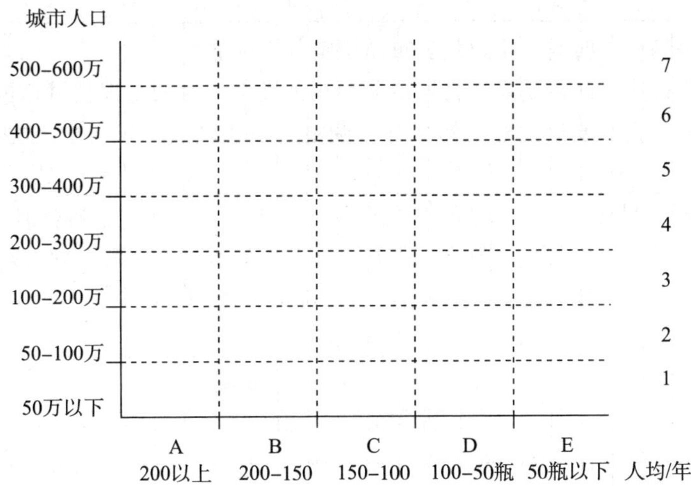

图2–1　城市人口与饮料年人均应用量分析模型

说明：

① 横坐标为该城市年人均消费瓶数，纵坐标为该城市的人口数。

② 通过该模型，可以根据这两项指标对每个城市进行划分，确定各城市的级别。

(3) 饮料＝碳酸饮料＋热/冷充填饮料（茶、果汁等）＋包装水。（以500ml为一瓶折算）。

备注：热/冷充填饮料是指除包装水以外的添加有其他成分的所有包装饮料，如茶饮料、果汁饮料与碳酸饮料。

(4) 重点看饮用量中热/冷充填（含碳酸）与包装水的比例。饮料可分为热/冷充填饮料与包装水两类，方便面可分为袋装面与碗面两类，其他产品品类如洗衣粉行业也有不同的分类方法。

- 低比例（L）热/冷充填（含碳酸饮料）：包装水＝30∶70/20∶80
- 中比例（M）热/冷充填（含碳酸饮料）：包装水＝40∶60/50∶50/60∶40
- 高比例（H）热/冷充填（含碳酸饮料）：包装水＝70∶30/80∶20

可将上述数据与调研公司的调研数据进行比较分析。

根据饮用量的比例，按热/冷充填（含碳酸饮料）2.5元/瓶、包装水1元/瓶单价来算，可估算出该城市饮料的销售额。

(5) 城市分级定义。

S级城市：该城市饮料年饮用量超过8亿瓶（每瓶500ml）；

A＋级城市：该城市饮料年饮用量为1.5～8亿瓶（每瓶500ml）；

A级城市：该城市饮料年饮用量为0.6～1.5亿瓶（每瓶500ml）；

B级城市：该城市饮料年饮用量为0.3～0.6亿瓶（每瓶500ml）；

C级城市：该城市饮料年饮用量为0.1～0.3亿瓶（每瓶500ml）；

D级城市：该城市饮料年饮用量小于0.1亿瓶（每瓶500ml）。

注意：这种分级方式的依据是什么？是依据饮料的销售额，还是依据人均饮用量？是不是每隔一段时间，企业就要重新调整分级标准？

饮料企业按照产品的销量，将城市分为6个级别，目的是评估城市的市场潜量。每隔一段时间，企业要对此分级标准进行调整，企业可以每年调整一次或三年调整一次。

（6）根据《城市分级分析表》中的分级结果确定各地区城市的级别。

举例：假设大连市的人口数是224万，年人平均饮用218瓶，热/冷充填（含碳酸饮料）：包装水=70：30，则大连市的城市分级为A3H。

A代表大连市居民年人均饮用量超过200瓶；

3代表大连市热/冷充填（含碳酸饮料）：包装水=70：30；

H代表大连市的人口数在200万~300万之间。

由此得出全国各城市的分级状况如图2－2所示。

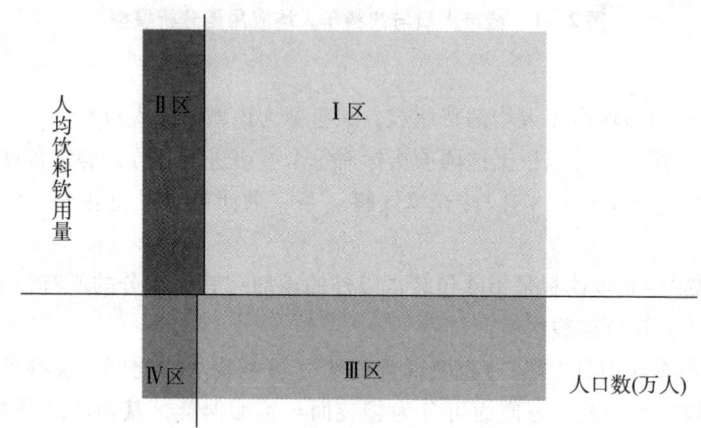

图2－2　各城市分级状况示意图

注：图面积的大小代表目标产品市场潜量的大小，具体说明见表2－1。

表2－1　城市各区域特点及其经营方式

区域	特点	行政级别	经营方式
Ⅰ区	人口多，人均饮用大，市场大，发达的大城市	多为地级以上城市	DC
Ⅱ区	人口少，人均饮用大，市场中，发达的小城市/县	地级市	城区经销商/外埠甲A
		城郊区域	城郊经销商
		县级市/县	外埠甲A/甲
Ⅲ区	人口多，人均饮用小，市场中，不发达的大城市	地级市及以上	DC/城区经销高
		县级市	外埠
Ⅳ区	人口少，人均饮用小，市场小，不发达的小城市/县	多为县级市/县	外埠片区甲/乙/丙

根据上述城市分级依据，对目标区域（或全国区域、特定地区）内的所有城市

进行分级。根据这个案例，我们可以得出，北京市、上海市、广州市是全国饮料饮用量前三大城市，可定为 S 级城市，深圳市、重庆市、天津市为 A + 级城市，武汉市、成都市及其他省会城市为 A 级城市，其他地级市为 B 级城市，C 级城市指精耕的县城，D 级城市指未精耕的县级市或外埠乡镇。

（注：S 对应英文"super"一词，指特大型城市。）

以上城市分级，每三年都会重新评估一次，以确保通路精耕中人力资源配置的合理性与营销资源投入的有效性。

2.2 区域划分

2.2.1 城区与外埠片区的界定

（1）通路精耕是根据中国大陆市场的具体情况与特点，开创出的一种通路管理方法。中国大陆区域庞大，人口众多，各区域市场的状况也各不相同。但是，从行政区域上进行划分是一样的，都可分为直辖市、省会城市、地级市、县级市、县城与乡镇。图 2－3 是中国大陆一个典型的行政区域模式：

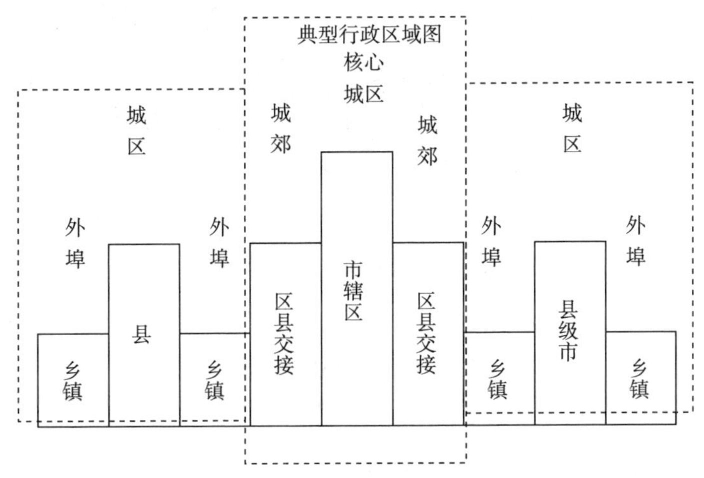

图 2－3　典型行政区域图

说明：

① 图 2－3 是中国大陆典型的城市行政区域分布图。

② 一个地级市以上的行政区域，由一个地级市或核心城市与几个县（或县级市）组成，地级市可划分为城市城区与城郊，县（或县级市）可划分为县城城区与外埠区域。

（2）大型城市如直辖市、省会城市和广州、深圳、东莞等重点经济发达城市，一般由核心城区与城郊区域组成。

（3）地级市一般由精耕城市、县级市、县城与乡镇等行政单位组成。

（4）在执行通路精耕时，我们将精耕的核心城区、精耕城市与部分城郊称为精耕城区，助理业代定期对精耕城区的零售点进行拜访。

（5）经济发达的县级市或乡镇，如珠三角区域内的很多县级市与乡镇，均派助理业代定期拜访零售店。这类经济发达的县级市或乡镇也称为精耕城区。

（6）我们将经济欠发达的县级市与乡镇统称为外埠片区，外埠片区一般不安排助理业代对零售店进行拜访。

（7）举例说明：在广东省，东莞市的所有乡镇，因其经济非常发达，我们均称其为精耕城区；韶关市的南雄市区，因其经济不发达，我们将其归为外埠片区，按外埠片区的方式进行经营。

2.2.2 城市区域构成

城市区域构成如图2－4所示。

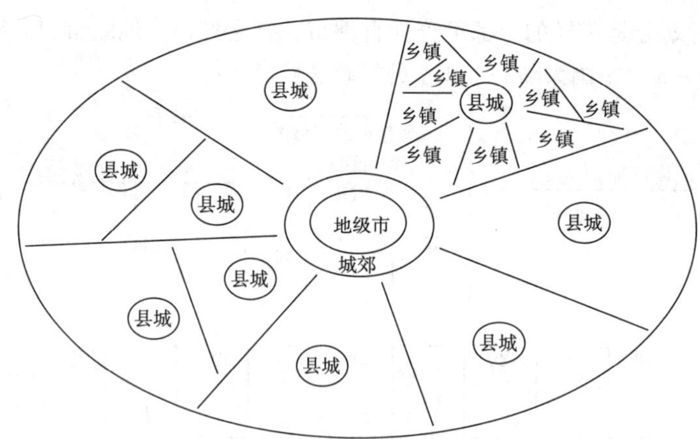

图2－4 城市区域构成图

说明：

① 图2－4是典型的地级市区域构成图。

② 地级市由城区、城郊和几个县城组成，县城又由县城城区与乡镇构成。

③ 距地级市近的县级市，其经济发展较快；距县城近的乡镇，其经济发展较快，城郊范围的大小不定。

2.2.3 城郊的界定

城郊的界定如图2－5所示。

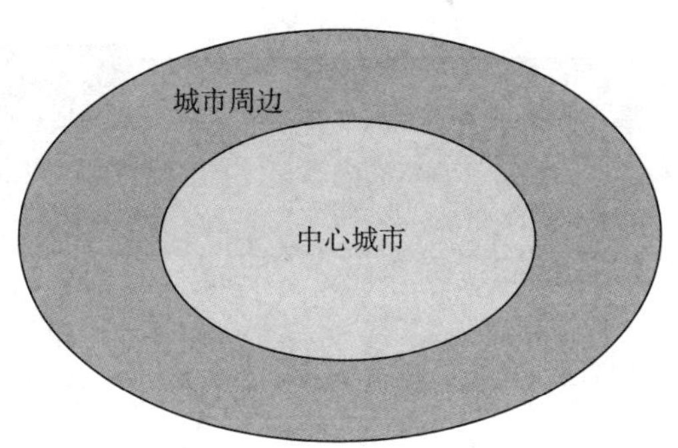

图2-5 城市界定示意图

说明：

① 城市周边以工商服务业为主，则说明该区域距城市较近，可成为城郊，如今，该区域已成为城市的周边区，其作业模式是精耕城市城郊的模式。

② 城市周边以农林畜牧业为主，则说明该区域距外埠较近，仍为乡镇，其作业模式应采用外埠操作方式，此类乡镇大多范围广、产值低。

③ 如果城郊的面积很小，则可将之包含在城区内，再考虑城区的经营模式。

2.2.4 城市区域细分

（1）城市区域细分有以下三种情况：城区+城郊、城区+城郊+县城、县城+乡镇，如图2-6、2-7、2-8所示。

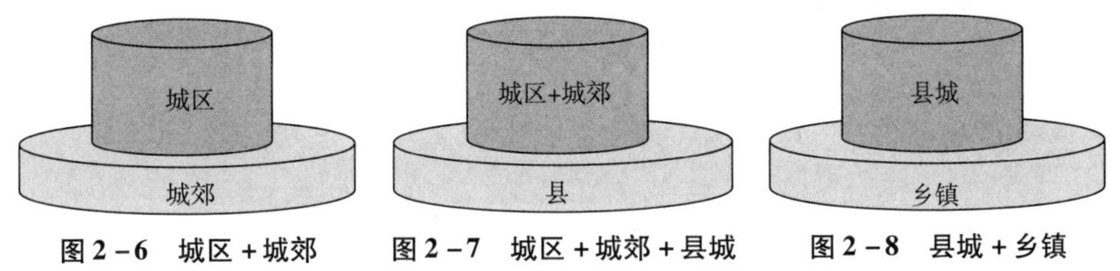

图2-6 城区+城郊　**图2-7 城区+城郊+县城**　**图2-8 县城+乡镇**

说明：

① 图2-6、图2-7、图2-8是城市区域细分的三种形式。

② 图2-6表示一个城市由城区与城郊组成，如广东省的深圳市、东莞市，此类城市的城郊由城区管辖。

③ 图2-7是由地级市与几个县城组成的区域，如江苏省的南通市。

④ 图2-8是典型的县城，由县城城区与几个乡镇组成。

（2）地理距离（物流配送因素）与服务距离（客户数与单点产出）是决定城市分级与城市经营模式的两个重要因素。

（3）以杭州市为例，说明城市细分的方法，如图2-9所示。

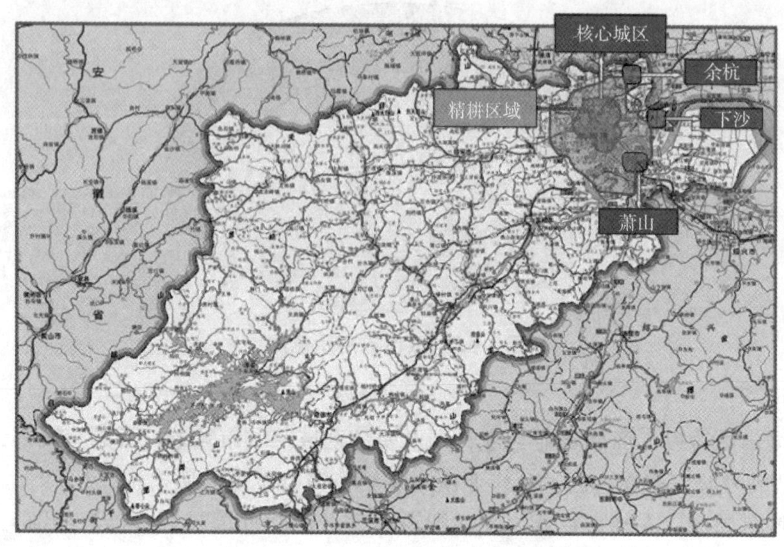

图2－9　杭州市区域划分示意图

说明：

① 杭州市由杭州城区、城郊和余杭、下沙、萧山县（县级市）构成。

② 杭州城区为核心城区，城区外围为城郊区域，也被纳入精耕区域。

③ 余杭、下沙与萧山县（县级市）由县城和一些乡镇组成。

2.2.5　区域划分的方法

1. 区域定义

区域定义，如图2－10所示。

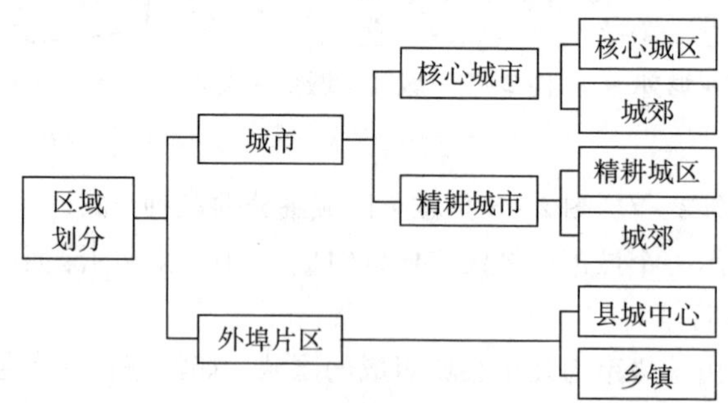

图2－10　区域划分结构图

具体说明，如表2－2所示。

表 2－2　区域定义一览表

区域	定　义
城市	地级以上城市之市辖区范围，但需要视情况界定
外埠片区	运用外埠经销商经营的区域，一般为一个县，包含县城中心与周边乡镇
核心城市	运用 DC 方式经营的城市，包含核心城区与城郊
核心城区	核心城市中，人口密度与人均饮用高的区域，用助理业代服务一阶，架设 DC 经营
城郊	核心城市周边，人口密度与人均饮用相对较小
精耕城市	运用城区经销商经营的城市，包含核心城区与城郊
精耕城区	精耕城市中，人口密度与人均饮用高的区域，有助理业代服务一阶，架设城区经销商经营
城郊	核心城市周边，人口密度与人均饮用相对较小
县城中心	外埠片区的县城中心
乡镇	外埠片区的周边乡镇

2. 区域划分中的几个问题

（1）城市区域划分中，如何划分城区/城郊的界限？

主要看一阶客户的价值，判断其是否需要配备助理业代，可见，城区与城郊的界定区域是要具体到街道的。

此外，我们还可以参考以下三点：

① 城区的人口密度相对大，城郊的人口密度相对小。

② 城区内市辖区下行政划分为街道，城郊下行政划分为乡村。

③ 城区内无农业耕作用地，大多数城郊仍有农业耕作用地。

下面以山东省济南市为例，做具体说明，如表 2－3 所示。

表 2－3　济南区域划分表

地名	区号	邮编	人口	面积（平方千为）	单位面积人口数	区域定义
济南市	0531	250001	3, 470, 000	3257	1065	
市中区	0531	250001	560, 000	280	2000	街道边界
历下区	0531	250014	590, 000	101	5842	核心城区
槐荫区	0531	250022	360, 000	151	2384	街道边界
天桥区	0531	250031	500, 000	249	2008	街道边界
历城区	0531	250100	910, 000	1298	701	城郊
长青区	0531	250300	550, 000	1178	467	城郊
章丘市	0531	250200	990, 000	1855	534	外埠
平阴县	0531	250400	370, 000	827	447	外埠
济阳县	0531	251400	530, 000	1075	493	外埠
商河县	0531	251600	600, 000	1163	516	外埠

济南地图，如图2－11所示：

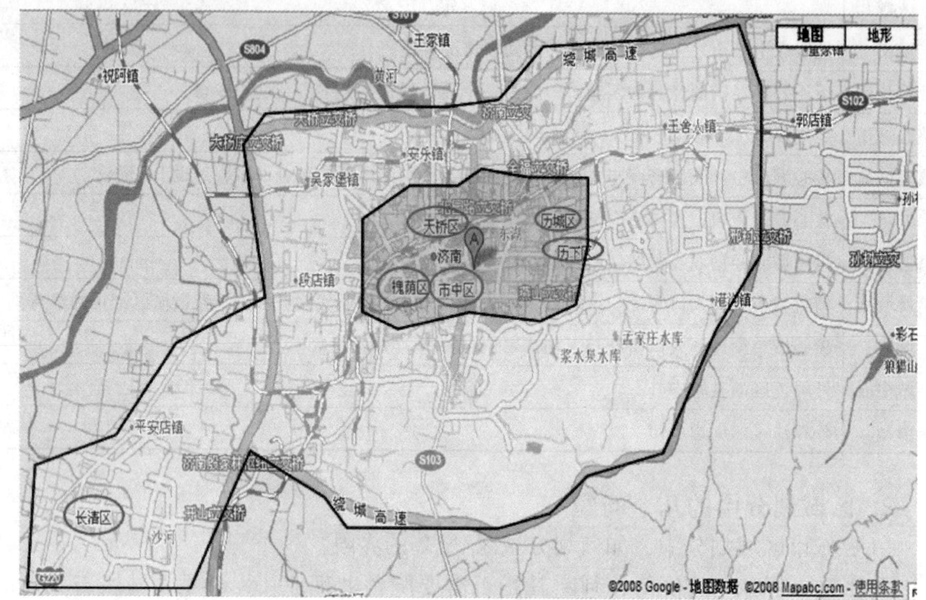

图2－11　济南地图

图2－11与表2－3，综合说明如下：

① 市中区、天桥区、历下区、槐荫区为城区，具体各区的划分要细划到街道。

② 历城区与长清区为城郊。

③ 章丘市、平阴县、济阳县与商河县等周边的县（县级市）则为外埠区域。

（2）地级市是否可以做外埠片区经营？县级市是否可以做城市经营？

城市的界定取决于以下两点：

① 市场规模＝人均消费产品单位数×人口数。

人均消费产品单位数是指瓶、袋、罐等产品的最小单位数。

② 客户点数需要具有效益（产值）（总点数/单点效益）

• 市场规模不足的地级市可以做外埠片区经营。

• 县市级“县城中心”的市场规模/客户点数在2400点以上，此类县级市均可做精耕城区经营。如果县级市/县城的市场规模足够大，如顺德，此类县级市/县城可作为精耕城区经营。点指产品销售网点数。

• 城区市场规模与客户总点数在2400点以上的县级市，均可作为精耕城区经营。

第3章

通路普查

为全面掌握精耕城区一阶和二阶售点资料，合理安排人力配置，落实通路精耕操作，企业需开展精耕城市售点普查。

以饮料为例，介绍通路普查的方法。

普查就是收集、汇总、评估、分析某一特定时间段内一个地区所有销售网点数据的过程，如饮料行业的饮品售点、农资行业的农资产品售点。

通过普查，掌握精耕城区内销售网点（含批发商）的规模、结构和产品的销售状况，为实施营业架构发展规划与人力配置提供依据，拜访有效客户、减少无效拜访、提升人均产值。普查的频率由各公司根据实际需要确定，1 年一次、3 年一次或 5 年一次。

通路精耕中的通路普查分为精耕城区与外埠片区作业办法，笔者将分别予以介绍，但是重点是通路精耕城区通路普查。下面章节，笔者将详细介绍精耕城区通路普查。

3.1 通路普查准备

3.1.1 普查方案的拟订

通路普查方案由销售部通路企划（Trade marketing，简称 TM）人员根据制造商通路精耕政策拟订。如果企业没有 TM，通路普查方案则由企划部营销推广人员或市调人员拟订。普查方案的具体内容包括以下几点：

（1）通路盘点背景说明（WHY）。

（2）通路盘点目的（WHY）。

（3）通路及售点类型（WHAT）。

（4）作业步骤（HOW）。

（5）相关人员职责（WHO）。

（6）工作进度表（WHEN）。

（7）通路盘点流程（HOW）。

（8）盘点注意事项（HOW）。

（9）盘点与后续工作（HOW）。

3.1.2 人员召集与培训

（1）普查人员。

普查人员是各地所有的业务人员或临时人员，组长为城区盘点的负责人，所长为通路盘点的总负责人。

（2）人员召集。

A. 调集所有的助理业代与业代，在特定的时间内进行通路盘点。

B. 如果盘点人员不足，企业可根据当年的人力规划编制招募新人或聘请临时人员。

（3）人员选拔调整。

① 通路盘点人员要熟悉盘点区域，减少遗漏。

② 2～3人为一个调查小组，小组成员一起进行扫街盘点。

③ 如果调查小组的成员都是新人，对盘点区域均不熟悉，则由组长或所长划出小片盘点区域，并画出通路客户的分布地图。

（4）人员培训。

① 讲解通路盘点的背景和目的。

② 重点讲解客户机构类型和售点类型的编制。

③ 盘点所有销售目标产品的客户（这里所说的客户包括批发、餐饮店等售卖公司产品及同类产品的所有销售网点），规定每天的最低盘点点数（一般可定为60点，也可根据实际情况来确定具体的网点数）。

④ 传授“按右手原则制定拜访路线”等盘点路线技巧。

⑤ 拜访话术的演练及相关问题的处理。

⑥ 必须按照所长或组长规定的线路进行盘点。

⑦ 工作职责及盘点注意事项。

3.1.3 商圈划分

（1）商圈定义。

① 商圈定义：人流相对集中，商流趋同的人群所在的区域，如大卖场商圈、火车站商圈、大学城商圈。

② 商圈中心定义：商圈内集中消费的地点，如超市、商业街、百货公司、火车站。

（2）商圈划分目的。

根据商流划分市场，提高一线销售人员拜访客户及配送商配送产品的效率，同时根据商圈的消费特点，规划合适的产品、促销等营销组合，提升商圈的产出效益。

（3）商圈划分步骤。

① 根据市场信息，确定商圈中心的位置。

② 确定商圈中心的类别。

a. 市级商业街：是市内消费者主要的休闲购物场所，一般由娱乐场所、餐饮店、大型购物中心组成，如广州的天河城、正佳广场。市级商业街是品牌形象展示及产品销售的重要场所。

b. 专业商业街：集中经营某种商业形态，一般由专业门店组成。专业商业街的客流量很大，它是产品销售的重要场所，如广州的北京路步行街、天河电脑城。

c. 量贩店及超市：是消费者进行计划性批量日用品采购的主要场所。

d. 站点：较重要的车站，如汽车站、火车站、港口。

e. 文教区：消费者较集中，如大中专院校。

f. 景点：日客流量超过1万人的景点，如沈阳的世博园、杭州的西湖。

g. 其他：未列出的商圈中心。

③ 在城区地图上标出已知的商圈中心位置。

④ 以商圈中心为中心点，找到商圈的边界。

a. 以商圈中心为中心，以离中心点有一定距离的地带为边界。

- 商业街：将商业街内及进入商业街的90米内的街路上的售点归为一个商圈。
- 量贩店、超市商圈：途经的公交车2站以内，车程约9分钟。
- 站点：在站点内及进入站点1站以内的街路上售点归为一个商圈。
- 景点：景点及周围1站以内的售点。
- 文教区：校园及校园附近90米以内售点。

b. 商圈的边界以城市的自然分界为准，如河流、铁路、道路。

c. 商圈的交界处参考交通管制、配送便利性。

上述划分原则以广州市为基准，其他城市可以根据城市规模与特点，适当地增加或减少商圈中心类型。

（4）商圈类型分类。

甲级商圈：包括商业街商圈。

乙级商圈：包括站点、景点商圈、文教商圈。

丙级商圈：包括量贩、超市商圈。

（5）商圈编号。

将商圈在地图上绘出，并进行编号，如图3－1所示。

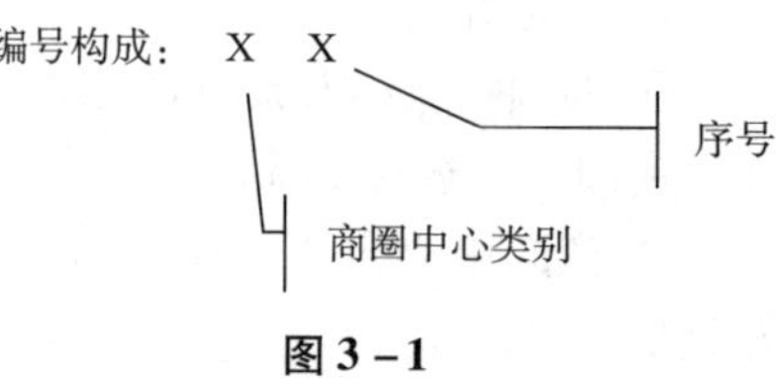

图3－1

商圈中心代码：A－甲级商圈；B－乙级商圈；C－丙级商圈

比如，A①代表第1个甲级商圈。

（6）商圈划分的几个问题。

Q1：如果两种类型的商圈，如商业街与量贩超市相邻，该如何划分？

A1：如果两种类型商圈重叠，则以商圈的重要性为划分基准。商业街的重要性、客流量要高于量贩超市，所以该商圈应该是商业街商圈，其划分标准参照商业街商圈的划分标准。

Q2：什么样的文教区才算是一个商圈？

A2：文教区由学校或培训机构组成，一般的参考因素是人数。大学区是主要的文教区类型，一般人数在1万人以上。

Q3：商圈之间会存在空白区，对此该如何处理？

A3：对于商圈之间的空白区，有两种处理办法：一是在商圈售点不足的情况下，以该区域内的售点为补充；二是按交通便利性将其划分为普通拜访区域。

Q4：如何通过对商圈的划分提高绩效？

A4：商圈即区域中的重点销售区域，所以，我们必须根据商圈的类型，设定拜访覆盖率及拜访频率，并制定相应的产品包装及进货套餐促销方案。因为商业街商圈的售点单点销量较高，所以拜访覆盖率应为 90%，但是产品的库存量较低，所以拜访频率为每周至少两次或每周三次。

Q5：商圈内的拜访路线及配送如何设定？如果与目前的路线规划有冲突，该如何处理？

A5：以先划分商圈内路线为原则，如果商圈内网点数不足，可以由周边普通区域内的售点补充。配送服务以独立的批发商服务为原则。若规划与目前的实际区域划分相冲突，可根据实际情况，依照从内至外原则进行逐步调整，即必须保证商圈中心售点拜访与配送的独立性。

3.2 通路普查的步骤与流程

3.2.1 确定通路普查区域

1. 通路普查城市确认

普查范围要具体到街道，以城区为主，兼顾城郊集中生活区，如大学城、大型工厂、开发区。广州市的普查范围确认如下：

（1）广州市内部分：荔越区、东山区、天河区、黄埔区、海珠区。

（2）其他区域：增城市、花都区、从化市、番禺区的主要商圈。

注：在调查时将城市细分为若干片区，以确保调查数据的完整性，避免重复调查及调查漏点。

2. 区域划分及编号原则

（1）专案负责人主导区域划分工作，并带领组长做精耕城区的区域划分。

（2）以地图块形式进行区域划分。

① 所谓以地图块的概念划分区域，就是以详细的城区街巷为基础，根据区域面积或人口稠密程度做出判断，以明显、明确的街道、河流或公路为界限，将整个城市划分为几个较大的区域。

② 地图块就是依据城市市区/街巷图，按照一定的周边界定，划分出的较小区域，各地块之间相对独立，但是所有的地块按顺序组合后又能构成完整的市区全图，这就避免了地块的重复或遗漏。划分地图块是零研普查抽样的重要操作方法之一。

（3）地图划分。

① 根据市场的自然情况及商圈定义划分出城市的主要商圈，并将其作为单独的调查区域。

② 其他区域依照现有的业务服务进行区域划分。

③ 以明显、知名的街道、地点、河流、公路等为界限，并以清晰的线条，在市区地图上标示出地块界线。

④ 在地块的交界处，普查人员只需调查界线围成该地图块的一侧，另一侧属于另一图块，可视为调查范围以外的部分。

（4）地图块编号。

先将整张城区/街巷地图按区属分开，然后按照顺序将若干个地图块排列好，再把各区的地图块按其在地图上的位置从左到右，再从上到下，顺次编号，最后得出整个市区地图块的完整编号（可参照业务现有的区域编号）。

（5）专案负责人按照分割图给盘点人员分配工作。

（6）佛山市禅城区可划分为7个区块，如图3－2所示。

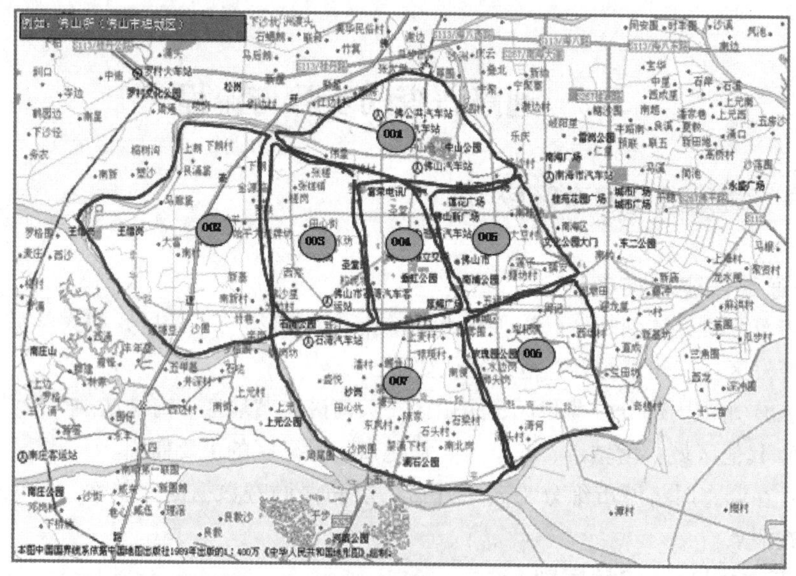

图3－2　佛山市禅城区的区域划分图

说明：

① 佛山市禅城区被划分为7个盘点区域，每个盘点小组负责盘点一块，区域代号分别为001.002.003.004.005、006、007。

② 001～007区域，均以河流、大型街道或商圈周边为界限进行划分。

③ 每块小区域内售卖饮料的客户数量大致相同。

④ 表3－1是对图3－2中区域划分界限的表述。

表3-1　佛山市禅城区的区域划分明细表

所别	区域编号（代码/3位以内）	区域名称	通路形态	助代区域边界描述（如果是片区则不用填边界）				
				东	西	南	北	盘点通路说明
佛山所	001	禅城区祖庙路商圈	一阶	安立路	北土城路	东土城路	北城路	如精耕核心城区：一阶、二阶
佛山所	002	禅城区张槎商圈						
佛山所	003	禅城区石湾商圈						
佛山所	004	禅城区**商圈						
佛山所	005	禅城区**商圈						
佛山所	006	禅城区**商圈						
佛山所	007	禅城区**商圈						
佛山所	008	南海区**商圈						
佛山所	009	南海区**商圈						
佛山所	010	三水区西南商图						
佛山所	011	三水区乐平镇						
佛山所	012	三水区**商圈						
佛山所	013	三水区**镇						
**所	014	**县						如外埠片区：依形态填具体通路
佛山所	001-014	禅城区	特通					
佛山所	001-014	禅城区	MA					
佛山所	001-014	禅城区	二阶					

（7）一个城区被划分为7个小块后，再将每个小块划分成5天的盘点区域，分别标号为001-5-1、001-5-2、001-5-3、001-5-4、001-5-5，如图3-3所示。

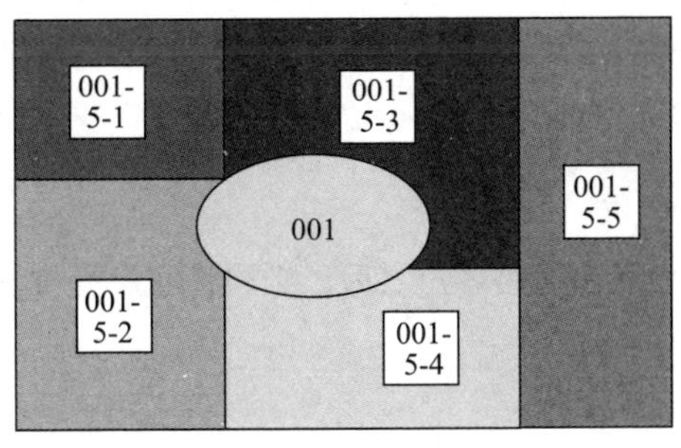

图3-3　××商圈区域售点规划图

说明：

① 图3-3是通路盘点区域售点明细图：××所××城市××商圈区域（001-5

-1）。

② 依据区域规划表中的区域编号，确定盘点人员的盘点区域与路线。

③ 组长根据区域编号，给盘点人员分配盘点区域，见001。

④ 所MD根据组长规划的售点规划图001，制作并打印售点明细图001-5-1、001-5-2、001-5-3、001-5-4、001-5-5，如果分5个区，则编5张图。

⑤ 只有精耕核心城区、精耕城区、外埠区域县城需要附图（在电子地图上截图，使用“SnagIt”截图软件）。

⑥ 打印售点明细图时，要使用A4纸，在给盘点人员的售点明细地图（如001-5-1）上直接标出售点的序号，每个售点序号需对应《录入明细表》。

（8）001-5-1区域客户盘点的操作方法如图3-4所示。

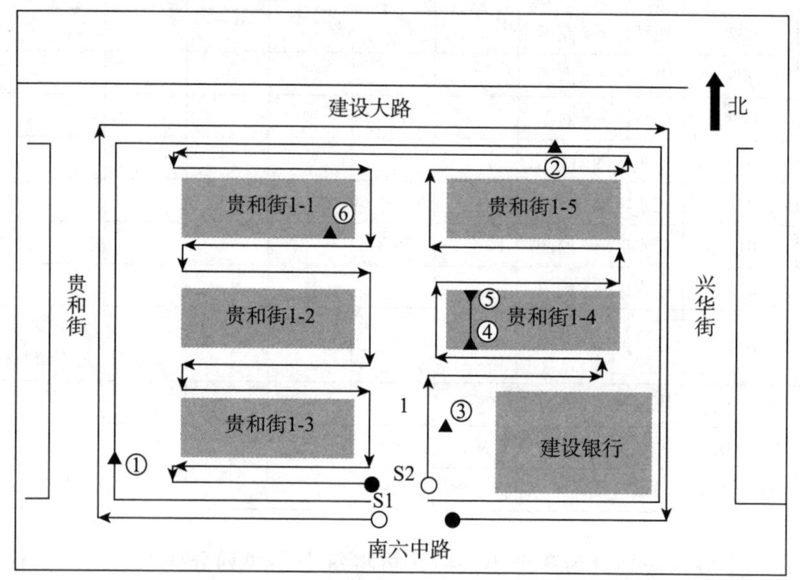

图3-4　001-5-1区域客户盘点操作方法示意图

说明：

① 通路普查时，S1为起点，先围绕该区域边线，按右手原则，逐家进行盘点，一直到S2点，并将盘点的1、2号客户标在图3-4上。

② 再从S2位置的内侧，按右手原则，逐家拜访盘点，并将3~6号客户标在图3-4上，终点为S1位置。

（9）按照图3-4盘点出通路客户之后，必须将客户资料统计在《通路盘点记录表》中。（见表3-2）

表3-2 通路盘点记录表

盘点人：张三　　　　盘点时间：**

序号	售点编码	营业所名称	营业组名称	营业所代码与R3一致	区域代码	盘点路线代码	售点序号	售点名称	店主姓名	详细地址	联系电话	细分型态	通路次级编号	经营规模		收银设备	店内冰箱数量含本/竞品	店内饮料预估月销量（箱/月）		本品月均销量（箱/月）		过去每个月是否与业务进货	盘点后是否精耕（用1代替是）
														平方米	个/台数	收银机个数		旺季	淡季	旺季	淡季		
1	20150212	**所	**组	3X32	001	5-1	1	**商店	***	**区**街**号	2E+06	大学MA	E11	400		1	4	500	200	120	40	√	1
2																							
3																							
4																							
5																							
6																							
7																							
8																							
9																							
10																							
11																							
12																							
13																							
14																							
15																							
16																							
17																							
18																							
19																							
20																							

1. 编码由录入人员完成；
2. 4位营业所代码+6位流水号；
3. 完成全部盘点的电子档，确定**年精耕的点后，售点编码再一

录入人员编写

网吧填写电脑台数，餐饮填写桌数，其他形态不填

饮料定义：只含碳酸、茶、果

说明：

① 该表由盘点人员根据图3－4实际盘点的客户填写的。

② 除“售点编号”与“盘点后是否精耕”栏不需填写外，其他栏均需按照实际状况如实填写。

③ 销量预估为旺季的月销量。

3.2.2 确定普查的通路客户

（1）精耕核心城区：一阶、二阶（见形态明细表）。

（2）精耕城区：一阶、二阶（见形态明细表）。

（3）城郊/外埠甲A：二阶全部（含所有乡镇），一阶MA/特通A/CA。

（4）城郊/外埠甲：二阶全部（含所有乡镇），一阶MA/特通A/CA。

（5）外埠乙：二阶全部（含所有乡镇），一阶MA/特通A/CA。

（6）外埠丙：二阶全部（含所有乡镇），县城MA/特通A/CA。

备注：

二阶是指士多批发商、MA批发商、特通批发商、批市批发、单点批发等批发客户。

一阶是指现代通路、传统通路及封闭通路等终端客户，具体见《通路客户型态明细表》，

《通路客户型态明细表》如表3－3所示。

表3－3 《通路客户型态明细表》

序号	通路类型	通路分级	消费行为描述	通路主编号	通路名称	通路次级编号	细分型态	定义
1	现代通路	A	杂货购物	A1	量贩	A10	国际连锁量贩	量贩店、国外特许加盟使用店名。面积超过5000平方米、货品种类在1万种以上，并且经营服装家用电器耐用消费品等，采用销售技巧吸引顾客大量购买和采用低利政策，通常设有最少20个收银台（直营店不盘点，是经销店则要盘）
2						A11	全国连锁量贩	量贩店境外不设店，国内跨省经营。面积超过5000平方米、货品种类在1万种以上，并且经营服装家用电器耐用消费品等，采用销售技巧吸引顾客大量购买和采用低利政策，通常设有最少20个收银台（直营店不盘点，是经销店则要盘）
3						A12	地区连锁或单点量贩	量贩店境外不设店，未跨省经营。面积超过5000平方米、货品种类在1万种以上，并且经营服装家用电器耐用消费品等，采用销售技巧吸引顾客大量购买和采用低利政策，通常设有最少20个收银台（直营店不盘点，是经销店则要盘）

续表

序号	通路类型	通路分级	消费行为描述	通路主编号	通路名称	通路次级编号	细分型态	定义
4	现代通路	A	杂货购物	A2	超市	A20	国际连锁超市	超级市场，国外特许加盟使用店名。面积超过2000平方米，货品种类在5000种以上，主要经营食品、冷鲜、蔬菜，同时销售部分日用品，收银台在10台以上（直营店不盘点，是经销店则要盘）
5						A21	全国连锁超市	超级市场，境外不设店，国内跨省经营。面积超过2000平方米，货品种类在5000种以上，主要经营食品、冷鲜、蔬菜，同时销售部分日用品，收银台在10台以上（直营店不盘点，是经销店则要盘）
6						A22	地区连锁超市或单点超市	超级市场，境外不设店，未跨省经营。面积超过2000平方米，货品种类在5000种以上，主要经营食品、冷鲜、蔬菜，同时销售部分日用品，收银台在10台以上（直营店不盘点，是经销店则要盘）
7				A3	便利	A30	国际连锁便利	国外特许加盟使用店名，售卖较少类别的货品，商店一般面积较小（约100平方米以下）、但营业时间较长（约16个小时以上），最少有2台冷柜，有收银台、店门、橱窗及比较好的灯光设备（直营店不盘点，是经销店则要盘）
8						A31	全国连锁便利	境外不设店，跨省经营，售卖较少类别的货品，商店一般面积较小（约100平方米以下）、但营业时间较长（约16个小时以上），最少有2台冷柜，有收银台、店门、橱窗及比较好的灯光设备（直营店不盘点，是经销店则要盘）
9						A32	地区连锁便利	境外不设店，未跨省经营。售卖较少类别的货品，商店一般面积较小（约100平方米以下）、但营业时间较长（约16个小时以上），最少有2台冷柜，有收银台、店门、橱窗及比较好的灯光设备（直营店不盘点，是经销店则要盘）
10				A4	MA	A40	MA—A类（甲级）	坐落于社区或居住密集区，以经营日常消费品为主，品项在3000－5000个，开放式购物，店内设有冷藏柜销售生鲜食品，并设有促销端架及堆垛促销专区。开放式购物+4台收银机以上+1500平米以上（本品平均月销量为350箱以上）
11						A41	MA—B类（乙级）	坐落于社区或居住密集区，以经营日常消费品为主，品项在2000－3000个，开放式购物，店内设有冷藏柜销售生鲜食品，并设有端架或堆垛陈列促销区。开放式购物+1台收银机以上+500平米以上（本品平均月销量为250箱以上）
12						A42	MA—C类（丙级）	坐落于社区或居住密集区，以经营日常消费品为主，品项在2000－3000个，开放式购物，店内设有冷藏柜销售生鲜食品，并设有端架或堆垛陈列促销区。开放式购物+1台收银机以上+300平米以上（本品平均月销量为200箱以上）

续表

序号	通路类型	通路分级	消费行为描述	通路主编号	通路名称	通路次级编号	细分型态	定义
13						A43	MA—D类（丁级）	坐落于社区或居住密集区，以经营日常消费品为主，品项在2000－3000个，开放式购物，店内设有冷藏柜销售生鲜食品，并设有端架或堆垛陈列促销区。开放式购物＋1台收银机以上＋100平米以上（本品平均月销量为150箱以上）
14	传统通路	B	杂货购物	B1	士多店	B10	C－A	开放式，面积超过30平米，1排以上可移动货架，2台以上的冰箱；平均月销售饮料总量为200箱以上，特级商圈内的点均属C－A
15						B11	C－B	面积在30平以下，开放式或柜台式售货，有1－2个货架，1－2台冰柜；平均月销售饮料总量为80－200箱，甲、乙级商圈内的点均属于C－B
16						B12	C－C	封闭式，又称窗口店，消费者无法进入店内购物，透过店员拿取商品，平均月销售饮料总量为80箱以下。如：报亭、中保洁或其他窗口店
17						B13	摊点	没有营业店面的售点，多开于路旁售卖食品的摊贩，如：小卖亭、早餐车、流动售卖车等
18				B2	食品店	B20	面包房	连锁或独立经营的自助式面包或蛋糕商店，兼营软饮料
19		C	其它购物	C1	水吧	C10	商场水吧	KA/MA卖场内的（不分直营店或经销店），以专门售卖饮料、冷饮、小食品为经营内容的卖点
20						C11	专业市场水吧	各类专业市场中的，以专门售卖冷饮、饮料、小食品为主的卖点。如：电子、图书、服装小商品等市场内的水吧
21		D	分销商	D1	批发商	D11	单点批发商	多坐落于主要社区，居民区周边，有一定的配送能力，下游多为冰摊或小士多，不直接与公司交易
22						D12	批市批发商	坐落于批发市场，多兼营其他酒类或食品类，仓储能力强，配送相对较弱，不直接与公司交易
23						D20	一般特通批发商	有一定社会关系，对某种或某几种特通有较强的掌控力，主要配送特通（可发展为开户的特约特通批发商）
24						D21	一般MA批发商	主要经营MA客户，有较好的客情，赊销占比大，主要配送MA（可发展为开户的MA批发商）
25						D22	乡镇2±0.5阶	在城郊、外埠乡镇镇上农贸市场附近，有经营饮料的批>零的店，多兼营其他酒类或食品类，有一定仓储能力及配送能力，下游多为镇上冰摊、小士多、镇下属村里的小士多，是车销的重点目标客户
26	封闭通路	E	学校	E1	学校	E10	大学食堂	校内学生或教师集中用餐场所。如：二外第一食堂
27						E11	大学MA	学校园内或校门口开放式购物场所，1台收银机以上，面积大于100平米。如：北航邮购超市

续表

序号	通路类型	通路分级	消费行为描述	通路主编号	通路名称	通路次级编号	细分型态	定　　义
28	封闭通路	E	学校		学校	E12	大学士多	在宿舍楼、图书馆、浴池、网吧等场所内，有售卖饮料的售点，或学校外50米内的士多店。如：大学的小卖部
29				E2		E20	中学	中学校内或门口50米内的卖点
30						E21	小学	小学校园内或校外50米内卖点
31				E3		E30	其他教育培训机构	从事辅助教育的培训机构，如党校、外语培训、少年宫、成人进修、驾校等单位
32		F	娱乐休闲	F1	旅游点	F10	旅游景点	景区内的卖点与景点门口50米内的点
33				F2	游乐/休闲	F20	网吧	提供上网娱乐服务的场所，卖点为网吧内的售点
34						F21	影剧院	有放映设备或现场演出，于室内观赏的场所，也包括放映VCD或DVD的收费设施
35						F22	休闲健身场所	以休闲娱乐健身为目的场所。如：桌球、保龄球、健身馆、高尔夫球场等
36						F23	体育运动场馆	进行体育运动的场所。如：工体、首体、首钢篮球馆
37						F24	游戏厅	提供电子游戏机设施的场馆，消费人群主要集中于15－25岁的青少年。如：顺义隆华地下游戏厅
38						F27	户外休闲亭	地标性KA外、商业街、广场上的以售卖休闲食品、饮料冷饮为主的场所。如：王府井、西单的休闲亭
39		G	交通航站	G1	交通航站	G10	机场	包含机场内售卖食品饮料的所有卖点。单店产值高，经营效益大，品牌展示的价值高
40						G11	地铁城铁站	城市中地下、地上的列车客运站点。卖点含轻轨、地铁站内和车站周边20米内的点
41						G12	长途客运/公交总站	远途客运的汽车站点及市内公交车总站。卖点包括站点内的所有点和站点周围20米内的点
42						G13	服务站/加油站	高速路提供休息的服务区、机车补充燃料的加油站。如：高速服务区、国道加油站
43						G14	火车站	客/货运的火车站点。卖点包括车站内及车站广场周边20米内的卖点
44		J	工作场所	J1	厂矿机关	J10	厂矿	政府或个人机构开的以生产、盈利为目的的厂矿单位，卖点为厂矿服务社与食堂。如：首钢、齿轮厂内的服务社
45						J11	军、警、机关	政府行政管理的、机密的部门，卖点为机关服务社、食堂、内部及门口商店。如：政府大院、军队、监狱等
46				J3	医院	J30	医院	人流集中，单点产值高，经营效益大，品牌展示价值高，卖点含医院内的点和医院门口50米内的点

说明：终端客户分为现代通路、传统通路与封闭通路，每个通路又可分出具体的通路型态，这些通路型态分别用英文字母A～J标明，表格对各型态分类做出了详细的说明。

3.2.3 通路盘点时间规划

通路盘点要有一个时间规划。企业可根据实际情况规划人力，确保盘点顺利进行。下面以××大型食品饮料公司的通路盘点为例，做具体说明。该食品饮料公司的通路盘点情况如表3-4所示。

表3-4 ××食品饮料公司通路盘点规划表

序号	项目	天数	例如
1	规划盘点区域时间	1	12月8日
2	规划/制作盘点地图完成时间	8	12月5日~12月12日
3	盘点前准备时间	10	12月5日~12月15日
4	宣导启动时间	1	12月16日
5	盘点时间	27	12月17日~12月31日
6	盘点后组内研讨会	6	1月4日~1月09日
7	所内审查会时间	8	1月9日~1月16日
8	更新路线与CRC	23	1月19日~1月31日
9	按新路线与CRC进行拜访	1	2月1日
总计		85	

3.2.4 通路普查人员分工及工作职责

在通路盘点工作中，制造商各部门的负责项目与工作内容如表3-5所示：

表3-5 制造商各部门的负责项目与工作内容一览表

人员分工	工作职责
TM或市场部人员	制定方案、宣导，全程追踪
宣导人	1. 盘点启动、宣导、演练、CRC标准化培训、执行追踪，所长主导，宣导人协助 2. 名单：TM或市场部负责通路盘点规划人员，具体负责所别，以实际行程为准
训练组	盘点启动、宣导、演练、CRC标准化培训、执行追踪
查核组	负责抽查CRC卡
所长	1. 统筹全所盘点工作的管理、流程执行及进度督导 2. 指导、审核、决策盘点工作
所MD或MS	1. 配合制作盘点区域地图 2. 准备盘点工具
组长	1. 规划盘点区域 2. 安排全组人员开展盘点工作 3. 抽查、审核、提交盘点资料 4. 盘点后，召开组内研讨会，规划下一年度精耕点数、区域及人员定岗定线

续表

人员分工	工作职责
管理业代	指导助理业代，并抽查盘点资料
业代	1. 按要求执行通路盘点的相关工作 2. 重编执行 CRC 路线
助理业代	1. 按要求执行通路盘点的相关工作 2. 重编执行 CRC 路线
营会/内勤	1. 审核盘点资料数据，保证数据的准确性 2. 营会和内勤各查 50% 的盘点资料数据，当天审核前天的录入资料
录入人员	1. 录入盘点资料数据 2. 保证资料的准确性

（注：关于 CRC 的制作，请参见本书第六章《CRC 建立》，英文全称见书后附表）

3.2.5 普查的流程及具体工作

1. 普查流程

普查流程如图 3－5 所示。

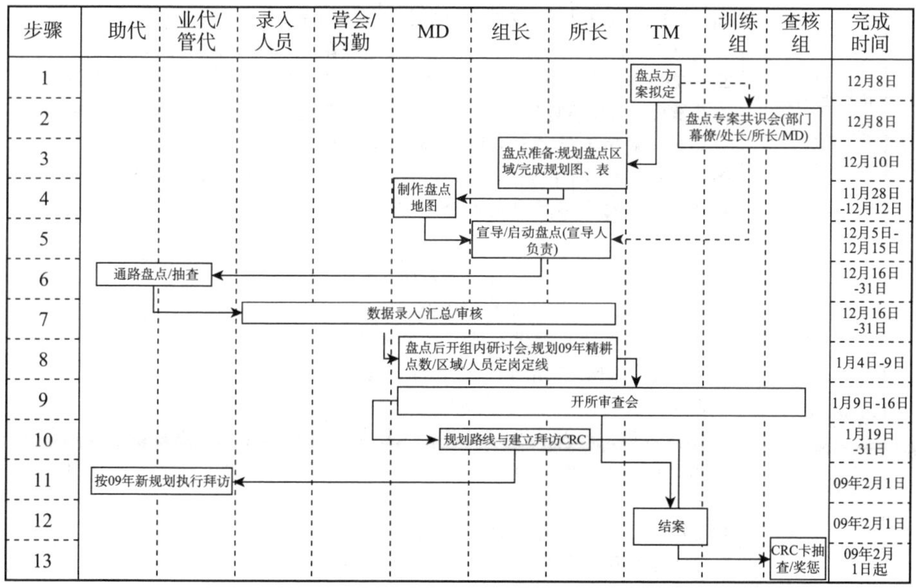

图 3－5　普查流程示意图

说明：图 3－5 是通路盘点过程中，各项工作的负责人和相应的完成工作的时间表。

2. 通路盘点的具体工作

通路盘点的具体工作如表 3－6 所示。

表3－6　通路盘点工作一览表

步骤	工作项目	具体工作	相关表单	完成时间
1	规划盘点区域	1. 以组为单位规划盘点区域，交所长审核； 2. 以现有业代辖区作切割原则； 3. 12月1日做好，并上交TM审核	附表1《区域规划图》 附表2《区域规划表》	12月8日
2	审核盘点规划合理性	1. 12月1日审核附表1、2； 2. 12月2日确定并回发各所执行		12月10日
3	规划/制作盘点地图	1. 组长：依附表1、2，规划附表4中的图1“售点规划图”； 2. MO：依组长“售点规划图”，制作图2“售点明细图”	附表1《区域规划图》 附表4《区域售点明细图》	11月28日－12月12日
4	盘点前准备	1. 组长：盘点报表准备，提供盘点人使用的附表3、4、5，附表4中的图1、图2要分开打印； 2. MO：盘点工具准备，提供黑色签字笔、A4小夹写字板，原则每人1份； 3. 宣导人：提前2天到所，并检查准备工作完成进度	附表3《通路形态定义》 附表4《区域售点明细图》 附表5《通路盘点记录表》	12月5日－12月15日
5	执行通路盘点	1. 依盘点区域切分原则，在盘点同时进行客户拜访拿单工作，原则上不可影响业绩，目标区域内进行地毯式通路盘点，保证一点不漏； 2. 带齐盘点工具（附表3、4、5），着工衣及携带日常拜访装备； 3. 依盘点顺序填附表5，并在“附表4、图2”上填对应的序号； 4. 外埠人员每天传真附表4、5回所内，给录入人员	附表1《区域规划图》 附表2《区域规划表》 附表3《通路形态定义》 附表4《区域售点明细图》 附表5《通路盘点记录表》	12月16日－31日
6	数据录入/审核/追踪/确认/抽查	1. 组长/机动业代：审核每天个人盘点数据，由组长汇总第二天提交给所长； 2. 所长：审核组长提供数据，并在第二天汇总全所数据，交给录入人员，追踪录入进度； 3. 录入人员：每天录入明细表，当天需完成前天的录入明细表； 4. 所长、组长、机动业代：抽查盘点路线，原则每个盘点人至少有1条路线要抽查； 5. 营会；内勤：各查50%，当天审核前天的全部录入资料，审核盘点资料数据录入准确性	附表6《通路盘点数据录入明细表》	12月16日－31日
7	盘点后开组内研讨会，规划09年精耕点数/区域/人员定岗定线	1. 组长：与全组业务研讨盘点资料附表4、6，规划09年精耕点数/区域/人员定岗定线； 2. 业代/机动业代：依据组长确定的精耕点，完成“附表7”中的附表、图	附表4《区域售点明细图》 附表6《通路盘点数据录入明细表》 附表7《通路盘点审查会报表》	1月4日－9日

续表

步骤	工作项目	具体工作	相关表单	完成时间
8	开所审查会	所长主持：参加人员为组长、机动业代、MO、部门幕僚，审查各组长报告	附表7《通路盘点审查会报表》	1月9日–16日
9	更新路线与CRC	1. 所长/组长：负责进度； 2. 机动业代：协助业代完成更新路线与CRC； 3. 业代：负责完成更新线路与CRC；	附表4《区域售点明细图》 附表6《通路盘点数据录入明细表》 附表7《通路盘点审查会报表》	1月19日–31日
10	按09年新规划执行拜访	按09年新规划执行拜访		2009年2月1日
11	收集确定版精耕资料	收集确定版精耕资料并结案：附表1、2、6、7		2009年2月1日
12	系统资料抽查/奖惩	系统资料抽查/奖惩		09年2月1日起

说明：表3–6是对图3–5的详细说明，列举了通路盘点过程中各项工作具体的开展方法和所用到的相关表单，方便各盘点人员顺利地展开盘点工作。

3.2.6 通路普查办法

（1）业代与助代依据盘点区域切分原则进行盘点，在表3–1《区域规划表》规定的区域内进行地毯式通路盘点，保证不漏下任何区域。

（2）12月9日在各所召开《通路盘点》宣导会。在盘点宣导前，每位助代和业代需准备以下盘点工具：

① 黑色签字笔。

② A4小夹写字板。

③ 表3–3《通路客户型态明细表》1份。

④ 图3–3《区域售点明细图图1》1份。

⑤ 图3–4《区域售点明细图图2》（1～5各一份，共计5份）。

⑥ 表3–2《通路盘点记录表》1份。

（3）业代或助代按照图3–2《区域售点明细图图1》（每人1份）与图3–3《区域售点明细图图2》（每人5份），以扫街的形式，沿街进行地毯式拜访，以右手原则，逐一访问有售卖饮料的售点，将盘点数据登记在表3–2《通路盘点记录表》上，并在图3–3《区域售点明细图图2》上，用①②③等序号标出各售点。

（4）进行客户盘点时，划分区域内的所有街道都要普查，而不是仅仅对地图上有的街道进行普查，以确保无空白区域或漏点。

（5）将已经走过的路段绘制在地图上。

（6）业代与助代详细地记录店名（最好用店招上的店名）、商店负责人。至于无营业执照的店，业代与助代要通过其详细地址和通路类型确认店名。

例如：中街东出口肯德基门口右侧报摊，联系人一定要问出店主的真实姓名。

> **小技巧：**
>
> 如果店老板不告诉你店铺的全名，你就让老板帮忙签字，再确认店铺的全名，或向老板索取名片。（注意：如果老板实在不愿意告知店铺全名，也不愿签字，可问其姓氏，如果老板姓陈，可将该售点记为"陈记士多"）

（7）登记真实的电话号码，在无固定电话的情况下，记录手机号码。

（8）通路细分型态编码与次级编号要准确清楚，符合通路的定义和标准。

（9）售点编号由汇总人员填写，业代与助代无需填写。

（10）业代与助代当天盘点结束后，将当天的《通路盘点记录表》交给组长审核。

（11）盘点工作结束后的第二天，组长与管理业代根据当天的《通路盘点记录表》，抽查盘点数据，确保盘点资料的准确性。（每名助代与业代的盘点路线至少有 1 条被抽查。）

（12）如果发现业代与助代通路盘点的资料有误，组长则会根据具体状况，酌情扣除负责人的考核奖金，并予以通报批评。

（13）外埠人员每天通过传真，将附件 4 图 2 与附件 5 发回营业所，组长审核后，交给录入人员。

（14）回营业所后，组长组织业代与助代，就每天遇到的问题集中进行总结，相互交流盘点经验，以便调整盘点进度，应对突发事件。

（15）通路盘点工作的注意事项。

① 通路类型要了解透彻，基础知识要掌握到位。

② 盘点时所留的电话要真实详细，无固定电话时，要记录手机号码。

③ 填写的区号要清楚准确，与营业所内地图上标识的区号一致。

④ 通路型态的编码要准确清楚，符合通路的定义和标准。

⑤ 按照地图标识的区域进行盘点，在查边界点时，注意查内圈，马路对面不用查。

⑥ 在地图上绘出已走过的路线。

⑦ 区域内所有的街道都要普查，而不是仅对地图上有的街道进行普查。

⑧ 记录售点时，按序号在地图上做标记。回到营业所后，由录入员进行统一录入。

⑨ 小组负责人和盘点人员每天集中总结问题，交流经验，以调整盘点进度，应对突发事件。

⑩ 衣着整洁，举止大方得体，不穿奇装异服。说话要有礼貌，不能说脏话，遭遇店方的无理指责时，要礼貌退让，不能与之发生冲突。

（16）通路盘点话术（示例）。

业务员："老板，您好！我是××公司的市场调查人员，能打扰您几分钟吗？"

老板："有何指教呀？"

业务员："为了更好地服务大家，照顾每一位客户，我们要重新对所有的客户进行盘点，定时拜访每家客户，相信会给您带来方便的。"

老板："哦，这样啊！那你需要了解什么呢？"

业务员："老板，请问您贵姓？"

……

（17）表3-2《通路盘点记录表》的填写。

① 填写的基本要求。

- 客观、准确、完整、清晰。
- 访问员自检、制造商核实、检查。
- 逻辑关系正确无误。
- 记录方法标准、规范。
- 确保不漏问、不漏记。

② 内容要求。

- 售点序号：按调查顺序填写流水号。
- 售点名称：填写店招名称或明显标识的名称，店铺没有名称，请填写"无名店"。
- 详细地址：填写地址时，详细到门牌号（如××街/路××号××单元），如果没有门牌号，请填写店铺与其相邻建筑的位置关系。
- 店主姓名/联系电话：不作为必须填写的项目。
- 经营规模：具体的填写方式。

（注：这里是根据行业的通路商业形态进行的特别说明，可根据行业情况进行确定，下面以食品饮料公司为例进行说明。）

A. 网吧：根据网吧内电脑的台数计算其经营规模。

B. 餐饮店：根据餐桌的数量计算其经营规模。

C. 其他售点类型：均根据商铺的面积计算其经营规模，如果该店是一层以上的建筑物，且各层楼面的实际经营面积基本相同，那么该店的总经营面积就等于一层面积与相应层数的乘积，否则，就需分层计算，再进行累加。（经营规模=一层面积+二层面积+……）

a. 可通过向店铺负责人询问及目测综合确定商铺的经营规模。

b. 若该店为一层建筑结构，则其经营总面积就是该店的实际占地面积。

c. 收银设备/店内陈列方式/店内设备：在括号内填写详细数字。

d. 不需要填写数字的部分，必须在合格的备选答案后面的括号内划√。

e. 特殊情况记录。

③ 地图绘制部分，必须包含的内容

• 确定起点S标记（S是“Star”的缩写，意为“起点”）。

• 访问员姓名。

• 将已走过的路段线绘制在地图上，并与问卷标号相对应，避免重复普查。

④ 填写店名、联系人。

最好填写店招上的店名。对于那些无营业执照的售点，要根据售点的详细地址和通路类型确认其店名，如中街东出口肯德基门口右侧报摊。填写联系人时，一定要问出店主的真实姓名。

⑤ 当日盘点人员回营业所后，专案负责人收集资料，了解当日的盘点情况。

3.2.7 复盘确认

1. 复查流程

复查流程如图3-6所示。

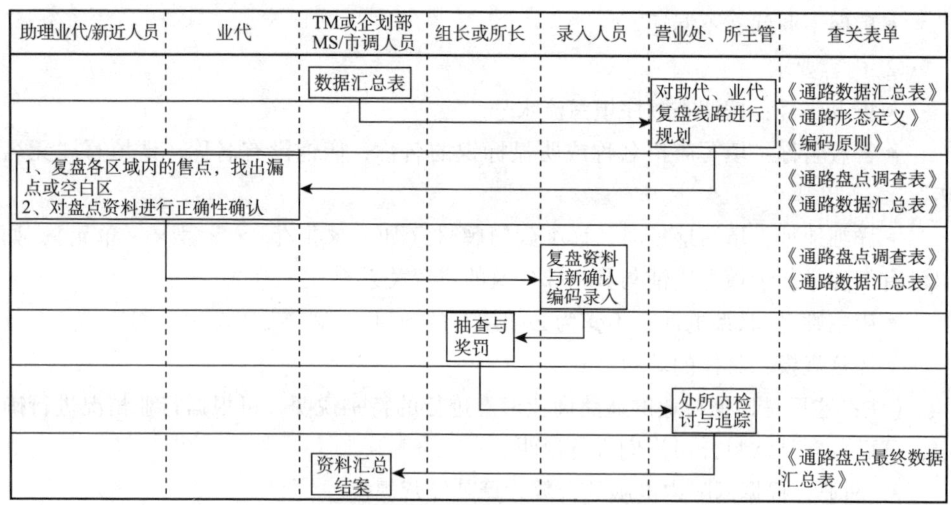

图3-6 复查流程图

说明：图3-6为通路盘点复查的流程图，即复查的方法步骤及所用表单。

2. 复查事项

（1）营业所组长及专案负责人确认复盘路线。

（2）专案负责人对助代、业代进行盘点培训。

（3）助代、业代复盘漏点，同时确认初盘中的通路类型。

（4）营业所录入人员录入复盘资料与通路代码。

（5）专案负责人对初盘资料与复盘资料进行抽查，如果盘点资料差异明显，则要重新进行盘点，并对当事人进行处罚。

3.3 普查质量控制

（1）质量控制：普查数据质量，各级普查工作人员要按照《普查技术说明细则》，对普查过程中的各个环节进行严格的质量控制，对所采集的普查数据进行检验、评估。片区负责人、企业规划人员、其他部门人员对普查数据进行查核。

（2）普查质量控制表：访问中遇到的问题、解决问题的方法，以及每天普查的时间、接触售点的数量、已完成区域、剩余情况、已完成份数等内容。（调查员需填写《普查执行进度表》）

（3）地图控制：

① 先将事先划好的地图块复印出来，发放访问员，避免普查工作中的遗漏和重复。

② 走过的地图块，访问员要画出行走路线，标注道路的名称、普查店的具体地址和商铺周围明显的标志物。

（4）人员选用：

① 访问员对当地的路线非常熟悉，这样可以减少普查工作中的遗漏现象。

② 访问员必须按照总部规定的线路行走原则进行普查。

③ 项目开展前期，小组负责人和普查员每天集中进行问题总结，交流经验，以便及时调整项目进度，有效应对突发事件，推动项目的顺利开展。

（5）漏点控制：

① 由 TM 及其他部门人员（根据各公司实际工作情况由部/所主管安排人员）进行回访抽查，查看漏点情况，要求至少对每一个访区 90% 的售点进行检查。

② 每个访区随机抽查 9 家邻近客户的售点情况。每遗漏一家或调查情况差异较大者扣 1 分。TM 可制定以小组为单位的奖惩措施。

3.4 通路普查资料汇整与精耕客户确认

3.4.1 通路盘点组内研讨会

（1）组长：与全组业务人员研究盘点资料表 3－2《通路盘点记录表》，根据客户所售卖的产品品类的销量排名及该客户所处的位置（注：饮料产品的品类有茶、果汁、碳酸饮料及水四大类，其他产品的品类可根据实际情况明列出来），确定需精耕的客户及访问人员，规划下一年度的精耕点数、精耕区域，保证访问人员定岗定线。

表3－7　通路盘点数据汇总表（录入人员完成，填汇整明细表的点数）

序号	通路类型	通路分级	消费行为描述	通路主编号	主要通路	通路次级编号	细分型态	**市	**区	**县级市	**县	**镇				合计
1	现代通路	A	杂货购物	A1	量贩	A10	国际连锁量贩									0
2						A11	全国连锁量贩									0
3						A12	地区连锁或单点量贩									0
4				A2	超市	A20	国际连锁超市									0
5						A21	全国连锁超市									0
6						A22	地区连锁或单点超市									0
7				A3	便利	A30	国际连锁便利店									0
8						A31	全国连锁便利店									0
9						A32	地区连锁便利店									0
10				A4	MA	A40	MA－A类（甲级）									0
11						A41	MA－B类（乙级）									0
12						A42	MA－C类（丙级）									0
13						A43	MA－D类（丁级）									0
							A小计	0	0	0	0	0	0	0	0	0
14	传统通路	B	杂货购物	B1	士多店	B10	C－A（所标准：月均饮料总销量__箱以上）									0
15						B11	C－B（所标准：月均饮料总销量*到*箱）									0
16						B12	C－C（所标准：月均饮料总销量__箱以下）									0

精耕核心城区需明细到镇，如中山、顺德等

续表

序号	通路类型	通路分级	消费行为描述	通路主编号	主要通路	通路次级编号	细分型态	** 市	** 区	** 县级市	** 县	** 镇				合计
17	传统通路	B	杂货购物	B1	士多店	B13	冰摊点									0
18				B2	食品店	B20	面包房									0
							B 小计	0	0	0	0	0	0	0	0	0
19		C	其他购物	C1	水吧	C10	商场水吧									0
20						C11	专业市场水吧									0
							C 小计	0	0	0	0	0	0	0	0	0
21		D	分销商	D1	批发商	D11	单点批发商									0
22						D12	批市批发商									0
23						D20	一般特通批发商									0
24						D21	一般 MA 批发商									0
25						D22	乡镇 2 ±0. 5 阶									0
							D 小计	0	0	0	0	0	0	0	0	0
26	封闭通路	E	学校	E1	学校	E10	大学食堂									0
27						E11	大学 MA									0
28						E12	大学士多									0
29				E2		E20	中学									0
30						E21	小学									0
31				E3		E30	其他教育培训机构									0
							E 小计	0	0	0	0	0	0	0	0	0

续表

序号	通路类型	通路分级	消费行为描述	通路主编号	主要通路	通路次级编号	细分型态	** 市	** 区	** 县级市	** 县	** 镇				合计
32	封闭通路	F	娱乐休闲	F1	旅游点	F10	旅游景点									0
33				F2	游乐/休闲	F20	网吧									0
34						F21	影剧院									0
35						F22	休闲健身场所									0
36						F23	体育运动场馆									0
37						F24	游戏厅									0
38						F27	户外休闲亭									0
							F 小计	0	0	0	0	0	0	0	0	0
39		G	交通航站	G1	交通航站	G10	机场									0
40						G11	地铁城铁站									0
41						G12	长途客运/公交总站									0
42						G13	服务站/加油站									0
43						G14	火车站									0
							G 小计	0	0	0	0	0	0	0	0	0
44		J	工作场所	J1	厂矿机关	J10	厂矿									0
45						J11	军、警、机关									0
46				J3	医院	J30	医院									0
							J 小计	0	0	0	0	0	0	0	0	0
							合计	0	0	0	0	0	0	0	0	0

（2）业代/助代：根据组长确定的精耕点，填写《通路盘点审查会报表》中的附表、图。

（3）为求通路盘点资料的准确性，所长全权负责专案执行的质量。TM组在结案时，需对通路盘点结果进行评估，对盘点结果最差的营业所所长予以扣除考核奖金的惩罚。（执行时，要对具体的考核指标与评估办法进行申明）

（4）通路盘点结束后，需填写《通路盘点数据汇总表》，根据汇总的通路盘点表，了解该城市的通路分布全貌，如表3－7所示。

说明：表3－7是根据终端客户型态统计客户数量，不管售点经营规模的大小，只要盘点在册，均需汇总在该表中。

3.4.2 通路盘点所内审查会

（1）开完组内研讨会后，营业所所长会同营业所处长和通路企划人员对组内的通路盘点与规划结果进行审查，以确认通路精耕的点数与人员配置的合理性。

（2）《通路盘点所内审查报告》由组长完成并进行报告，具体的报告内容如下：

① 通路盘点数据编整。

通路盘点工作结束后，需对已盘点客户的经营销量和重要性进行排名，根据不同区域居民对目标产品的消费能力，对位居销量前60%～80%的客户进行精耕，并安排专人定期拜访。具体格式如表3－8所示。

表3－8 通路盘点数据编整明细表

序号	售点编码	营业所名称	营业组名称	营业所代码与R3一致	区域代码	盘点路线代码	售点序号	售点名称	店主姓名	详细地址	联系电话	细分型态	通路次级编号	经营规模		收银设备	店内冰箱数量	店内饮料预估月销量(箱/月)		本品月均销量(箱/月)		过去2个月有否与业务进货	盘点后定岗	
														平方米	个/台数	收银机个数	含本/竞品	旺季	淡季	旺季	淡季		岗位	名字
举例	3119000001	**营业所	**营业组	3119	001	5-1	1	****商店	***	**区****大街****号	24589874	大学MA	E11	400		1	4	600	240	120	40	√	封通业代	张三
1																								
2																								
3																								
4																								
5																								
6																								
7																								
8																								
9																								
10																								
11																								
12																								
13																								
14																								
15																								
16																								
17																								
18																								
19																								
20																								

售点编码：1. 编码由录入人员完成；2. 4位营业所代码+6位流水号 3. 完成全部盘点的电子档，确定09年精耕的点后，售点编码再一起编制；

营业所代码与R3一致：录入人员填写

个/台数：网吧填写电脑台数，餐饮填写桌数，其它形态不填

店内饮料预估月销量：饮料定义：只含碳酸、茶、果汁、水四大品类

说明：

a. 此表为需精耕的客户明细。

b. “售点编码”栏由录入人员完成，4位营业所代码加6位流水号，在完成全部盘点的电子档，确定下一年度精耕的点后，再一起编制售点编码。

c. 最后一栏需填写日后负责拜访该店的访问人员的岗位名称与人员姓名。

② 通路盘点总结

通路盘点总结，即所有盘点人员根据划分区域盘点出的所有精耕客户的数量及客户类型，确保区域的合理规划与人员的有效配置。《盘点总结表》如表3－9所示。

表3－9 盘点总结表

业务组名称	盘点人	职务（业代）	区域代码	盘点路线代码	通路类别				合计
					一阶	MA	特通	二批	
** 组			001	5－1					
** 组			002	5－2					
** 组			003	5－3					
** 组			004	5－4					
** 组			005	5－5					
				小计					
** 组			001	5－1					
** 组			002	5－2					
** 组			003	5－3					
** 组			004	5－4					
** 组			005	5－5					
				小计					
				…					
** 合计									

说明：

a.《盘点总结表》为盘点人每天盘点出的各类型通路客户数量的汇总表。

b. 小计为该盘点人盘点出的所有客户型态、客户数量。

最后汇总出该营业组盘点出的所有客户型态、客户总数，以此作为选择通路精耕客户的原始资料。

③《营业组区域精耕规划图》。

各营业组根据盘点资料，对确认拜访的精耕客户进行区域划分，并指定相应的士多批发商与经销商进行配送，以确保销售配送的及时性与高效性，由此绘出《营业组区域精耕规划图》，如图3－7所示。

说明：

a. 通过盘点出的各通路类型客户数，根据确定进行精耕的售点点数，选择配置的批发商，为该终端客户提供配送服务。

b. 根据配置的批发商与盘点的所有单批或批示的批发客户数，选择配备经销商。

④《区域售点编整明细图》。

各营业组规划出助理业代拜访的区域、客户数量与相应的配送批发商后，需根据拜访区域的情况规划出拜访路线。此后，助理业代与业代拜访客户时，需按照图示进行拜访。各人需根据每周的工作天数，规划出相应的拜访路线。如果一周工作六天，那么需规划六条拜访路线。如果每周工作五天，那么需规划五条拜访路线。助理业代每天拜访的客户应在 30～40 家，业代每天拜访的客户应在 8～15家。图 3－7 是在每周工作五天的情况下做出的拜访路线规划图。

营业组区域规则图—— ** **所** ** **组** ** **城市区域精耕图（5－1）**

1. 精耕方式：精耕核心城区/精耕城区/外埠、城郊甲 A、甲、乙、丙
2. 经销商布建：DC 经销商 2 家（需在下图标出）
3. 批发商布建：士多批发商 3 家/特通批发商 1 家/MA 批发商 1 家（需在下图标出）
4. 人力布建：业化多少人，助代多少人（各助代辖区请在下图标出，如图助 001－007，业代无需标出）
5. 盘点点数：二阶多少点、一阶多少点（特通多少点、MA 多少点、CA 多少点、CB 多少点、CC 多少点）
6. 精耕点数：二阶多少点，二阶覆盖率多少；一阶多少点（特通多少点、MA 多少点、CA 多少点、CB 多少点），一阶覆盖率多少

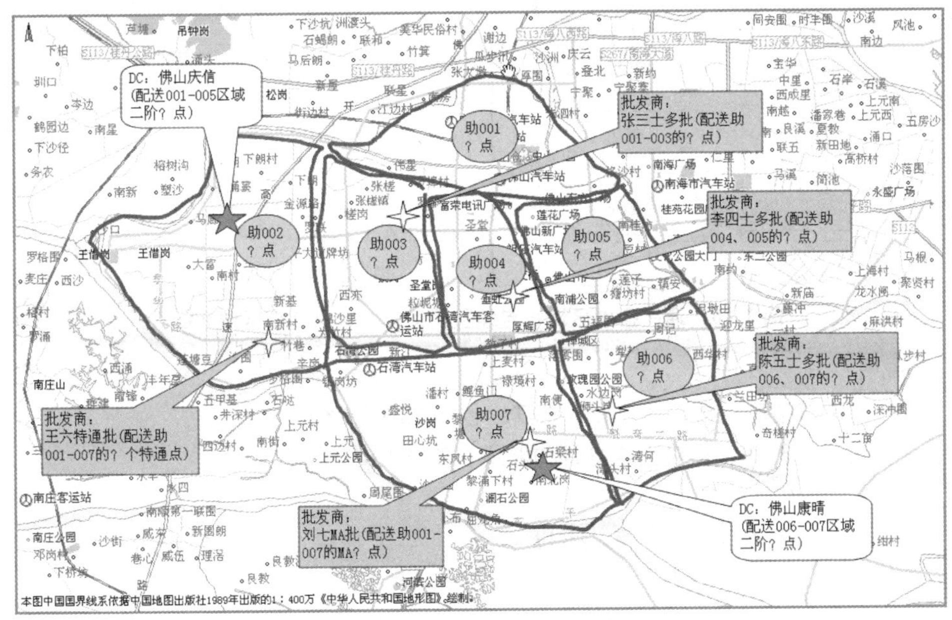

图 3－7　营业组区域精耕规划图

助理业代拜访的是士多小店，而业代拜访的是商场、学校、批发商等重要客户，而所有的业务人员在店内要做补货与生动化陈列工作，故耗时较多。

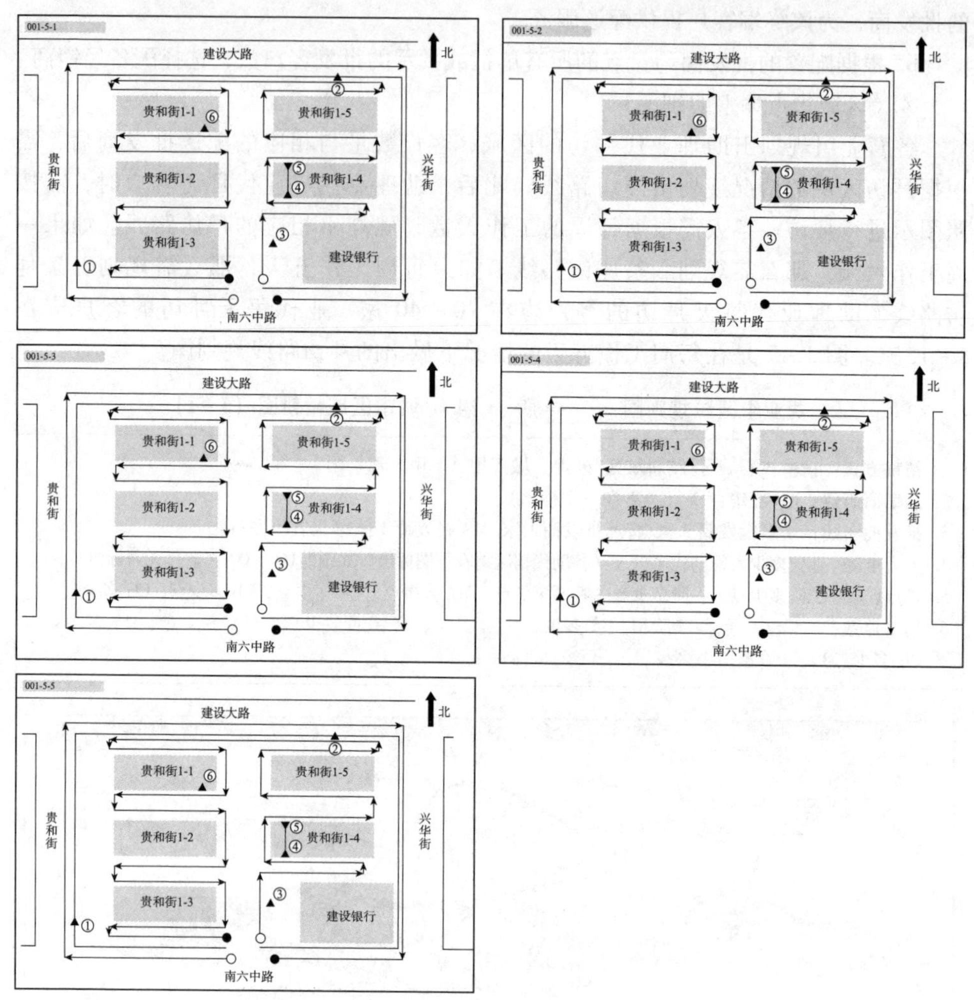

图3-8　通路盘点区域售点编整明细图——××商圈区域001

说明：

① 确认需精耕拜访的客户后，将其编号标在图3-8中。

② 根据图3-8，就可以规划拜访路线，建立CRC了。

3.4.3　路线规划与CRC建立

（1）业代和助理业代根据盘点后确认的拜访客户，按照《路线规划与CRC建立标准》，调整路线，建立CRC，组长与业代管理者进行协助。

（2）完成拜访路线的规划和CRC的建立后，业代与助理业代就可以按照规划的路线与 CRC，每天按时拜访客户了。

（3）组长与业代管理者在日常协助访问客户的过程中，对路线规划中不合理的部分进行局部调整，并对 CRC 进行修正。

3.5 外埠片区通路普查作业办法

1. 普查背景及目的

（1）乡镇市场的特点是区域分散，但乡镇内的重要售点相对集中于主干道附近。

（2）村级市场的售点规模小，且分布较为分散，服务成本较高。

（3）二批商在乡镇市场中仍然担任着非常重要的配送角色。

2. 目的

通过普查，了解乡镇市场的通路结构，为乡镇市场的开发及路线规划提供准确合理的依据。

3. 普查的范围、方法和调查人员

（1）普查的范围。

普查的范围包括片区内的乡镇市场（不包括村级售点）和片区内相对独立的大型区域，如军区、厂矿（电厂、油厂）、大中专院校、国家级旅游区。

信息来源：乡镇的明细可以从当地的统计年鉴或地图册中获得。其他信息可以向当地的经销商或批发商了解。填写《乡镇明细》，并在地图上标出要调查的乡镇。

注：县城售点调查依照城区普查执行 SOP（标准作业程序）。

（2）外埠片区通路普查地图如图 3－9 所示。

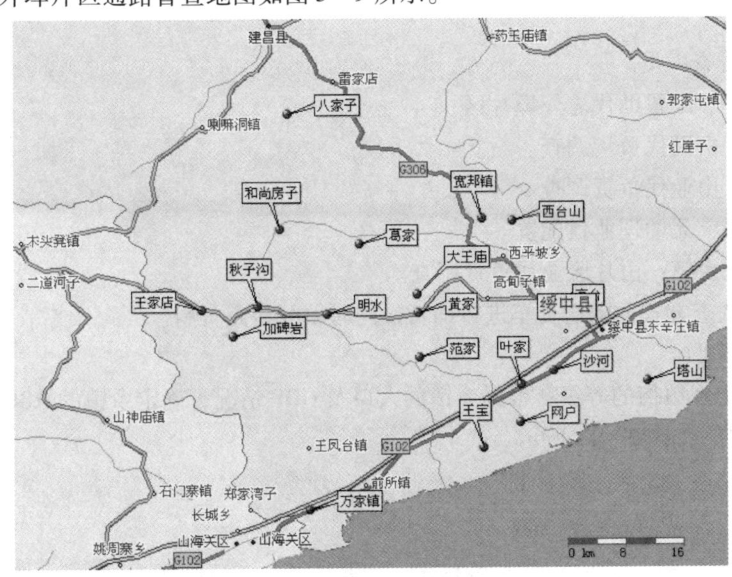

图 3－9　外埠片区通路普查地图

说明：图3－9为某一外埠片区地图，图中标有各乡镇的名称与车销路线。

（注意：上面的这个地图，可以将地图拷入excel表格之中，进行操作标注。）

（3）外埠片区通路盘点客户类型定义。

外埠区域盘点客户为批发客户和县城重要的一阶客户，具体的客户型态描述与盘点方法，如表3－10所示。

表3－10 外埠区客户型态与盘点方法一览表

<table>
<tr><th colspan="2">客户类型</th><th>描述</th><th>调查方式</th></tr>
<tr><td rowspan="2">二批客户</td><td>批发商</td><td>部分客户零售量占比非常小，主要负责配送乡村售点及部分餐饮客户。此类客户一般店面位置不明显，易被漏掉。但其对村级售点覆盖能力较强</td><td>询问乡村一阶客户可以得到此类客户的电话</td></tr>
<tr><td>批兼零</td><td>一般有较明显的店面，批发量大于零售量，批发销量部分来源于主动配送售点，部分来源于店面销售</td><td>逐一拜访乡镇主要干道</td></tr>
<tr><td rowspan="5">一阶客户</td><td>零兼批</td><td>有较明显的店面，零售销量大于批发销量，有陈列货架、冻柜</td><td>逐一拜访乡镇主要干道</td></tr>
<tr><td>网吧</td><td>一般在较繁华的街区，目前乡镇内网吧数量较少，但销量受淡忘季影响较小</td><td>逐一拜访乡镇主要干道</td></tr>
<tr><td>公路服务站</td><td>位于国道及高速公路旁，有大型停车场，主要给过路的车辆提供服务</td><td>此类客户在片区内销量有限，可直接从当地经销商或批发商处获得相关信息。</td></tr>
<tr><td>景点</td><td>国家级或省市级旅游景点中的售点，旅游旺季饮料销量较大</td><td>景区内外</td></tr>
<tr><td>公路餐饮店</td><td>位于国道省道两侧，有停车场。主要给过路的车辆提供服，同时也代卖一些食品及饮料</td><td>国道、省道两侧</td></tr>
</table>

（注：读者可根据自身所处的行业制作此张表格，此处是以饮料产品为例。）

（4）普查人员。

情况一：配置助代之外埠片区。

县城：由助代负责调查。

乡镇：由业代负责调查。

情况二：无助理业代配置。

县城及乡镇：由片区业代负责调查。

（5）调查方式：随送货车进行铺货，同时填写售点资料。

具体形式：

① 确定乡镇街的等级：根据乡镇的人口及GDP情况，确定乡镇的ABC等级。具体划分标准，如表3－11所示。

表3－11　乡镇街划分标准

分级		人口规模			
		1万以下	2万以下	4万以下	4万以上
平均以上	GDP	A	A	A	A
平均		C	B	B	A
平均以下		C	C	B	A

注：乡镇GDP指数可以从当地的统计年鉴上获得。

② 确定调查路线：根据地图及乡镇资料，乡镇人口的规模及营业所与乡镇之间的距离，确定乡镇的重要性，进而确定调查路线。根据乡镇路线的分级标准，依次调查甲、乙、丙级路线。

③ 路线规划原则：尽可能将A、B级乡镇列在路线中，C级乡镇，可根据便利性原则做出选择，具体划分标准，如表3－12所示。

表3－12　路线分级标准

路线分级		路线总距离（单程）			
		25公里以内	50公里以内	75公里以内	75公里以上
甲级	人口规模	9万以上	15万以上	20万以上	如果有较大的乡镇，或封闭通路（军区等），可视其经营效益决定是否经营
乙级		6万以上	9万以上	15万以上	
丙级		6万以下	9万以下	15万以下	

④ 套餐促销：为了提高铺货成功率，迅速建立客情，首次铺货要结合公司当月的促销政策，业代与经销商共同制订乡镇铺货套餐政策。促销品项为本公司在当地畅销的前三名品项（可根据当地的情况，列出具体的建议品项。例如：××饮料公司建议其产品的配置是水＋茶＋果汁），根据当地的实际情况设立坎级，但若是首次进货，坎级不宜设定得太高。

⑤ 铺货及调查：采用边铺货边调查的形式。如果经销商已经掌握了部分客户的资料，那么就要先预估（或电话沟通）这部分客户的进货品项及进货量。其他客户首次进货时，以高成交率为主要目标。

⑥ SOP：业代入店——自我介绍——促销政策宣导——确认订单及陈列——调查资料填写——告别并确认下次来访时间.

4. 普查内容及售点普查调查表

普查主体以售卖目标产品或同类产品的批发商及零兼批客户为主，《盘点记录表》同城区通路盘点（《盘点记录表》与城区通路盘点记录表相同）。例如，饮料公司可调查售卖饮料或啤酒的网点，农药公司则可调查售卖农药或化肥的网点。

5. 普查流程及工作职责

（1）普查流程。

普查流程如图3-10所示。

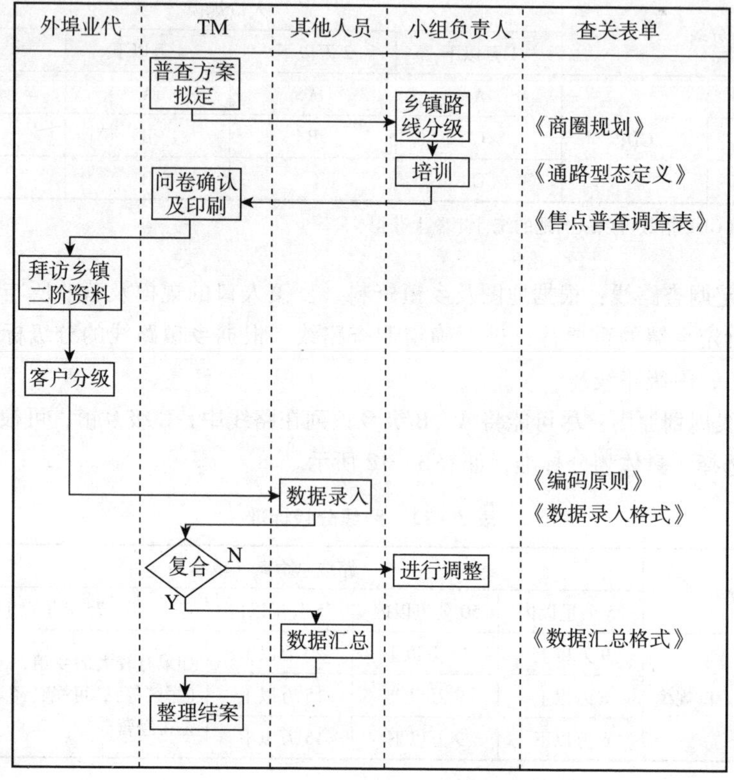

图3-10　普查流程示意图

说明：

① 外埠区域重点盘点乡镇批零兼营的2±0.5阶客户，相关工作由外埠业代或驻区业代负责。

② 盘点流程与城区通路盘点流程大致相同。

③ 所使用的相关表单也与城区通路盘点相同。

（2）职责说明。

小组负责人由营业所业务组长担任，主要工作包括：

① 对调查人员进行培训。

② 对片区内调查员的工作及工作进度进行督导。

③ 对售点调查数据的准确性负责。

④ 对普查工作进行全程指导。

外埠业代主要工作有：

① 周一至周五，按日常拜访路线对现有售点的资料进行确认。

② 周六、周日，按乡镇路线的级别顺序，拜访A、B级乡镇路线，按主要街道，逐一访问每家售点（二阶及零兼批店），并且按要求认真填写问卷。

③ 流水号由营业所的录入人员统一编排。

④ 若设置了片区随车助代，建议随车助代跟业代一起拜访客户，以便较快地熟悉乡镇客户。

6. 数据库建立

按照录入格式，将所有的普查结果录入到数据库中（格式见《数据录入格式》及《数据汇总格式》），将数据库与地图结合起来，完成信息系统，以便更直观、更有效地使用地图。

7. 普查的进度规划

普查准备阶段：

调查工具准备　　第1周

普查实施阶段：

数据收集　　第2~3周

数据录入　　第4周

结果提交　　第5周

总结阶段　　第5周

外埠片区的通路普查不做严格要求，但是，在拜访客户时，仍需规划拜访路线，建立客户CRC，定期对客户进行拜访。

通路普查并确认精耕区域与客户之后，需规划拜访路线，建立CRC。

链接

××营业所《通路普查》宣导流程

××年12月15日　周一（第一天）

(1) 宣导人检查盘点地图、工具及相关表格。

(2) 宣导人与所长、组长、MD（Merchandising Development，生动化拓展专员）探讨盘点方法。

① 各组区域划分及盘点。

② 可能出现的问题及解决问题的方法。

③ 盘点工作的注意事项。

(3) 租投影枪。

(4) 办公室布置：条幅上的文字为红底黄字，内容为《××所通路盘点启动大会》。

××年12月16日　周二（第二天）

(1) 城区全所人员、外埠组组长、管理业代与驻区业代一起参加。

(2) MD给业代、助代分发盘点工具、盘点地图与相关表格（附件2-5），并将纸质材料装订在一起。

(3) 8:30—9:30　宣导人宣导《助代、业代操作手册》和《通路盘点Q&A》。

（4）9：30—9：00　市场实地盘点分组（1名助代+1名辅导员）（辅导员为所长、组长、管理业代、驻区业代、MD与宣导人）

（5）9：00—16：30　通路盘点市场操作。

（6）16：30—17：30　回营业所整理盘点资料，组长对这些资料进行审核。

（7）17：30—18：30　通路盘点问题点的总结及改善方法的探讨。

（8）18：30　下班

××年12月17日　周三（第三天）

（1）城区组按计划开始正式盘点。

（2）外埠组：宣导人、所长、MD分别到各外埠组，督导组长及全体外埠组成员进行盘点。

（3）督导员参加外埠组晚会，了解当天通路盘点的状况及出现的问题，并在第二天与组长一起抽查盘点结果。

××年12月18日　周四（第四天）

（1）抽查外埠组通路盘点的结果，及时解决盘点中出现的问题。

（2）就各组通路盘点的执行情况，与所长、MD沟通，提出解决问题的方法。

（3）返程。

××公司通路普查查核办法

1. 背景

（1）通路盘点已展开1周，22日，营业部人员召开了第一次宣导总结会，盘点专案顺利启动后，营业部需持续加强对各所执行专案的推动与管控，以确保专案如期完成。

（2）全体幕僚经过商讨得出结果，建议营业部展开盘点过程查核工作。

2. 目的

（1）营业部幕僚到各所进行为期1～2天的实地查核，给相关盘点项目打分，检查专案执行效果。

（2）通过对盘点过程的查核，增强所长、组长对专案的重视程度。

（3）根据查核结果，处罚落差较大的所、组，并要求这些所、组成员改善后续工作。

3. 方式

（1）查核时间：12月23日至31日。

（2）查核人员：营业部幕僚。

（3）查核方法：查核人员出差到各所，以评分表为工具，至少抽查6条不同业务的盘点路线，每条线查9个点，其他项目要逐一检查。相关项目见附件评分表。

（4）根据查核结果实施处罚：如果所、组所得的查核评分在80分以下，笔者建议要给予相关主管及管理业代、组长、所长以经济处罚，一般扣除他们的当月奖金。

例如，罚管理业代200元，罚组长300元，罚所长400元，且建议受罚之人将罚金以现金的形式交由助理管理。

（5）落差所别的其他所长、组长，也要写检讨，提出改善工作的方案，然后将检讨和改善方案交由协理、各幕僚审查。（落差所别是指未达要求的营业所。）

4. 评分标准（略）

第4章

通路布建

在通路精耕的操作过程中，通过城市分级与通路盘点，根据城市级别与城区精耕的客户数，设计出各城市的通路经营模式，使通路精耕操作系统更有效地运作。

城市的经营方式可根据区域特性（明确城区、城郊与外埠）、市场规模（人均消费单位数×人口数）与客户点数（人口数）三个因素确定。

城市的经营模式一般可分为DC＋城郊、城区经销商＋城郊、城市经销商、外埠甲A片区、外埠甲片区、外埠乙片区、外埠丙片区与外埠丁片区几类。

4.1 城市的构成与划分

4.1.1 城市的构成模型

（1）根据区域广度和区域消费力两个指标，中国大陆区域可用图4－1表示。

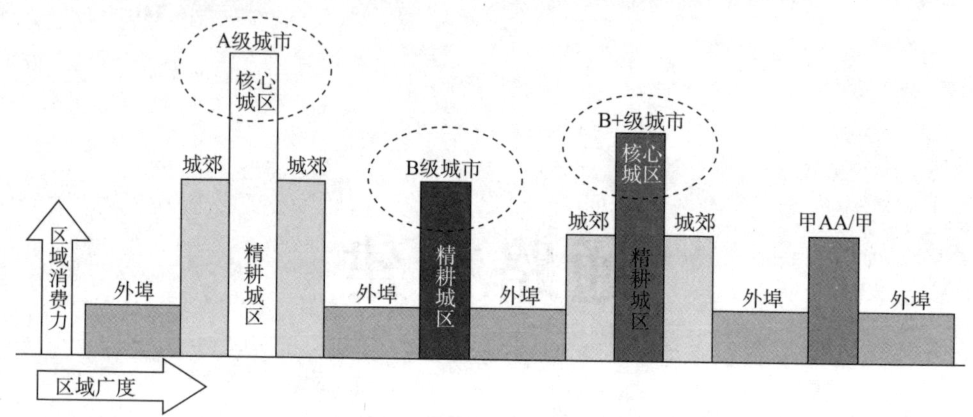

图4－1 中国大陆城市的构成图

说明：

① 在中国大陆地区，可按照城市的人口数、年人均消费数量与制造商产品的销量，将所有地级市分为A级（含A～S级）城市、B＋级城市（设置营业所的地级市）、B级城市（未设置营业所的地级市）与甲级以上城市（非精耕地级市）。

② 根据《城市分级与区域划分》章节，B＋级城市与A级城市由核心城区、精耕城区、城郊与外埠片区组成，甲级城市与B级城市由精耕城区与外埠片区组成。

（2）根据统计数据，城区与外埠的销售比例为85∶15，可见，在产品的销量上，城区占绝对优势。

（3）消费品是从城市到乡村逐步流行的，做好城区消费品的销售工作就可以取得事半功倍的效果。

（4）城区区域小，消费力高，与外埠相比，相对容易管理。

在操作过程中，要考虑到中国市场经济变化会造成通路变化这一特点。例如，随着城镇化的推进，乡镇道路更加通畅，目标消费人群的购买行为和购买网点数也有所改变。

综上所述，通路精耕的重心在城区的经营上。只有实现城区的高覆盖与高占有率，才可以获得产品经营的成功。

4.1.2 区域划分

在通路精耕操作中，严格的区域划分对各城市通路经营模式的设置起着重要作用。

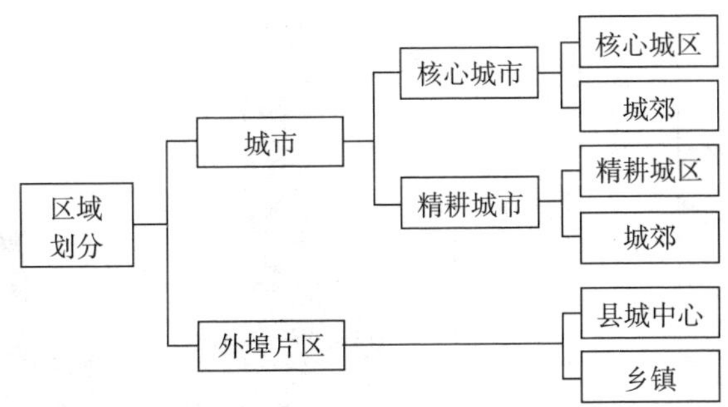

图4－2　城市区域划分结构图

说明：

① 在图4－2中，区域划分为城市和外埠片区。

② 城市又划分为核心城市（核心城区＋城郊）与精耕城市（精耕城区＋城郊）。

③ 外埠片区主要由县城和乡镇组成。

④ 具体的划分定义，如表4－1所示。

表4－1　城市区域划分定义一览表

区域	定　义
城市	地级以上城市的市辖区范围，但仍要视情况界定
外埠片区	外埠经销商经营的区域，一般是一个县，包含县城中心与周边乡镇
核心城市	运用DC方式经营的城市，包含核心城区与城郊
核心城区	核心城市中人口密度与人均饮用量大的区域，由士多业代服务一阶，架设DC经营
城郊	核心城市周边，人口密度与人均饮用量相对较大
精耕城市	城区经销商经营的城市，包含核心城区与城郊
精耕城区	精耕城区中人口密度与人均饮用量大的区域，由士多业代服务一阶，架设城区经销商经营
城郊	核心城区周边，人口密度与人均饮用量相对较小
县城中心	外埠片区的县城中心
乡镇	外埠片区的周边乡镇

4.1.3 区域经营重要度顺序

区域经营重要性，如图 4－3 所示。

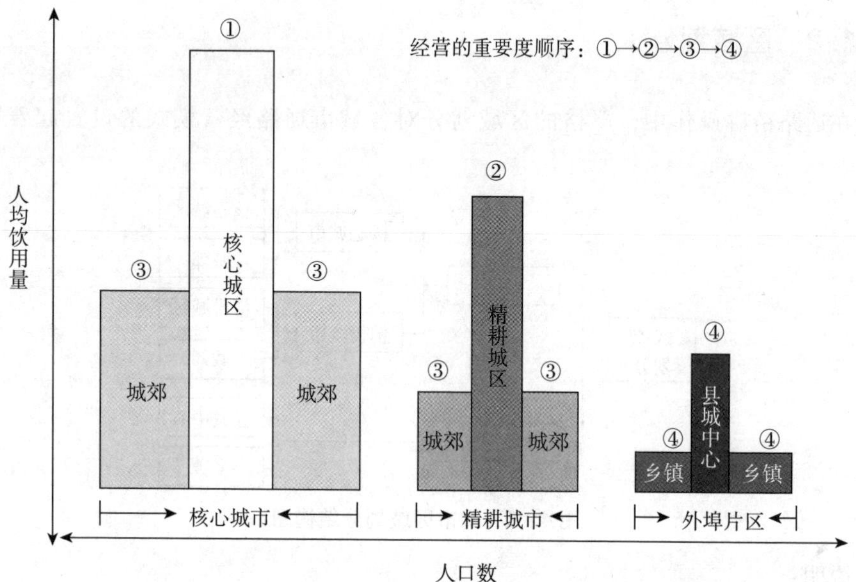

图 4－3 城市各区域人口数与人均饮用量

说明：

① 在图 4－3 中，根据人口数与人均饮用量将城市划分为核心城市、精耕城市与外埠片区。

② 在通路精耕操作中，区域优先经营的先后顺序依次为核心城区、精耕城区、城郊、县城、乡镇。

4.2 城市通路经营模式

如前所述，通路精耕的经营重心在城市城区，以下笔者将重点介绍精耕城市通路经营模式的设置及具体操作方法。

4.2.1 城区通路经营模式

1. 通路层级的设定

<table>
<tr><td>层别</td><td colspan="10">经销组织掌握</td><td colspan="5">直营组织掌握</td></tr>
<tr><td>三阶</td><td colspan="3">城区 DC</td><td>城区经销商</td><td colspan="2">城郊经销商</td><td colspan="2">城市经销商</td><td colspan="2">外埠经销商</td><td colspan="5"></td></tr>
<tr><td>二阶</td><td colspan="3">士多批发商</td><td>单点批发商批大於零</td><td colspan="2">批大於零</td><td colspan="2">批市批发商</td><td colspan="2">特通批发商</td><td colspan="5">MA 批发商</td></tr>
<tr><td></td><td colspan="4">士多店</td><td colspan="6">特通</td><td>MA</td><td colspan="4">KA</td></tr>
<tr><td>一阶</td><td>A 级士多店</td><td>A 级士多店</td><td>A 级士多店</td><td>零大于批的单点</td><td>网吧</td><td>学校</td><td>景点</td><td>交通航站</td><td>夜店</td><td>厂矿/机关</td><td>MA</td><td>超市</td><td>量贩</td><td>便利</td><td>直特：直营特通</td></tr>
</table>

图 4-4　通路层级示意图

说明：

通路分为经销系统和直营系统。

① 按产品从工厂到消费者手中所经历的各通路，将通路分为三阶、二阶与一阶三个层级。

② 三阶客户型态有 DC（Distritube Centre）、城区经销商、城郊经销商、城市经销商与外埠经销商。

③ 经销系统中的二阶客户有士多批发商、特通批发商、单点批发商、批市批发商与 MA 批发商（MA 批发商未来将由直营系统管理）。

④ 经销系统中的一阶客户有士多店、特通与 MA，直营系统中的一阶客户主要为 KA，由超市、量贩店、便利店及直营特通等类型客户组成。

2. 各级城市的特性与通路经营模式

（1）A 级（含）以上城市的特性。

① 城市规模大，城郊范围大，城市内经销商不足以覆盖城郊批发客户。

② 城市内二批商分散，没有成规模的批发市场，一阶零售点多，且其单点产值较高。

③ 作为重要城市，其销售占比大，重要性很大。

④ A 级（含）以上城市的经营示意图，如图 4-5 所示。

说明：

a. 图 4-5 是一个典型的 A 级城市的模型，如北京市，城市分为小城区与城郊。

b. 根据具体需要，可将一个城市的小城区划分为几个区块，进行独立经营，分设不同的三阶客户进行配送服务。城郊区域因面积广，也可切分为几个区域，分别选择不同的城郊经销商进行配送服务。

c. 因为目前大型城市均对大车进入城区有所限制，所以在核心城区，经销商一

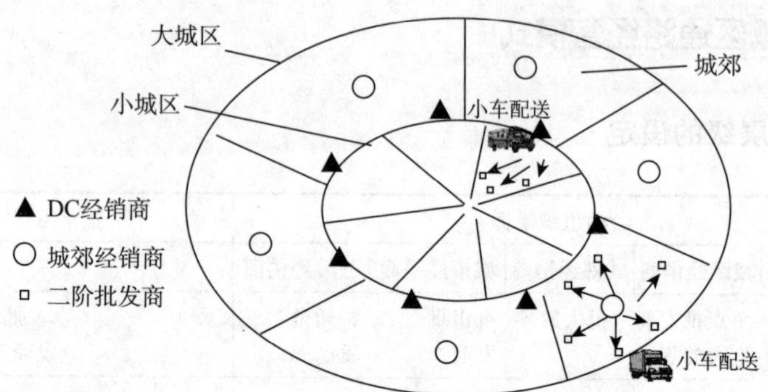

图4－5 A级（含）以上城市经营示意图

般将仓库设在城区的边缘，用小车将商品送至城区内的各级批发商手中。

d. 城郊经销商的仓库一般设在其负责区域的中心，以方便及时地进行产品配送。

e. 根据各区块的分散程度、客户点数与单点产值设置批发商，保证一阶客户产品配送的及时性与有效性。

⑤ A级（含）以上城市一般采用城区DC＋城郊经销商或城区经销商＋城郊经销商的通路经营模式。

⑥ A级（含）以上城市主要为直辖市、省会城市、主要地级市及经济发达的县级市。

（2）B级城市的特性。

① B级城市一般为地级市，中等城市规模，城郊的范围较小，城市内经销商可以覆盖城郊。

② 城市内二批商分散，缺少具有一定规模的批发市场，一阶零售点多，且其单点产值高。

③ 就其在城市销售所占比例来看，其重要性较大。

④ B级城市的经营示意图，如图4－6所示。

说明：

a. 如图4－6所示，一般的地级市可分为城区、城郊与县（县级市）及乡镇。

b. 因为城区与城郊的范围较小，所以无需将其划分为几个区域，进行配送服务，县（县级市）及乡镇因其区域分散，可通过设置不同的外埠经销商，进行配送服务。

⑤ B级城市一般采用城区经销商＋城郊经销商＋外埠经销商或城市经销商操作模式进行经营。

⑥ 少数经济发达的地级市可采用DC＋城郊经销商＋外埠经销商的经营模式。

⑦ 少数经济落后的地级市可采用外埠经销商的经营模式。

3. 城区DC经营模式

A级以上城市与部分地级城市采用核心城区DC＋城郊经销商模式或城区经销商＋城郊经销商模式，其通路布建图分别如下：

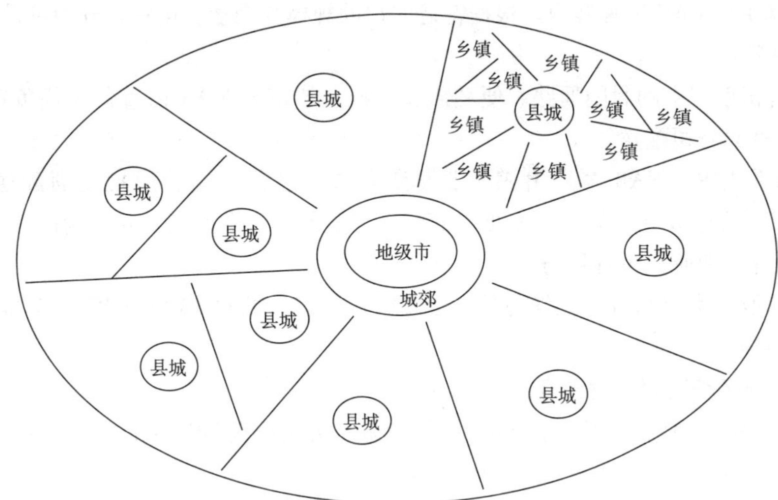

图4－6　B级城市的经营示意图

（1）城区DC经营模式的通路布建示意图。

DC经营模式通路经营原则：90%直营二阶，全面掌握有效益终端。

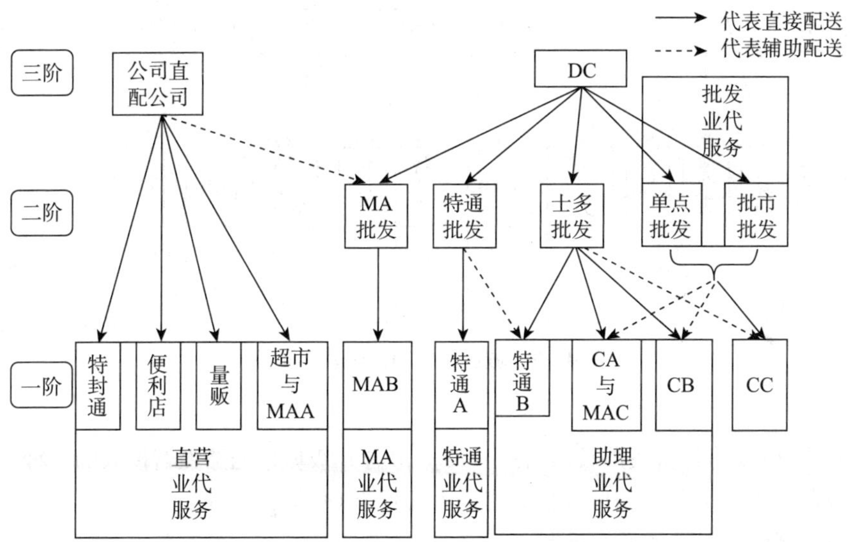

图4－7　核心城区通路布建模式

说明：

① 图4－7为典型的核心城区通路布建模式。

② 三阶客户型态为DC模式，直营系统由制造商直配公司直配。

③ DC只配送二阶客户（MA批发、特通批发、士多批发、单点批发与批市批发），由组长负责拜访。

④ 一阶客户中，MA（Majoy Account）为一般超市，根据其规模与销量，可分为

MAA、MAB与MAC三种客户。根据特通客户的规模与销量，可将其分为特通A与特通B两种客户。

⑤ 直营系统中的封闭通路、便利店、量贩、超市与MAA由直营业代负责拜访，由制造商直配公司配送。

经销系统中，MAB客户由MA批发商配送，特通A由特通批发商配送，CA、CB、MAC、特通B客户均由士多批发商配送与服务。各类型批发商分别由MA业代、特通业代与管理业代负责拜访。

⑥ 其他C类点由批市批发与单点批发客户覆盖，批发业代对90%的单批和批批客户进行拜访。

（2）城区经销商经营示意图。

城区经销商通路经营原则：90%掌握二阶，定期负责70%左右的经销商。

城区经销商的经营示意图，如图4-8所示。

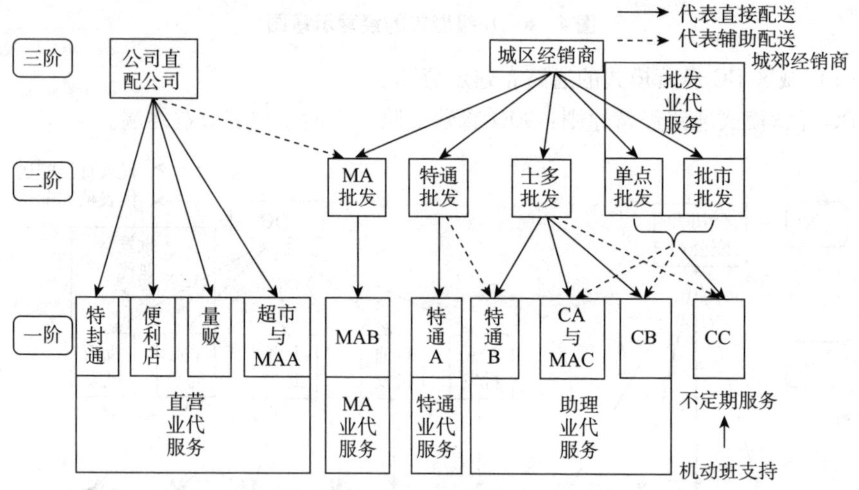

图4-8　城区经销商的经营示意图

说明：

① 图4-8为经济发展较落后的A级城市与B级城市通路经营模式的一种。

② 城区经销商的通路服务模式与人力配置与DC模式相同。

（3）城区通路精耕运作重点。

① 通过设置通路经营模式，通过城区经销商或DC（Distribute centre 配送中心，也称物流公司）协助现金流与物流（即协助收款与配送），经销商要能够接大车货，有资金和仓库，有较高的配送能力。

② 经销商覆盖全部批发商（指从事饮料售卖的批发商）：所有的二批客户由业代拜访，不留空白。

③ 特通批发、士多批发配备特通业代与助代，掌握信息流。

④ 针对精耕城区投入的人力，全面掌握有价值的一阶点，操作步骤如下：通路

盘点 - 点数确认 - 区域路线划分 - 批发商选择 - 人员到位。

⑤ 根据各地的实际状况，MA 的经营方式可采用以下三种。

- 架设 MA 批发商，MA 批发商协助物流与资金流。
- 将有效益的 MA 列为单点超市，作为制造商直接经营的超市。
- 利用城区经销商的覆盖能力做经营。

（4）城区 DC 与城区经销商的区域。

① 采用城区 DC 方式。

a. 直接经营二阶，掌握一阶。

b. DC 发挥物流功能并代收货款。

c. 制造商决定产品的出货价格。

d. 不做促销，只针对批发商套餐补货。（批发商套餐补货是指所有的促销按公司标准执行，三阶物流公司无权调整批发商的促销。）

e. 主要在直辖市与省会城市。

f. 未来精耕城市运作方式。

② 采用城区经销商方式。

a. 掌握二阶，局部掌握一阶。

b. 经销商是通路分销环节。

c. 自主决定其产品的出货价格。

d. 可以做促销。

e. 主要在地级市和发达县级市。

f. 根据目前的实际状况安排过渡期。

城市经销商通路布建图，如图 4 - 9 所示。

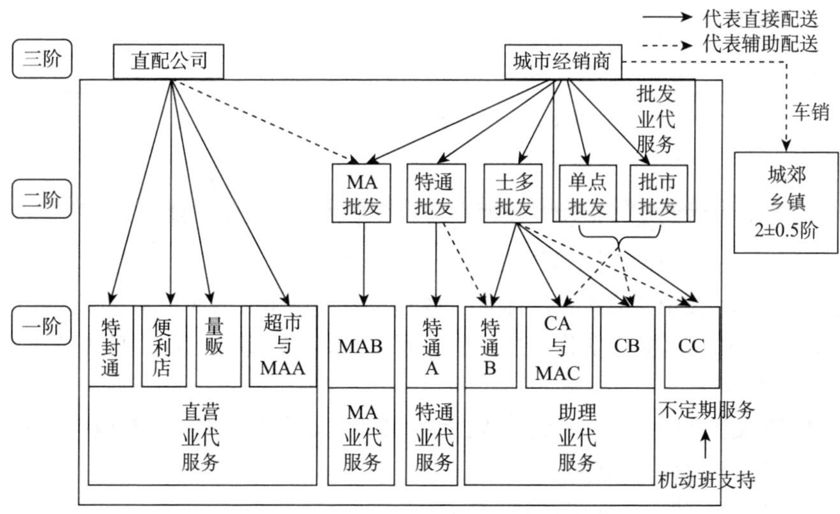

图 4 - 9　城市经销商通路布建图

说明：

① 图4－8为经济发展较落后的B级城市的通路经营模式。

② 城市经销商的通路布建模式与城区经销商的通路布建模式相同，只是城市经销商可以通过车销辐射到城郊乡镇2±0.5阶。

4.2.2 城郊通路布建模式

城郊区域通路布建一般采用城郊经销商模式。由于各城市城郊区域的大小及其经济发展程度不同，我们可将城郊操作分为城郊甲A、城郊甲与城郊乙三种模式。

1. 城郊甲A通路布建图

城郊甲A通路布建图，如图4－10所示。

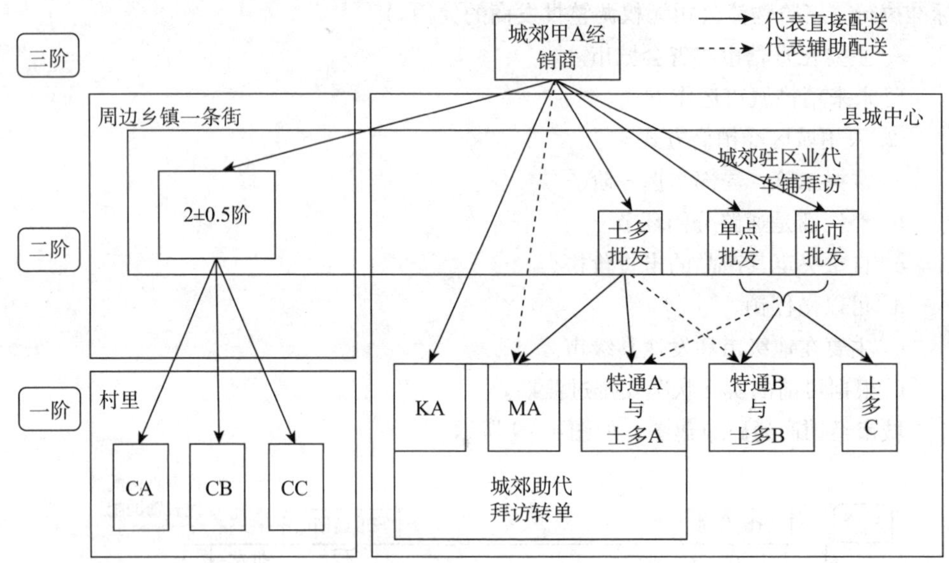

图4－10 城郊甲A通路布建图

说明：

① 城郊甲A通路操作原则：掌握县城有价值终端，专车车铺2±0.5阶。

② 城郊甲A经销商由城郊驻区业代负责定期拜访。

③ 城郊甲A经销商只负责配送批发客户、重要的KA或MA及乡镇2±0.5阶，乡镇2±0.5阶由城郊驻区业代通过经销商进行车销，城郊驻区业代只拜访周边乡镇一条街的批发客户。

④ 城郊助理业代只拜访KA、MA、特通A与CA类点，不拜访其他一阶客户。

2. 城郊甲通路布建图

城郊甲通路布建图，如图4－11所示。

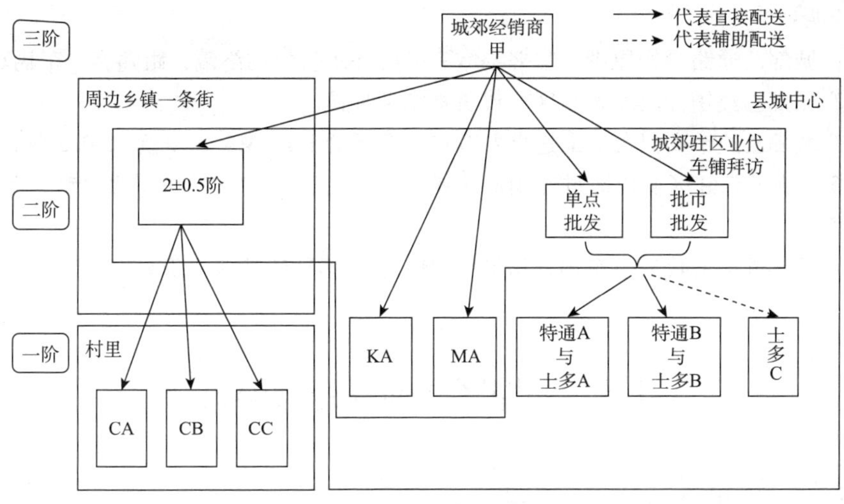

图4-11 城郊甲通路布建图

说明：

① 城郊甲通路操作原则：掌握县城有品牌展示价值的终端，专车车铺2±0.5阶。

② 城郊甲经销商由城郊驻区业代负责定期拜访。

③ 城郊甲经销商只负责配送批发客户、重要的KA或MA及乡镇2±0.5阶，乡镇2±0.5阶由城郊驻区业代通过经销商进行专车车销，城郊驻区业代只拜访周边乡镇一条街的批发客户。

④ 城郊驻区业代通过专车车销拜访KA、MA点，不拜访其他一阶客户。

3. 城郊乙通路布建图

城郊乙通路布建图，如图4-12所示。

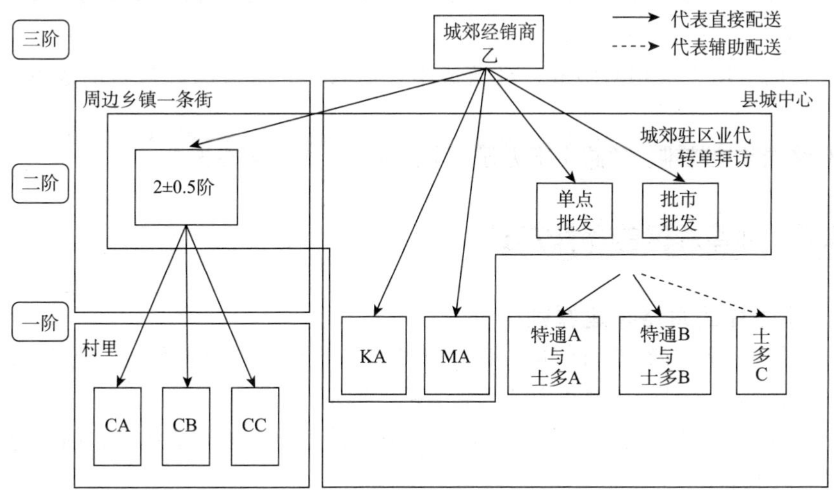

图4-12 城郊乙通路布建图

说明：

① 城郊乙通路操作原则：掌握县城有品牌展示价值的终端，跟随客户车辆车铺。

② 城郊乙经销商由城郊驻区业代负责定期拜访。

③ 城郊乙经销商只负责配送批发客户、重要的KA、MA及乡镇2±0.5阶，乡镇2±0.5阶由城郊驻区业代通过经销商车销，城郊驻区业代只拜访周边乡镇一条街的批发客户。

④ 城郊驻区业代通过车销拜访KA、MA点，不拜访其他一阶客户。

4.3 外埠区域通路经营模式

4.3.1 外埠区域的销售机会

外埠区域与精耕城区分布示意图，如图4－13所示。

图4－13 外埠区域与精耕城区分布示意图

说明：

① 外埠的区域面积广，经济水平较低，但其发展速度较快，外埠区是重要的经济增长点。

② 目前市场竞争相对缓和，经营成本相对较低，各大品牌投入的成本均不是很高。

③ 终端掌控较难，通路主宰力强，掌握通路，即可掌握先机。

4.3.2 外埠片区的操作方式

1. 外埠片区通路布建原则

（1）外埠片区有经营价值的一阶有200多点，外埠助理业代为一阶提供服务。（200点指的是一个销售人员可以负责到的网点数量。）

（2）外埠片区以县级市或县为中心，以其行政建制为规划原则，包括周边县/乡/镇/村等区域。

（3）外埠片区根据有价值的一阶点数和规模进行划分。

- 200点以上为甲A或甲级。
- 200点以下按其规模分为乙、丙、丁级。

2. 外埠区域经营策略

以全面覆盖为原则，经营所有具备经营价值与开发潜力的区域。

3. 外埠片区经营方式

(1) 甲A与甲级由驻区业代进行1对1服务，外埠经销商配合助代服务一阶。

(2) 乙、丙、丁级由外埠业代以1人服务6~8个片区的方式配备。

4. 外埠片区通路精耕操作流程

外埠片区通路精耕操作流程，如图4－14所示。

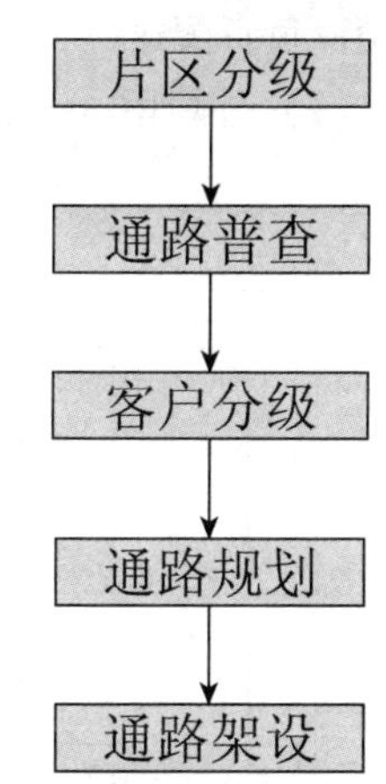

图4－14 外埠片区通路精耕操作流程图

说明：

① 甲级/甲A片区的经营原则：全面掌握二阶、管理能力决定服务一阶的广度。

② 乙片区的经营原则：经营三阶、全面掌握二阶。

③ 丙片区的经营原则：掌握县城二、三阶。

④ 丁片区是空白片区，暂时不经营。

5. 甲A/甲级片区配送图

甲A/甲级片区配送图，如图4－15所示。

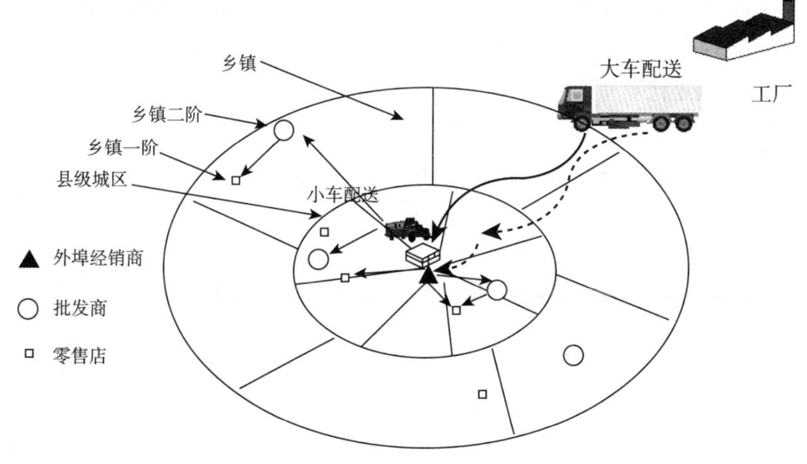

图4－15 甲A/甲级片区配送图

说明：

① 甲A/甲级外埠片区经销商仓库设在县城中心，工厂用大车将产品运送到经销商的仓库。

② 外埠甲A/甲经销商再用小车将产品运送到县城批发与乡镇2±0.5阶处，通

过乡镇2±0.5阶将产品配送到乡镇一阶零售店。

③ 县城部分有价值的KA、MA及特通A客户，由外埠助理业代负责拜访，外埠经销商负责配送。

（1）外埠甲A片区通路布建图（图4-16）。

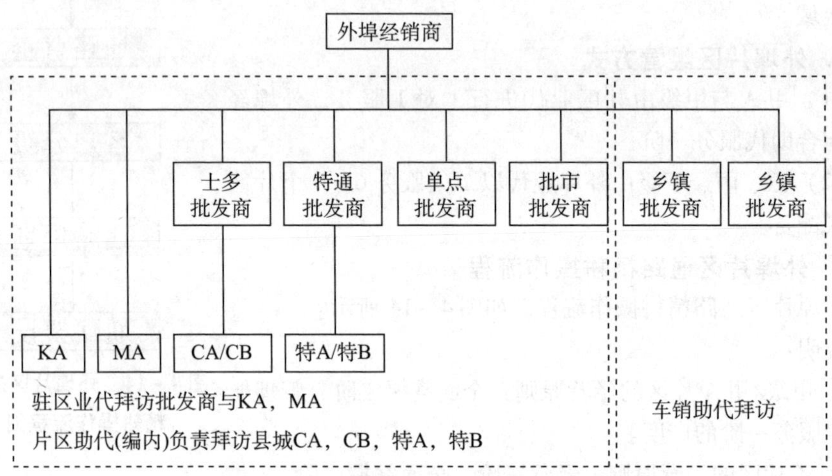

图4-16 外埠甲A片区通路布建图

说明：

① 片区年产值在300万元~600万元之间，县城一阶点数在300~500点之间，采用甲A方式进行经营。（注意：为方便理解，本书中所涉及的金额，均是以食品饮料行业的现状为参照得出的，各行业可根据自己的特点，进行具体的设定。）

② 驻区业代拜访批发客户与KA、MA。

③ 片区助理业代负责拜访县城CA、CB、特A与特B。

④ 外埠乡镇批发客户由车销助代通过车销进行拜访。

（2）外埠甲片区通路布建图示（图4-17）。

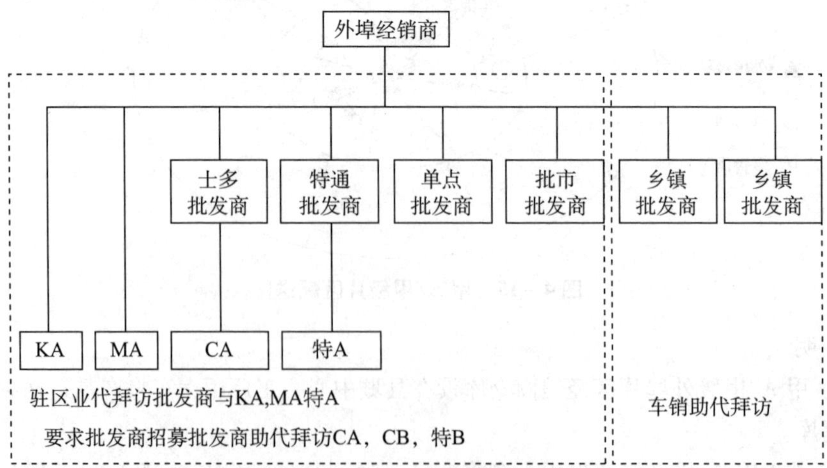

图4-17 外埠甲片区通路布建图

说明：

① 片区年产值90万元～300万元，县城一阶90～300点，可采用甲方式经营。

② 驻区业代拜访批发客户、KA、MA、特A与CA。

③ 外埠乡镇批发客户由车销助代通过车销进行拜访。

（3）外埠乙片区通路布建图（图4－18）。

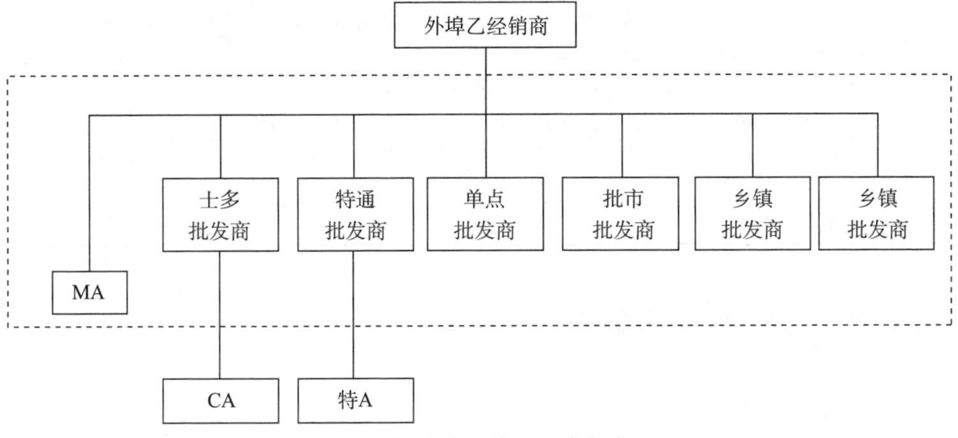

图4－18　外埠乙片区通路布建图

说明：

① 片区年产值50万元～90万元，县城一阶90点以下，可采用乙方式经营。

② 驻区业代拜访县城批发商、乡镇批发商及县城主要MA。

（4）外埠丙片区通路布建图示（图4－19）。

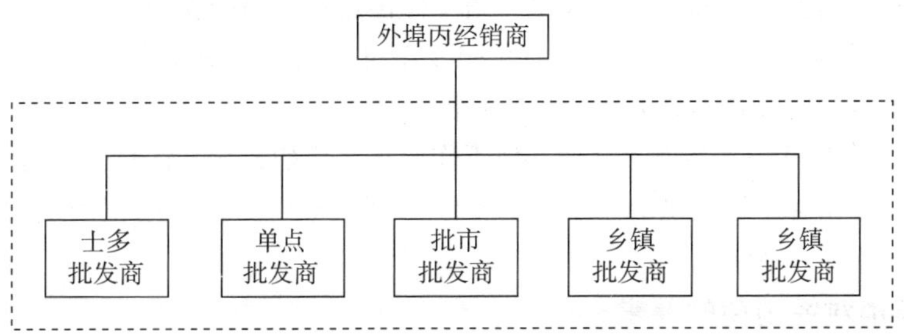

图4－19　外埠丙片区通路布建图示

说明：

① 片区年产值50万元以下，县城一阶90点以下，可采用丙方式经营。

② 每位外埠业代为3～5个县服务，外埠业代只拜访批发客户。

（5）外埠片区通路操作汇总，如表4－2所示。

表4－2　外埠片区通路操作汇总表

分级	市场规模	经营通路	通路政策	经销商架设	人力架构原则
甲A	产值300万元～600万元/年 县城一阶300－500点	二阶通路（县、乡镇全部） 一阶通路（县城、KA、MA、特A、特B、CA、CB）	掌握二阶、服务一阶	三阶：外埠经销商	驻区业代 助理业代 经销商车销业代
甲	产值100万元～300万元/年 县城一阶100－300点	二阶通路（县，乡镇全部） 一阶通路 （县城、KA、MA、特A）	掌握二阶、服务重点一阶	三阶：外埠经销商	驻区业代 批发商业代 经销商车销业代
乙	产值50万元～100万/年 县城一阶100－300点	二阶通路（县，乡镇全部） 一阶通路（县城MA）	掌握三阶、服务二阶	三阶：外埠经销商	驻区业代
丙	产值50万元/年以下 县城一阶100点以下	三阶通路（县城外埠经销商） 二阶通路（县城主要二阶）	服务三阶、二阶	三阶：外埠经销商	外埠业代 1对3～5
丁	区域不具备经营价值		暂缓开发		

4.3.3　外埠片区车销操作

1. 车销区域选择原则

（1）车销区域由近及远、由富及贫，选出有价值的村镇进行经营，覆盖到全部有价值的二阶。

（2）经营通路为二阶通路、1.5阶、乡镇大型MA及大型特通等。

（3）车销助代的交通工具是经销商的制造商品牌车销专用货车，车销助代不能乘公车拜访客户，而是要带专用货车销售。

（4）根据客户的数量、距离及道路情况做出合理的路线安排。

（5）经销商必须按要求用制造商品牌专车进行送货，禁止专车它用。制造商品牌车销组人员专门负责本制造商产品的销售。

（6）明确乡镇必卖品项，其他品项不作要求。比如，××饮料公司为三茶一水。

注意：根据客户所提供的车型确定车销车辆，车辆的数量按车的最大载货量确定，一般为500～800箱。

2. 车销对经销商的要求

（1）必须进行专卖，赊销承载能力强（乡镇部分客户可能会赊账）。

（2）配合运力，必须按实际需求设立专车，配送本公司产品。

（3）协助公司做好人员管理，及时回馈、反映车销组人员的工作状况（车销组做销售报表，要带CRC，经销商检核其是否真实）。

（4）维护公司及品牌的形象，做到守信经营。

（5）设立公司专用办公室和存放海报及其他助陈物的货架。

3. 车销助代操作示意图

车销助代操作，如图4－20所示。

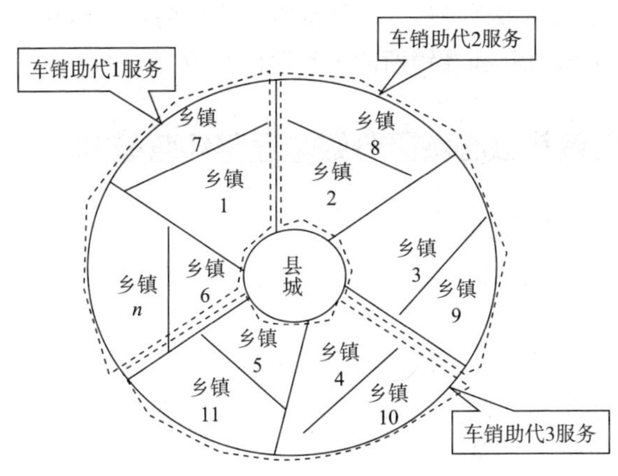

图 4－20　车销助代操作示意图

说明：

① 可以根据乡镇的经营效益，将其分为甲、乙、丙、丁级。

② 经营效益低的乡镇不纳入拜访名单，但是建议与之保持电话联系，在其订货时可做有目的的拜访。

③ 如果有拜访价值的乡镇较多，可多招募一些车销助代，定期对其进行拜访。

4. 车销助代的操作方式

（1）人员寄户，由经销商招募，不与制造商产生雇佣劳务关系。（人员寄户是指企业出钱，经销商出人，经销商负责区域市场，由经销商直接管理，企业只根据销量发放工资或奖金。）

（2）经销商支付底薪（制造商以货补方式承担）。

（3）制造商支付奖金（依据车销总量）。

（4）外埠业代为正编，兼负管理、督导、考核车销助代的责任。

（5）订立明确外埠经销商的权利与义务的合约。

（6）制定外埠经销商的奖励方案，奖项为为其配送车辆。

（7）经销商要为车销助代提供车辆支持。

注意：车销助代的考核标准主要是销量达成情况与必售品项铺市点数。

5. 外埠人员管理要点

（1）外埠业代的上班地点是外埠经销商办公室。

（2）外埠经销商要给外埠业代安排一个办公桌和广告宣传用品的存放区。

（3）外埠业代每日早晚需进办公室做人员管理。

（4）外埠业代须主动关心随车助代。

（5）随车助代编入制造商业务组，直接向外埠业代报告。

（6）随车助代：人员挑选由制造商负责面试，是用制造商帮助经销商招人的概念去运作。

（7）随车助代人员要求：35 岁以下，初中以上学历，男性。

（8）随车助代完成销售任务后，应协助客户小工将产品运送到客户仓库。

（9）随车助代上班时间和经销商的上班时间一致。

链接1：深圳市精耕核心城区分级与通路经营模式

1. 深圳市基本市场概况

（1）深圳是一个年轻的移民城市，居民的平均年龄为29岁，人口共计948万人，零售点数有24825个，人均年收入在25000元左右，整个城区连成一体，无外埠与县级市之分。按照通路精耕的要求，深圳市为甲级精耕城市，通路经营模式为A级。

（2）因为深圳市地域辽阔，人口众多，人均收入高，所以公司将该城市划分为四个营业所，即深圳所、宝安所、龙岗所与深圳直营所。深圳关内为深圳经销所，关外为宝安所与龙岗所，深圳直营所涵盖全深圳市的大型现代型商场。

（3）深圳市四个经销所均按物流经销商加士多（邮差）经销商方式经营。

下面以深圳所（关内区域经销所）为例，对其精耕城区分级与经营模式进行说明。

2. 深圳所（关内）精耕核心城区分级与经营模式

（1）深圳所辖区有罗湖区、福田区、南山区与盐田区，人口280万人，其中常住人口达19万人，外来人口达171万人，城区相对较集中。深圳所辖区人口及其地理资料一览表如表4－3所示。

表4－3　深圳市管辖人口及其地理资料一览表

区名	区域面积(平方公里)	人口构成		发展特色	商业特点	住宅建设	工业发展	文教发展
		常住人口	外来人口					
罗湖区	78.89	28.62万	41.42万	商贸、金融、信息中心	东门步行街为特色的休闲购物及酒店服务业	以商业店铺和写字楼为主，居住楼以趋饱和。	黄金珠宝加工制造业和通信设备、计算机及软件业	中小学教育水平较高，中高等教育发展迅速，书城等文化设施较多
福田区	78.8	35.6万	52.98万	行政、文化、国际展览和商务中心	华强北电子交易及时尚购物，大型零售终端遍布全区	居住开发已较完善，商业楼宇遍布全区，发展成熟	工业占比较少	中小学教育发展较好，文化事业比较繁荣
南山区	151	30.5万	40.65万	科技、旅游、高等教育中心	旅游配套服务业发达，居民生活配套方便	旅游配套发展迅速，市民居住	工业以高新科技业发展为主，发展迅速	深大等高等教育聚集该区，科技教育水平较高
盐田区	72.36	16.75万	30.43万	航运、休闲旅游、商贸中心	旅游配套服务业发达	旅游服务业等第三产业发展迅速	工业占比不高	广东省教育强区，广东省先进文化区

（2）深圳所（关内）的人口达280万人，士多店点数为8491个，士多店由助理业代负责拜访，深圳关内城市规模为甲级，城市经营模式为A级。深圳所分成4个营业组，分别是罗湖组、福田组、南山组与盐田组，即一个行政区为一个营业组。各组分布的零售点数如表4－4所示。

表4－4　深圳各营业组的零售点数

营业所	精耕城市名称	城市规模	城市经营方式	精耕城区数量	精耕城市人口数量（万人）	地级以上城市数量	地级以上城市人口（万人）	士多店							
								A	B	C	非直营KA	非直营封闭通路			小计
												封闭通路	小餐饮/大排档	合计	
深圳所	罗湖	甲	A	1	70			446	503	1201	20	15	120	135	2305
深圳所	福田	乙	A	1	91			475	571	1240	24	20	152	172	2482
深圳所	南山	丙	A	1	72			300	496	1002	23	18	132	150	1971
深圳所	盐田	丁	A	1	47			155	440	986	18	22	112	134	1733
总计				4	280	0	0	1376	2010	4429	85	75	516	591	8491

（3）除了士多零售点之外，深圳非直营KA（MA）有85个，批发客户有312个，餐饮及封闭通路客户有416个。上述客户均由业代级业务员负责拜访。各营业组涵盖的此类客户数具体明细如表4－5所示。

表4－5　深圳各类销售客户明细表

营业所	精耕城市名称	城市规模	城市经营方式	精耕城区数量	精耕城市人口数量（万人）	批市批发	单点批发	助理业代服务点数	MA点数	中高档餐饮	封闭通路点数	合计	助理业代辖区（个）	士多批发商	DC经销商		人力配置情况						助代人均负责点数
															单点批发	批市批发	管理业代	批市业代	助理业代	直营业代	正式理货员	常编外包理货员	
深圳所	罗湖	甲	A	1	70		78	1755	20	80	25	1958	6	7	78		1	1	6		1		350
深圳所	福田	甲	A	1	91		85	1854	24	82	32	2077	6	6	85		1	1	6		1		326
深圳所	南山	甲	A	1	72		79	1768	23	75	30	1975	6	4	79		1	1	6		1		254
深圳所	盐田	甲	A	1	28		70	1650	18	68	24	1830	5	5	70		1	1	5		1		319
总计	0	0	0	4	261	0	312	7027	85	305	111	7840	23	22	312	0	4	4	23	0	4	0	1249

（4）根据上表统计的销售客户数，通路架设与人员安排如下。

① 通路架设：DC1个，士多批发商22个。

② 人员配置：根据助代负责300个零售店、业代负责30～50个封闭通路或批发客户，计算出所需的助理业代和业代的人数，最后人员配置为批发业代4个、MA业代4个、助理业代23个。按照每4～6个助理业代配备1名管理业代的原则，还需配

备4名管理业代。

链接2：湛江所精耕城区/外埠片区分级与通路经营模式

1. 湛江所基本市场概况

（1）湛江所所辖区域有湛江市与茂名市2个地级市、6个县级市、3个县城、97个乡镇。人口达1296万人。湛江地区以农业为主，人均年收入约7000元。茂名城区以化工产业为主，人均年收入约8400元。外埠县市以农业与渔业为主，人均年收入5000元左右。

（2）湛江所分为3个营业组，分别是湛江组、吴川组与茂名组，将湛江地区划分成2个营业组，茂名地区组成一个营业组。

（3）因湛江所辖区较分散，为提高投入产出效益，只需在湛江城区、雷州城区、吴川城区与茂名城区进行精耕，其他县市均按外埠片区方式进行操作。

（4）湛江所基本市场资料如表4－6所示。

表4－6　湛江所基本市场资料

所别	营业组	地级市	区/镇/县/（县级市）	精耕/外埠	人口数（万人）	目标消费群结构	年人均收入（元）
湛江所	湛江组	湛江市	湛江城区	精耕	144	学生、公务员、公司职员、军人	9500
			遂溪	外埠	98	学生、公务员、公司职员、军人	6500
			雷州	精耕	149	学生、公务员、公司职员	6500
			徐闻	外埠	68	学生、公务员、公司职员、军人	6800
	茂名组	茂名市	茂名市	精耕	65	学生、公务员、公司职员、工人	8400
			高州市	外埠	140	学生、公务员、公司职员、工人	5500
			信宜市	外埠	103	学生、公务员、公司职员、工人	5000
			电白县	外埠	147	学生、公务员、工人等	5000
	吴川组	湛江市	吴川市	精耕	100	学生、公务员、公司职员	5800
			廉江市	外埠	142	学生、公务员、公司职员	5200
			化州市	外埠	140	学生、公务员、公司职员	4800

2. 湛江所辖区城市分精耕城区与外埠片区通路经营

（1）精耕城区经营方式。

① 精耕城区地级市区2个，县级市区5个。精耕城区人口达1133万人。精耕零售点有9083个，其中A、B级零售点合计为5861个，占比58%。具体明细如表4－7所示。

表4－7　精耕城区经营方式明细表

营业所	行政区域状况				经营类型		城市人口数量（万人）	士多店					
	地级市	县级市（区）	县级县	镇	城区经销商	外埠经销商		A	B	C	非直营封闭通路点数	非直营KA	小计a
湛江所	湛江				√		185	219	909	1171	18		2317
			遂溪			√	86	47	325	447	5		824
		廉江				√	140	85	468	633	11		1197
		雷州				√	127	150	240	241	7		638
	茂名				√		66	100	890	191	20		1201
			水东			√	151	94	481	85	0		660
		高州				√	143	52	500	100	0		652
		吴川				√	110	264	614	978	15		1871
		化州				√	125	108	315	300	0		723
							1133	1119	4742	4146	76	0	10083

②湛江精耕城区其他通路客户数量统计为：MA（MA是指中小型超市）61家、学校等封闭通路客户261家、批发客户474家，具体明细如表4－8所示。

表4－8　湛江所精耕城区其他通路客户

营业所	行政区域状况				经营类型		城市人口数量（万人）	批市批发	单点批发	助理业代服务点数 d=a+b+c	MA点数e	封闭通路点数f	小计 d+e+f+g
	地级市	县级市（区）	县级县	镇	城区经销商	外埠经销商							
湛江所	湛江				√		185	71	68	2456	17	169	2642
			遂溪			√	86	25	67	916		9	925
		廉江				√	140	31	52	1280	3	16	1299
		雷州				√	127	12	18	668	3	12	683
	茂名				√		66	0	15	1216	18	22	1256
			水东			√	151	0	10	670	5	5	680
		高州				√	143	4	12	668	5	7	680
		吴川				√	110	10	47	1928	6	16	1950
		化州				√	125	7	25	755	4	5	764
							1133	160	314	10557	61	261	10879

③精耕城区通路架设城区经销商的形式经营：湛江所在湛江、茂名地区分别架设1家城区经销商，吴川及其他区域均架设外埠经销商进行配送。

④湛江城区1家城区经销商配送139家批发客户、169家封闭通路客户与2家士

多批发商，2 家士多批发商合计配送 2456 家零售点，需配置 7 名助理业代、1 名直营业代、1 名批发业代与 1 名管理业代。

⑤ 雷州城区、吴川城区与茂名城区各设置一名外埠经销商，分别配送相应的批发客户与终端客户。因为茂名城区批发客户与 MA 客户少，所以批发客户与 MA 客户由同一名业代进行拜访。

⑥ 各精耕城区客户数量与明细如表 4－9 所示。

表 4－9　湛江所各精耕城区客户明细表

营业所	行政区域状况				助理业代辖区（个）	士多批发商	外埠经销商	城区经销商	外埠经销商		城区经销商		现有人力配置情况			业代平均服务点数	计划人力配置情况			助代平均服务点数
	地级市	县级市（区）	县级县	镇					单点批发	批市批发	单点批发	批市批发	业代	助理业代	MA业代		业代	助理业代	直营业代	
湛江所	湛江				7	2		1			118	23	3	5	1	491	3	7	1	351
			遂溪		2		1		22	9				2		458		2		458
		廉江			2		1		26	13				2		640	1	2		640
		雷州			4		1		129				2	2		334	2	2		334
	茂名				4	1		1	0	0	40	18	2	4	1	304	2	4	1	304
				水东	2		1		5	49	0	0	1	2		335	1	2		335
		高州			2		1		22	30	0	0	1	2		334	1	2		334
		吴川			3		1		27	5	0	0	1	3		643	1	6	1	321
		化州			2		1		5	25	0	0	1	1		755	1	2		378
					28	3	7	2	236	131	158	41	11	23	2	459	12	29	3	364

（2）湛江所辖区外埠片区通路经营方式。

① 湛江所辖区进行外埠片区通路经营的区域为廉江市、化州市、高州市、信宜市与电白县等县单位区域。

② 湛江所辖区片区等级均为甲级（含）以上，其中甲 AA 级片区有 2 个，各设置片区助理业代 1 个，拜访城区内批发客户与重点终端客户，各设置驻区业代 1 名。甲 A 级片区 3 个，均设置驻区业代 1 名，不设置片区助理业代。无乙级以下片区区域。

③ 外埠片区各设置外埠经销商 1 名，负责对片区内的所有批发客户与城区重要终端客户进行配送。

④ 各外埠片区各级客户数与人员配置明细如表 4－10 所示。

表4-10 湛江所外埠片区各级客户数与人员配置明细表

营业所	片区名称	片区等级	外埠经销商	片区包含地级城市数量	片区包含县级城市数量	经营片区人口（万人）	经营方式					本月未交易片区数	驻区业代	片区业代	人力合计	片区数/人力
							AA级	A级	B级	未专属	小计					
湛江所	廉江	甲AA	1	0	1	150	21	28	76		125	0	1	1	2	0.5
	化州	甲	1	0	1	140	45	56	84		185	0	1	0	1	1
	高州	甲AA	1	0	1	157	38	32	150		220	0	1	1	2	0.5
	信宜	甲	1	0	1	123	23	30	67		120	0	1	0	1	1
	电城	甲	1	0	1	122	21	52	98		171	0	1	0	1	1
小计	甲等数量	5	5	0	5	692	148	198	475	0	821	0	5	2	7	0.7
	乙等数量															
	丙等数量															
	丁等数量															
合计		5	5	0	5	692	148	198	475	0	821	0	5	2	7	0.7

通过上述两个案例，重点介绍了精耕核心城市与精耕城市的通路布建方式与人员配置，有助于我们正确理解通路精耕中的城市分级及通路布建模式。

第5章

路线规划与人员组织布建

在通路精耕操作中，完成对通路客户盘点之后，需进行路线划分并建立CRC，做到对通路中主要销售网点进行“六定”（定人、定域、定线、定点、定期、定时）拜访，为其提供专业化服务，达到对通路客户的全面掌控，提高产品在通路的全面覆盖，进而使制造商成为通路的主宰。这是落实通路精耕的基础。

进行路线划分的目的是提高市场管理效率，掌握通路，从而实现完全销售。在通路规划中对客户进行分类分级，并建立CRC，其目的是加强与规范客户管理，便于掌握客户的情况与需求。

一个非常有效的通路操作系统要有一个稳定有效的团队。在通路精耕操作过程中，也要遵循一定的原则与标准对人员与组织进行布建，具体操作步骤如下。

（1）根据通路盘点出的客户点数，确认需精耕的点数。

（2）根据确认的精耕点数，依据人力编制原则，布建相应的人力。

（3）依据人力与服务范围，设置营业组织。

5.1 路线划分

5.1.1 路线划分原则

1. 通路类型划分

在论述路线划分的相关章节中，笔者提到客户类型、客户规模不同，业代对其进行拜访的频率和店内作业时间也不同。各通路类型通常分为三阶、二阶与一阶。

三阶：DC经销商、城区经销商、城郊经销商、城市经销商与外埠经销商。

二阶：士多批发商、MA批发商、特通批发商、批市批发商、单点批发商等。

一阶：现代型通路、特殊通路与传统型通路三种，具体分级标准见“第3章 通路普查”中的表3-4。

2. 相关概念

（1）拜访路线：业代拜访客户时遵循的行走路线。

（2）干线时间：拜访路线中业代拜访售点的行走时间，干线时间是指交通时间。

（3）有效时间：业代用于路线客户内的作业时间，包括沟通、生动化、下订单等时间。

（4）营业所时间：业代在营业所内的会议、报表及其他杂事上所用的时间。

3. 路线划分原则

（1）干线时间最短，尽可能将业务时间用于店内作业（减少在途时间）。

（2）每条路线间的售点数量及销量产出均衡。

（3）需回访的两条路线相邻。

5.1.2 确认有价值的通路精耕点数原则

通路盘点结束后，各区域有价值的精耕点数确认原则如表5－1所示。

表5－1 有价值的精耕点数确认原则明细图

区域	通路	定期服务率	服务人员	拜访频率
城区	KA	100%	直营业代	1天1访
	MA	100%	MA 业代	1周2访
	特通 A	100%	特通业代	1周2访
	士多＋特通 B	核心城区：70% ～80% 精耕城区：60% ～70%	助理业代	CA：1周2访 CB：1周1访
	单批/批批	100%	批发业代	批批：1天1访 单批 A：1天1访 单批 B：2天1访
城郊甲 A 外埠甲 A	县城 KA	100%	城郊助代 外埠助代	KA：1周1－2访 MA：1周1－2访 CA/特通 A：1周2访
	县城 MA/特通/士多	50% ～60%		
	县城2阶	100%	驻区业代	1周2－3访
	乡镇2＋0.5阶	80% ～100%		1周1－2访
城郊甲 外埠甲	县城 KA	100%	驻区业代	1周1－2访
	县城 MA/特通/士多	30% ～50%		1周1访
	县城2阶	100%		1周1－2访
	乡镇2＋0.5阶	70% ～100% 乡镇		1周1访
城郊乙 外埠乙	县城 KA	100%	驻区业代	1周1访
	其他县城一阶	20% －40%		1周1访
	县城2阶	100%		1周1访
	乡镇2＋0.5阶	50% ～80%		1周1访
外埠丙	经销商	100%	外埠业代	4周1访或2周1访

说明：

① 在精耕城区、城郊与外埠县城城区，对90%批发客户的拜访要到位（至于这一点，主管们有时会担心能否做到。有些客户经营的是竞争对手的品牌产品，他们根本不理我们，我们是否有必要拜访这些客户？当然有必要，要知道即使是竞品的专卖店，我们也要拜访，建立客情，因为终有一天他们会向我们进货的。客户永远是追求利益的，这就是通路精耕的威力）。城区由批发业代进行拜访，城郊与外埠区域由驻区业代进行拜访。

② 对90%的KA客户的拜访要到位。城区由直营业代进行拜访，城郊与外埠区域由驻区业代或外埠助代进行拜访。

③ 对90%的城区MA与特通A客户进行拜访，分别由MA业代与特通业代负责拜访。在核心城区，士多店与特通B型客户只需拜访70%～80%的客户；在精耕城区，只需拜访60%～70%的客户。

④ 在城郊甲A或外埠甲A区域内，县城MA、特通、士多店的拜访覆盖率为30%～50%，乡镇2±0.5阶拜访覆盖率为80%～90%。

⑤ 在城郊乙和外埠乙区域内，县城其他一阶的拜访覆盖率为20%～40%，乡镇2±0.5阶拜访覆盖率为50%～80%。

⑥ 在外埠丙区域内，不做人员拜访要求，只需外埠业代定期拜访几个外埠丙经销商。

⑦ 各客户人员拜访频率见表5－1。

5.1.3 路线划分步骤

步骤1：收集售点数据。

步骤2：划分区域。

步骤3：确定售点服务标准。

步骤4：计算区域内的有效工作时间。

步骤5：评估单个业务在该区域内的日有效时间。

步骤6：计算路线条数。

步骤7：创建或调整路线，并评估服务成本。

步骤8：根据各路线拜访日重组成册。

步骤1：收集售点数据

（1）根据通路类别，打印客户明细资料，具体操作办法如下。

a. 根据统计录入的客户细分形态，将所有客户分为批发通路、现代通路、传统通路与封闭型通路四种。（谁负责录入？在前期通路盘点中已有专人负责。）

b. 将所有录入的客户按批发通路、现代通路、传统通路与封闭通路进行归类，按客户型态进行统计整理。

c. 根据通路客户分布的区域进行路线划分：将同一区域的相应通路客户置于同一条路线，再集中进行拜访。如果路线上的客户很少，可与相邻区域内的相同类型客户合并，再集中进行拜访。

d. 每条路线客户数按批发通路为15～20家、现代通路为5～9家、传统终端客户为50家、封闭通路为9～15家的标准进行设计，这是按一个业务正常拜访一天的不同客户设计的路线。

e. 各通路客户明细资料统计格式如表5－2所示。

表5-2　通路客户明细资料统计图

序号	售点编码	营业所名称	营业所代码	区域代码	售点名称	售点店主姓名	详细地址	焦点联系电话	机构名称	机构类型编号	售点类型名称	售点类型代码	通路次级编号	细分形态	经营规模		收银设备	店内冰箱数量包含本品与竞品	店内饮料预估月销售额(元/月)
															平方米	个/台数	收银机个数		
举例	3210000001	沈阳–营业所	3210	1.00	×××商店	×××	××区×××大街×××号	24589874	大学	×1	开放式购物	01	E11	大学MA	400		1	4	20.000
1																			
2																			
3																			
4																			
5																			
6																			

盘点人员不需填写，后期统计汇整使用

营业所代码与R3系统中代码一致

城市划分的区块代码4位以内

详见附件–编码原则说明

详见附件–通路普查通路形态定义3位编码

网吧填写电脑台数　餐饮填写桌2数

填写店内冰箱总数量

（2）根据电脑中的客户资料，对无效客户进行标注。是否删除无效客户的资料由组长根据产值效益决定。一般根据客户销量的大小进行排名，由现有人数决定需拜访的客户数。

a. 在已归类的所有路线中，所有批发通路、现代通路均为有效客户，销售人员一定要定期拜访这类客户。

b. 封闭通路与传统通路中的C类点将不列入销售人员日常拜访的客户名单之列，通常由批发客户进行辐射，或在销售旺季利用车销进行拜访，此类客户为无效客户，需从普查表中删除。

c. 封闭通路与传统通路的分级标准见本书第3章客户普查。

d. 每天的路线规划好之后，一线业代或助理业代按路线拜访客户，确认客户存在的真实性。将统计中不存在的客户删除。

e. 组长或管理业代对确认后的无效客户进行抽查，确保路线拜访客户数量的准确性。

（3）根据电脑中的资料，明确拜访区域、拜访日、拜访顺序。

a. 在最初规划路线时，该项工作由负责该精耕区域的组长完成，后期调整时，该项工作由拜访的业代与助代完成，管理业代或组长定期检查。

b. 初次规划路线时，由组长根据录入的有效客户数进行划分。负责传统通路终端客户的助代，一般为其安排6条拜访路线，每条路线约50家客户，且6条路线相邻，以集中为原则。

c. 批发通路、现代通路与封闭通路所规划的路线以集中为原则，为每名业代安排6条拜访路线，符合每天拜访一条路线上客户的标准。根据通路类型确认每条路线上需拜访的客户数。部分客户每周需拜访2～3次。

d. 助理业代与业代所负责的6条路线分别列为周一至周六拜访的路线。

e. 对每条路线的拜访需按出发路线的顺序进行，以节省时间。

f. 具体区域划分、路线拜访频次与拜访顺序说明需根据实际情况进行调整。

（4）填补未建档的来往客户的明细资料。

a. 在拜访客户的过程中，助理业代与业代如果发现有些客户符合公司的标准，但公司没有这些客户的相关资料，就要对这些客户进行建档，更改该线路的有效客户数。

b. 一线人员拜访客户时，CRC内务必准备几张空白的客户资料卡，以便登记有效客户。

（5）由会计提供完整的应收账款明细资料。（这个会计是指营业所会计，简称营会。）

a. 此步骤只针对有信用限制的现代通路客户。

b. 在现代型通路经营中，需将有信用限制的客户的资料全部打印出来，并列出应收账款明细，以方便业代日常操作。

（6）组长协同拜访时，进行通路种别、店内工作时间、行车时间及无效客户确认。

步骤2：划分区域

（1）根据商圈及普通区域售点数量及售点规模划分区域（经销商区域）。

（2）根据城市的自然分界，参照河流、铁路、主要干道、车辆限制、商圈等特殊情况，对区域进行初步划分。因为目前各城市已完成区域划分，所以可以以业务小组为单位进行区域划分，即每个业务小组的区域为一个细分区域。

（3）统计每个区域内的售点数及销量，按客户分级填写《路线规划表》中的售点数。

（4）根据公司整体的通路覆盖政策，确定本区域内计划拜访的客户数，并填写《路线规划表》中计划拜访的客户数。

步骤3：确定售点服务标准

根据公司下发的售点服务标准，结合区域的实际情况，确认区域售点的服务标准，将各通路分级客户的拜访频次及店内作业时间填入《路线规划表》中。

（1）售点服务标准。

① 关键词及定义。

a. 直营：由公司业务人员定期进行拜访，并由公司负责收款和开发票，配送可由公司或第三方物流负责。

b. 间接经营：由公司业务人员定期进行拜访，但由指定的批发商或经销商负责物流和资金流。

c. 拜访频率：以周为单位，业务代表每周拜访客户的次数。

② 原则。

将那些单点产出较高且需要公司提供陈列、生动化、促销、年度返利等特殊服务的售点列入业代服务之列。为提高服务效率，公司要开发专业配送商服务。

下面是网点类型的服务原则：（以饮料公司为例）

a. 为学校、网吧提供专人服务。

b. 学校、网吧由士多批发商配送。

c. 餐饮客户开发由餐饮配送商配送。

③ 拜访作业标准。

制定拜访作业标准的目的是提高客户拜访的效率，下面以饮料公司为例。

A. 教育通路拜访标准。

a. 教育通路特点

属于较封闭的通路，通路中的售点类型多样，一般有超市、餐饮及娱乐、士多店等。由于目标消费群较集中，所以单点销量较高。同时，教育通路也是新品推广及品牌沟通的重要场所。

b. 服务标准

• 大学（专）

客户拜访：售点由特通业代进行拜访，区域拜访原则是校内售点不分通路形态，都要进行拜访。对于由几所高校组成的大学城，可考虑根据通路形态进行拜访，也可以根据售点情况配备校园理货员，加强对冰柜及堆垛的陈列管理，但是应尽可能安排同一专业配送商或经销商服务。

配送服务：售点类型较综合，建议由同一专业配送商或经销商服务。

拜访重点：重点经营校园内的MA，加强对冰柜与促销陈列专区的管理。重点投放校园内生动化用品及品牌形象宣传工具，如店牌、窗贴、店内包柱、吊旗。

拜访覆盖率：对90%的校内售点进行拜访。

• 中学

客户拜访：售点由特通业代进行服务，较分散的售点由助代拜访。

配送服务：由同一专业配送商服务，较分散的售点可由士多批发商服务。

拜访重点：经营较内及校园附近的MA及士多店，重点在于冰柜的投放及店内库存挤占。

拜访覆盖率：90%。

• 小学

客户拜访：由助理业代进行拜访。

配送服务：士多批发商。

拜访重点：产品陈列及生动化。

拜访覆盖率：90%。

B. 网吧通路拜访标准

a. 网吧通路特点：封闭通路，SKU较少，经营时间长，客流较稳定，淡旺季销量差异不明显，单点销量高且售点分布较分散（除学校附近外）。

b. 拜访标准

• 网吧B类以上：

客户拜访：由特通业代进行拜访，较分散的售点可交由助代拜访。

配送服务：由专业配送商配送，较分散的售点可交由士多批发商配送。

拜访重点：冰柜投放及管理，店内生动化。

拜访覆盖率：90%。

• 网吧C类：

客户拜访：由助理业代进行拜访。

配送服务：特通经销商。

拜访重点：客户自有冰柜抢占，店内生动化。

拜访覆盖率：90%。

C. 餐饮娱乐客户拜访标准

a. 中高档餐饮、大型餐饮连锁店及娱乐休闲 A 级客户。

客户拜访：由特通业代进行拜访。

配送服务：开发特通批发商服务。

拜访重点：店内生动化用品投放，客户账款管理。

拜访覆盖率：娱乐休闲 90% 覆盖，餐饮客户 90% 覆盖。

b. 其他餐饮娱乐客户。

客户拜访：由助理业代进行拜访。

配送服务：特通或士多经销商。

拜访重点：重点 SKU 的铺货及保持安全库存量。

拜访覆盖率：30% 。

D. 传统通路拜访标准

a. 传统通路特点

属于较普遍的通路，通路中的售点类型以士多店为主，部分便利店也列为传统士多客户，一般分为 A、B、C 三级。一线销售人员日常拜访时，只拜访 A、B 级客户，C 类店不列入日常拜访的客户之列。传统士多店数量庞大，是助代主要的服务客户，也是产品销售与品牌曝光的重要场所。

b. 服务标准

客户拜访：售点由助理业代进行拜访，A 级客户一周 2 访，B 级客户一周 1 访，C 级客户无需拜访。每天根据固定的拜访路线，按 CRC 客户顺序进行拜访，不跳访、不漏访。

配送服务：由士多批发商配送。

拜访重点：重点经营 CA、CB 客户，加强对冰柜和店内生动化的管理，做好日常的库存管理。

拜访覆盖率：80% 。

E. 士多批发商

客户拜访：由管理业代进行拜访。

拜访重点：订单送达率、安全库存量、助代转单实效性、对账。

拜访频次：3 次/周。

F. 三阶经销商

客户拜访：由组长进行拜访。

拜访重点：订单送达率、安全库存量、助代转单实效性、对账。

拜访频次：2 次/周。

（2）拜访频率设定。

① 原则：客户拜访频率是根据客户的业务需求（即客户每周的进货需求）设定的，一般以销量及客户的库存量为参考因素。

② 说明：因为产品的销售淡旺季明显，所以拜访频率应根据淡旺季进行调整。

③ 各通路拜访频率见下表。

a. 旺季（3月～10月）各级客户拜访频率如表5－3所示。

表5－3　旺季客户拜访频率表

旺季拜访频率（次/周）（3月－10月）				商圈类型					其他
通路别		级别	负责业代	市级商业街	专业商业街	站点	量贩/超市	文教	
现代通路	量贩店		直营业代	2	2	2	2	2	0
	超市		直营业代	2	2	2	2	2	2
	便利店		直营业代	2	2	2	2	2	2
	MA	A	直营业代	2	2	2	2	2	2
		B	直营业代	1	1	1	1	1	1
特通	学校	A	特通业代	2	2	2	2	2	2
		B	特通业代	2	2	2	2	2	2
	网吧	A	特通业代	2	2	2	2	2	2
		B	特通业代	2	2	2	2	2	2
		C	助理业代	1	1	1	1	1	1
	交通运输	A	特通业代			1－2次			2
		B	助理业代			1－2次			1
		C	助理业代			1－2次			1
	其他特通	A（直营特通）	特通业代	1	1	1	1	1	2
		B	助理业代	1	1	1	1	1	1
		C	助理业代						
	餐饮	中高档餐饮	特通业代	1	1	1	1	1	
		低档餐饮	助理业代	1	1	1	1	1	
		连锁快餐店	特通业代	2	2	2	1	1	
传统通路	士多店	A	助理业代	2	2		2		2
		B	助理业代	1	1		1		1
		C	助理业代						
	冰摊		助理业代	1	1				1

说明：

① 表5－3是旺季各级通路拜访人员拜访客户的频率。

② 饮料的销售旺季是每年的3月至10月。

③ 客户的拜访频率根据商圈的重要程度、通路的重要程度及客户的级别确定。

④ 假期对学校店的拜访依校内店是否营业而定，在假期可降低拜访这类店的

频率。

b. 淡季（11月～次年2月）各级客户拜访频率如表5－4所示。

表5－4　淡季客户拜访频率表

淡季拜访频率（次/周）（11月－2月）				商圈类型					其他
通路别		级别	负责业代	市级商业街	专业商业街	站点	量贩/超市	文教	
现代通路	量贩店		直营业代	2	2	2	2	2	0
	超市		直营业代	2	2	2	2	2	2
	便利店		直营业代	2	2	2	2	2	2
	MA	A	直营业代	2	2	2	2	2	2
		B	直营业代	1	1	1	1	1	1
特通	学校	A	特通业代	2	2	2	2	2	2
		B	特通业代	1	1	1	1	1	1
	网吧	A	特通业代	2	2	2	2	2	2
		B	特通业代	2	2	2	2	2	2
		C	助理业代	1	1	1	1	1	1
	交通运输	A	特通业代			1			2
		B	助理业代			1			1
		C	助理业代			1			1
	其他特通	A（直营特通）	特通业代	1	1	1	1	1	1
		B	助理业代	1	1	1	1	1	1
		C	助理业代						
	餐饮	中高档餐饮	特通业代	1	1	1	1	1	
		低档餐饮	助理业代	1	1	1	1	1	
		连锁快餐店	特通业代	2	2	2	1	1	
传统通路	士多店	A	助理业代	2	2		2		2
		B	助理业代	1	1		1		1
		C	助理业代						
	冰摊		助理业代	1	1				1

说明：

① 表5－4是淡季各级通路拜访人员拜访客户的频率。

② 饮料的销售淡季是每年11月到次年2月。

③ 客户的拜访频率根据商圈的重要程度、通路的重要程度及客户的级别确定，明显比旺季的客户拜访频率低。

④ 假期对学校店的拜访依校内店是否营业而定，在假期可降低客户拜访频率。

（3）拜访标准作业时间。

a. 旺季（3月～10月）各级客户拜访作业时间如表5－5所示。

表5－5　旺季客户拜访作业时间表

旺季拜访作业时间（3月－10月）				业务基本动作（分钟）							确认送货时间及下次拜访时间	合计
通路别		级别	负责业代	店外生动化	看/做陈列	冰柜整理	点库存	下订单	填写CRC	店内生动化		
现代通路	量贩店		直营业代									0
	超市		直营业代									0
	便利店		直营业代									0
	MA	A	直营业代	1	2	10	5	5	2	5		30
		B	直营业代	1	2	6	3	3	2	3		20
特通	学校	A	特通业代	1	5	4	3	2	2	5		22
		B	特通业代	1	3	4	2	1	2	3		16
	网吧	A	特通业代	1		5	1	1	1	5		14
		B	特通业代	1		5	1	1	1	5		14
		C	助理业代	1		3	1	1	1	2		9
	交通运输	A	特通业代	1	1	3	1	1	1	1		9
		B	助理业代	1	1	1	1	1	1	1		7
		C	助理业代		1	1		1	1			4
	健身场所	A	特通业代		3	3	1	1	1	1		10
		B	助理业代		1	1	1	1	1	1		6
		C	助理业代			1	1	1	1	1		5
	娱乐夜店、电影院	A	特通业代		3	3	1	1	1	1		10
		B	助理业代		1	1	1	1	1	1		6
		C	助理业代			1	1	1	1	1		5
	景点（A）	A	特通业代		3	3	1	1	1	1		10
		B	助理业代		1	1	1	1	1	1		6
		C	助理业代			1	1	1	1	1		5
	其他特通	A（直营特通）	特通业代			3	1	1	1	1		7
		B	助理业代			1	1	1	1	1		5
		C	助理业代			1	1	1	1	1		5
	餐饮	中高档餐饮	特通业代									0
		低档餐饮	助理业代									0
		连锁快餐店	特通业代									0

续表

旺季拜访作业时间（3 月 –10 月）				业务基本动作（分钟）							确认送货时间及下次拜访时间	合计
通路别		级别	负责业代	店外生动化	看/做陈列	冰柜整理	点库存	下订单	填写 CRC	店内生动化		
传统通路	士多店	A	助理业代	1	1	2	1	1	1	1		8
		B	助理业代	1	0.5	1	0.5	0.5	0.5	1		5
		C	助理业代									0
	冰摊		助理业代	1	1	1		1	1			5

说明：

① 表 5 –5 是旺季各级单点客户拜访动作与花费时间统计表。

② 根据单点客户拜访时间，计算助理业代与各级业代每天可以拜访服务的客户数。

b. 淡季（3 ~ 10 月）各级客户拜访作业时间如表 5 –6 所示。

表 5 –6　淡季客户拜访作业时间表

淡季拜访作业时间（11 月 –3 月）				业务基本动作（分钟）							确认送货时间及下次拜访时间	合计
通路别		级别	负责业代	店外生动化	看/做陈列	冰柜整理	点库存	下订单	填写 CRC	店内生动化		
现代通路	量贩店		直营业代									0
	超市		直营业代									0
	便利店		直营业代									0
	MA	A	直营业代		1	5	5	5	5	2	7	30
		B	直营业代		1	3	3	3	3	2	5	20
特通	学校	A	特通业代	1	5	1	3	2	2	5		19
		B	特通业代	1	3	1	2	1	2	3		13
	网吧	A	特通业代	1		5	1	1	1	5		14
		B	特通业代	1		5	1	1	1	5		14
		C	助理业代	1		3	1	1	1	2		9
	交通运输	A	特通业代	1	1	3	1	1	1	1		9
		B	助理业代	1	1	1	1	1	1	1		7
		C	助理业代		1	1		1	1			4
	健身场所	A	特通业代		3	3	1	1	1	1		10
		B	助理业代		1	1	1	1	1	1		6
		C	助理业代			1	1	1	1	1		5

续表

淡季拜访作业时间（11月-3月）				业务基本动作（分钟）							确认送货时间及下次拜访时间	合计
通路别		级别	负责业代	店外生动化	看/做陈列	冰柜整理	点库存	下订单	填写CRC	店内生动化		
	娱乐夜店、电影院	A	特通业代		3	3	1	1	1	1		10
		B	助理业代		1	1	1	1	1	1		6
		C	助理业代			1	1	1	1	1		5
	景点（A）	A	特通业代		3	3	1	1	1	1		10
		B	助理业代		1	1	1	1	1	1		6
		C	助理业代			1	1	1	1	1		5
	其他特通	A（直营特通）	特通业代			3	1	1	1	1		7
		B	助理业代			1	1	1	1	1		5
		C	助理业代			1	1	1	1	1		5
	餐饮	中高档餐饮	特通业代									0
		低档餐饮	助理业代									0
		连锁快餐店	特通业代									0
传统通路	士多店	A	助理业代	1	2		2	2	1	1		9
		B	助理业代	1	1		0.5	1	1	1		5.5
		C	助理业代									0
	冰摊		助理业代									0

说明：

① 表5-6是淡季各级单点客户拜访动作与花费时间统计表。

② 根据单点客户拜访时间，计算助理业代与各级业代每天可以拜访服务的客户数。

步骤4：计算区域内有效的工作时间总量

（1）区域内有效工作时间需求总量=计划拜访客户数×拜访频次×店内作业时间。

（2）旺季路线规划，具体有效工作时间如表5-7所示。

表5-7 旺季有效工作时间表

旺季有效时间（单位：分钟）				区域1					
通路别			级别	负责业代	客户数量	计划拜访客户数量	拜访频次	店内作业时间标准	有效时间
现代通路	量贩店			直营业代	0	0	0	0	0
	超市			直营业代					0
	便利店			直营业代	34	34	2	12	816
	MA		A	直营业代	4	4	2	18	144
			B	直营业代	83	83	1	12	996
特通	学校		A	特通业代	4	4	2	22	176
			B	特通业代	47	47	1	16	752
	网吧		A	特通业代	72	72	2	14	2016
			B	特通业代	49	49	2	14	1372
			C	助理业代	27	27	1	9	243
	娱乐休闲	健身场所	A	特通业代	0	0	2	7	0
			B	助理业代	0	0	1	5	0
			C	助理业代	0	0		5	0
		娱乐夜店、电影院	A	特通业代	0	0	2	7	0
			B	助理业代	2	2	1	5	10
			C	助理业代	14	14		5	0
		景点（A）	A	特通业代	26	26	2	7	364
			B	助理业代	19	19	1	5	95
			C	助理业代	73	73	1	5	365
	交通运输		A	特通业代	0	0	2	9	0
			B	助理业代	0	0	1	7	0
			C	助理业代	0	0	1	4	0
	其他特通		A(直营特通)	特通业代	0	0	1	7	0
			B	助理业代	0	0	1	5	0
			C	助理业代	0	0		5	0
	餐饮		高档餐饮	特通业代	40	40	1		0
			中档餐饮	特通业代	70	70	1	0	0
			低档餐饮	助理业代	350	350	1	0	0
			连锁快餐店	特通业代	1226	1226	2	0	0

续表

旺季有效时间（单位：分钟）				区域1				
通路别		级别	负责业代	客户数量	计划拜访客户数量	拜访频次	店内作业时间标准	有效时间
传统通路	士多店	A	助理业代	252	252	2	11	5544
		B	助理业代	318	318	1	6.5	2067
		C	助理业代					0
	冰摊		助理业代	93	93	1	5	465
合计				2803	2803	29	227.5	15425

说明：

① 表5-7是某区域1内客户数，根据各类型客户单点拜访时间和客户拜访频率，计算出旺季每周拜访客户所需的时间。

② 根据每周拜访该区域的累计时间，计算出旺季该区域所需人数。

根据有效工作时间，区域客户总数为2803家，合计有效工作时间为15425分钟。按旺季每周工作时间为6天、每人每天的有效工作时间为4.5小时计算，即15425÷4.5÷60÷6=9.52≈10，所以旺季该区域需安排10人，这样才能完成日常拜访任务。

（3）淡季路线规划，具体有效工作时间如表5-8所示。

表5-8　淡季有效工作时间表

淡季有效时间（单位：分钟）				区域1				
通路别		级别	负责业代	客户数量	计划拜访客户数量	拜访频次	店内作业时间标准	有效时间
现代通路	量贩店		直营业代	0	0	2	0	0
	超市		直营业代			2		0
	便利店		直营业代	34	34	2	12	816
	MA	A	直营业代	4	4	2	18	144
		B	直营业代	83	83	1	12	996
特通	学校	A	特通业代	4	4	2	22	176
		B	特通业代	47	47	1	16	752
	网吧	A	特通业代	72	72	2	14	2016
		B	特通业代	49	49	1	14	686
		C	助理业代	27	27	1	9	243

续表

淡季有效时间（单位：分钟）				区域1				
通路别		级别	负责业代	客户数量	计划拜访客户数量	拜访频次	店内作业时间标准	有效时间
现代通路	娱乐休闲	健身场所	特通业代	0	0		7	0
			特通业代	0	0		5	0
			特通业代	0	0		5	0
		娱乐夜店、电影院	特通业代	0	0	1	10	0
			特通业代	2	2	1	6	12
			特通业代	14	14		5	0
		景点（A）	特通业代	26	26	1	10	260
			特通业代	19	19	1	6	114
			特通业代	73	73	2	5	730
	交通运输	A	特通业代	0	0	2	10	0
		B	助理业代	0	0	2	6	0
		C	助理业代	0	0	2	5	0
	其他特通	A(直营特通)	特通业代	0	0	1	7	0
		B	助理业代	0	0	1	5	0
		C	助理业代	0	0		5	0
			40	40	1	0	0	
	餐饮	中高档餐饮	特通业代	70	70	1	0	0
		低档餐饮	助理业代	350	350	1	0	0
		连锁快餐店	特通业代	1226	1226	2	0	0
传统通路	士多店	A	助理业代	252	252	1.5	9	3402
		B	助理业代	318	318	0.5	5.5	874.5
		C	助理业代					0
	冰摊		助理业代					0
合计				2710	2710	20		11221.5

说明：

① 表5-8是某区域1内客户数，根据各类型客户单点拜访时间与拜访频率，计算出淡季每周拜访客户所需的时间。

② 根据每周累计拜访该区域的时间，计算出淡季该区域所需人数。

根据该区域的有效工作时间，淡季区域1的客户总数为279家，合计有效工作时间为11221分钟，按淡季每周工作5天、每人每天的有效工作时间为4.5小时计算，即11221÷4.5÷60÷5=8.3≈9，所以淡季区域1需安排9人，这样才能完成日常拜访任务。

步骤5：评估业务在该区域内的日有效时间

(1) 参考目前业务客户拜访记录卡，遵循类似原则，对该区域业务拜访的有效时间进行评估。

(2) 每个区域距营业所的距离及售点间的距离不同，业代的日有效工作时间也不同。

(3) 日有效时间 = 业务日工作时间 - 营业所时间 - 干线时间 - 休息时间。

(4) 确定干线时间时要注意交通工具的选择，以及营业所或办事处的地理位置对业代有效工作时间的影响。

参考数据如下：

• 工具

a. 平坦城市：以自行车为交通工具。

b. 山地城市：以公车、电动车为交通工具，或步行。

• 营业所或办事处设置

a. 业务往返营业所的干线时小于或等于60分钟。

b. 业务拜访客户的干线时间即业务从营业所出发至路线第一个售点加上业务从路线最后一个售点返回营业所的时间。

• 距营业所3公里以内的区域有效时间。

a. 日工作时间：8小时。

b. 营业所时间：1小时。

c. 往返营业所干线时间：30分钟。

d. 干线时间：60分钟。

e. 中午休息：1小时。

f. 有效时间：4.5小时。

• 距营业所3公里以上的区域有效时间。

a. 日工作时间：8小时。

b. 营业所时间：1小时。

c. 往返营业所干线时间：60分钟。

d. 干线时间：60分钟。

e. 中午休息：1小时。

f. 有效时间：4小时。

• 甲级商业圈的业务有效时间为5.5小时。

步骤6：计算路线条数

(1) 区域内路线条线 = 区域内有效时间总量/业务日有效时间（分淡、旺季进行计算）。

注：a. MA、特通业代、助理业代分别计算。

b. 只计算出计划拜访的客户数及拜访时间。

（2）以旺季路线规划为例（表5－5），根据工作有效时间，旺季区域1的客户总数为2803家，合计有效工作时间为15423分钟。按旺季每周工作时间为6天、每人每天的有效工作时间为4.5小时计算，即15423÷4.5÷60÷6＝9.52，所以旺季区域1需安排10人，需规划72条路线，其中业代3人，需规划18条路线，助理业代9人，需规划54条路线。

（3）以淡季路线规划为例（表5－6），根据工作有效时间，淡季区域1的客户总数为279家，合计有效工作时间为11221分钟。按淡季每周工作时间为5天、每人每天的有效工作时间为4.5小时计算，即11221÷4.5÷60÷5＝8.3，所以淡季区域1需安排8人，其中业代3人，需规划15条路线，助理业代5人，需规划25条路线。

步骤7：创建或调整路线，并评估服务成本

（1）根据区域内售点的密集程度和售点销量大小，按均衡性、逻辑性的分割原则，对区域进行初步划分。

（2）将细分的区域内的售点资料填入《路线规划表》中，再分析单个业务的合理性，如果不合理，就要调整路线。

（3）调整售点的工作要在小组内统一进行，以区域相邻为原则，进行调整。

（4）确认后，填写区域划分表，整理出片区内售点清单。

（5）依据《路线规划表》，做出日拜访路线规划，分割拜访路线并形成路线图。

步骤8：依各路线拜访日重组成册

（1）根据通路类别，确定每个业代与助理业代负责拜访的区域。

（2）根据每天的有效工作时间，将每个业代与助理业代负责的区域客户划分成6条拜访路线，每条路线的客户数相近。

（3）将每条路线需拜访的客户资料整理成册，按路线顺序建成CRC，作为每天拜访的依据。

5.1.4 路线规划Q&A

Q1：计算业务的有效时间时，按照目前的营业所位置来计算吗？

A1：往返营业所的干线时间要小于60分钟，这是建立营业所或办事处的原则之一。销售人员每天都要返回所或组的办公室，汇总订单并与主管沟通相关市场问题。营业所距离客户所在地太远，销售人员就不方便返回所或组的办公室。此外，还要考虑成本投入与销量产出，根据当地情况，由营业部部级以上主管决定是否增设新的营业所或办事处。所以，在计算有效时间之前，应该先确定业务办公的位置，根据新的营业所位置计算业务的有效时间。如果负责的区域离营业所或办事处太远，销售人员无法在60分钟内往返，那么就要考虑设置前进组，负责区域的业代或助理业代上班时间到经销商处报到，每周回营业所1～2次。

Q2：对于大学城或景区这种既远又相对独立的区域，营业所往返干线时间也要控制在60分钟以内吗？

A2：一方面，营业所是根据区域的整体情况设定的，不会因为某个区域较远而调整整体布局，所以较独立的区域要区别对待；另一方面，如果业务有效工作时间比较短，就可能会影响销售人员的工作心态，进而影响工作质量，所以可以通过改善业务拜访的交通工具减少干线时间，如提供摩托车或电动车。

Q3：业代或助理业代拜访客户时，一定要按照作业标准时间进行拜访吗？

A3 公司下发的作业标准时间只是作为业务时间规划的参考，业务主管可根据具体情况调整拜访时间。每家店的具体情况各不相同，所以不可能完全依照标准时间执行。拜访客户时，最重要的是掌握通路客户的具体情况，业务动作非常重要。

Q4：因为淡旺季售点服务标准不同，所以淡旺季在人力上存在差异，如何进行调整？

A4：调整的原则是保持通路的稳定性，可以从下面几个方面进行调整：

（1）特通业代、MA业代拜访区域不调整。

（2）在淡季售点拜访区域内，对士多批发商、专业配送商的辖区进行划分，即淡季确保每家士多批发商与专业配送商至少配置一人转单服务。

（3）业务拜访有效时间调整。

旺季：业务人员日有效工作时间增加1个小时，一方面缩短在办公室的时间（30分钟），另一方面推迟回办公室时间（30分钟），这样可节省25%的人力。对CC点的拜访采用铺货大队的形式。

淡季：业务人员日有效工作时间恢复正常，同时，开发餐饮客户，提高区域内餐饮通路客户拜访的覆盖率。

5.2 人员布建

5.2.1 终端客户的经营价值

1. 一阶客户数量与单点产出的关系

一阶客户数量与单点产出的关系如图5－1所示。

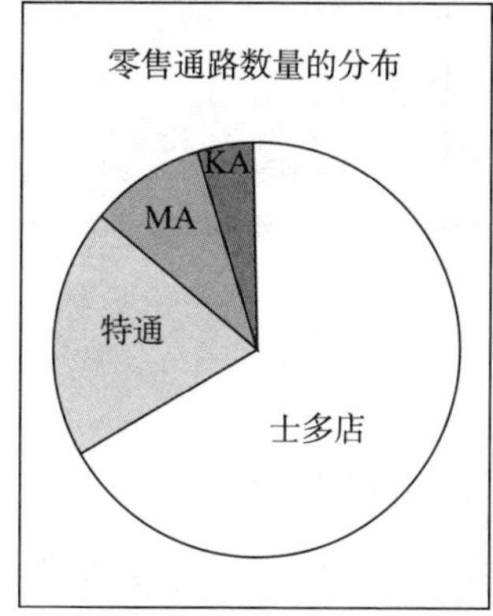

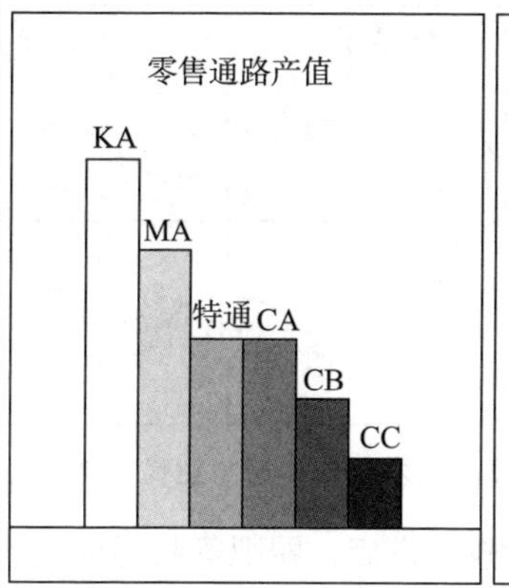

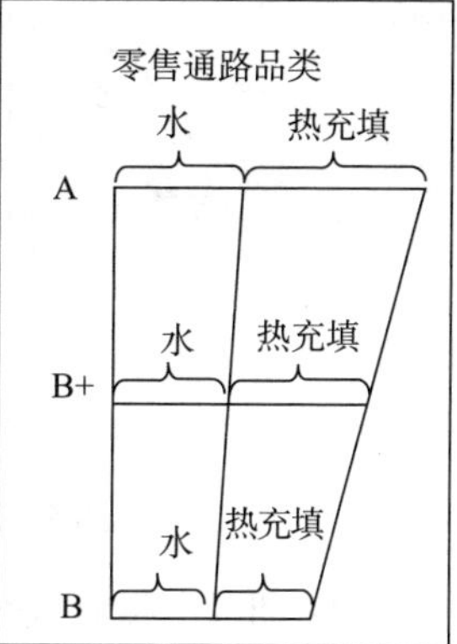

图 5－1　一阶客户数量与单点产出的关系图

说明：

① 终端点的数量以士多店最多，特通其次，MA 再次，KA 最少。

② 终端点的产值 KA 最大，MA 其次，特通再次，士多店最少。

③ 需要通过精耕城区通路细作抓住最重要的通路。

④ 分析士多店的产品结构，可以提高通路门槛。以饮料行业为例，在士多店的产品结构中，包装水所占的比例最大，士多店的产品结构是未来设置通路门槛的基础。

⑤ 热充填指茶饮料与果汁饮料，其生产工艺中有加热过程，但是随着工艺的改进，出现冷充填，所以现在热充填泛指包装水以外的所有饮料。

2. 助理业代与批发业代、MA 业代、特通业代辖区示意图

（1）CA、CB 助代辖区如图 5－2 所示。

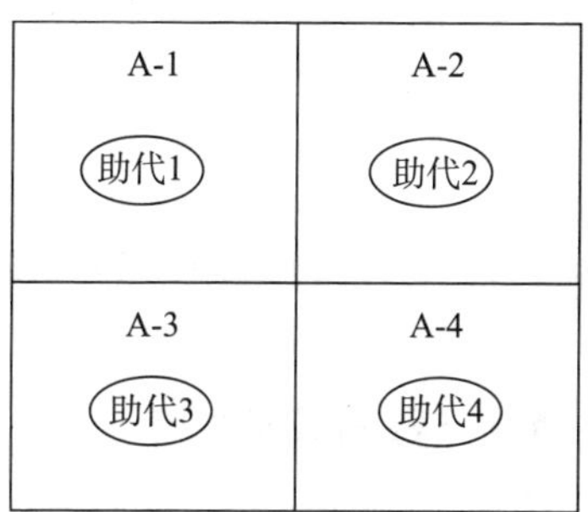

图 5－2　CA、CB 助代辖区图

说明：因为 CA、CB 的点数多，分布密，所以每个助理业代的辖区较小。

（2）批发业代、MA 业代、学校、夜店、网吧等特通业代的辖区如图 5－3 所示。

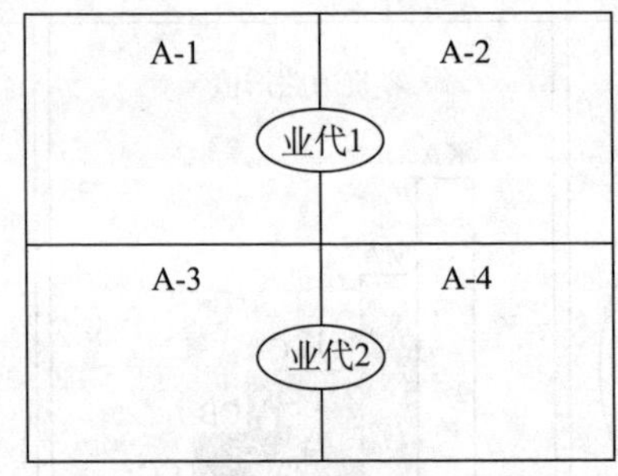

图5－3　批发业代、MA业代及特通业代辖区图

说明：批发、MA、学校、夜店、网吧等特通业代点数少，但分布广，每个批发业代、MA业代与直营特通业代的辖区较大。

3. 全面覆盖有价值一阶

全面覆盖有价值一阶如图5－4所示。

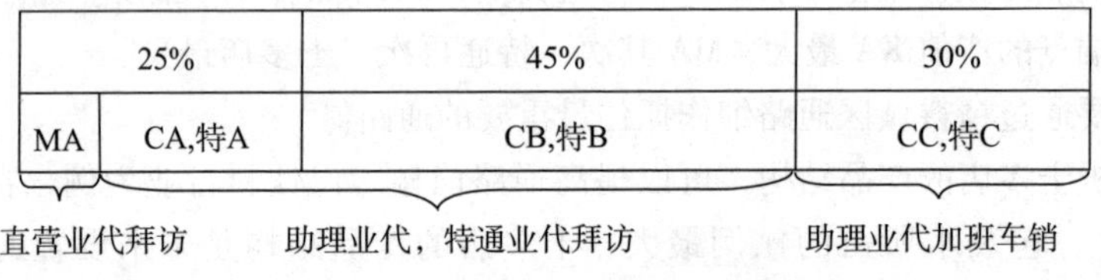

图5－4　有价值一阶拜访明细图

（加班车销是指部分厂家安排周一到周五正常拜访客户，周六进行车销，因为周六是休息日，所以称加班车销。）

说明：

① 全面掌握有价值的一阶。城区精耕点的拜访率达70%以上，由直营业代、助理业代与特通业代拜访，剩下30%的CC类点，由助理业代通过加班车销进行覆盖。

② 士多店的拜访比例要与矿物质水的渗透率对应，矿物质水渗透率越高的城市，士多店拜访率越高。

5.2.2　人力布建原则

1. 人员布建的基础是通路点数与管理幅度

具体布建原则如表5－9所示。

表5－9　人力布建原则表

区域	岗位	工作执掌（管辖区域）	人力配备原则
营业部（门）	SD/SM	制定辖区营业策略，督导完成销售目标	与组织对应设置
直营部	KSM	制定辖区营业策略，督导完成销售目标	与组织对应设置

续表

<table>
<tr><th>区域</th><th>岗位</th><th>工作执掌（管辖区域）</th><th>人力配备原则</th></tr>
<tr><td>直营处</td><td>KAM</td><td>制定辖区营业策略，督导完成销售目标</td><td>与组织对应设置</td></tr>
<tr><td>业务所</td><td>业务所长</td><td>执行、达成业绩目标</td><td>大所管理6～8个组，中所管理4～5个组，小所管理3～4个组</td></tr>
<tr><td rowspan="10">核心城区
精耕城区</td><td>城区组长</td><td>执行，督导及协同辅导完成业绩</td><td>与组织相对应设置，每个组长管理4～7名业代</td></tr>
<tr><td>管理业代</td><td>所辖助代的管理及督导</td><td>每位管理业代负责4～6名助理业代</td></tr>
<tr><td>批发业代</td><td>负责批市批发以及单点批发客户的拜访
客户门口做堆码陈列
维护与客户之间的客情</td><td>只负责批市的业务人均服务30～50点
超过30～50点的批市2人负责，点数不足以周边单点补足
只负责单点批发的业务人均服务25～40点（点数疏密度）</td></tr>
<tr><td>MA业代</td><td>负责MA点客户拜访</td><td>每人负责45～60点MA店</td></tr>
<tr><td>特通业代</td><td>负责MA点客户拜访</td><td>每人负责45～60点A级特通</td></tr>
<tr><td>机动业代</td><td>弥补空缺，协助不定期车铺</td><td>核心城区每10名业代（不含直营）配备1名机动业代</td></tr>
<tr><td>直营业代</td><td>负责KA点客户的拜访与服务</td><td>每人负责2个或以上连锁系统或人均10～25家客户</td></tr>
<tr><td>机动助代</td><td>弥补空缺，协助不定期车铺</td><td>城区范围每10名助代配备1名机动助代</td></tr>
<tr><td>城区助代</td><td>负责城区士多店的拜访与服务</td><td>每人负责220点左右</td></tr>
<tr><td colspan="3" style="display:none"></td></tr>
<tr><td rowspan="3">城郊
甲A/甲</td><td>城郊组长</td><td>执行，督导及协同辅导完成业绩</td><td>每人负责4～5个城郊驻区业代，并管理2～3个助代</td></tr>
<tr><td>城郊驻区业代</td><td>负责专车车销作业</td><td>每个甲A或城郊片区配置1名或以上城郊驻区业代</td></tr>
<tr><td>城郊助代</td><td>负责城郊甲A区域有价值一阶店的服务</td><td>每人负责220点左右</td></tr>
<tr><td>城郊乙</td><td>城郊驻区业代</td><td>跟随综合车下乡服务</td><td>每个城郊乙片区配备1名城郊驻区业代</td></tr>
<tr><td rowspan="3">外埠
甲A/甲</td><td>外埠组长</td><td>执行，督导及协同辅导完成业绩</td><td>每人负责4～5个驻区业代或外埠业代，并管理2～3个士多助代</td></tr>
<tr><td>外埠驻区业代</td><td>负责专车车销作业</td><td>每个甲A或甲外埠片区配置1名或以上外埠驻区业代</td></tr>
<tr><td>外埠助代</td><td>负责外埠甲A区域有价值一阶店的服务</td><td>每人负责220点左右</td></tr>
<tr><td>外埠乙</td><td>外埠驻区业代</td><td>服务乙片区，跟随经销商综合车下乡服务</td><td>每个外埠乙片区配备1名外埠驻区业代</td></tr>
<tr><td>外埠丙</td><td>外埠业代</td><td>服务丙片区，帮助经销商建立通路</td><td>每4～6个丙片区配备1名外埠业代</td></tr>
<tr><td colspan="2">城郊外埠
助代辅导员</td><td>指导城郊助代和外埠助代的工作</td><td>每人负责4～5个城郊助代或外埠助代</td></tr>
</table>

说明：

① 表5-9是按照不同区域设置的工作岗位及人力配置原则。

② SD（Sales Director，即销售总监）是营业部门主管，SM（Sales Manager，即销售经理）是营业部门主管。

③ KSM（Key account sales manager，即重点客户销售经理）是直营部门主管，KAM（Key account manager，即重点客户经理）是直营处主管。

2. 外埠人力编制原则

外埠人力编制原则如表5－10所示。

表5－10　外埠人力编制原则

区域	岗位	频次	工作执掌	管理幅度
城郊/外埠甲A	组长	每月出差所辖区域1～2次	执行，督导及协同辅导完成业绩	每人负责4～5个业代，并管理2～3个助代
	驻区业代	6天乡镇	负责专车车销作业	每个甲A片区配置1名或以上驻区业代
	助代	一周一访	负责城郊甲A区域有价值一阶店的服务	每人负责180～220点左右
城郊/外埠甲	1对1驻区业代	“3＋3”或者“4＋2”	负责专车车销/二阶拜访/大MA	每个甲片区配置1名或以上驻区业代
	1对多驻区业代	“3＋3”＋“6＋0”“4＋2”＋“6＋0”	负责专车车销/二阶拜访/大MA	每个甲片区配置1名或以上驻区业代
城郊/外埠乙	外埠驻区业代	“3＋3”或者“4＋2”	服务乙片区，随经销商综合车下乡服务	每个外埠乙片区配备1名外埠驻区业代
外埠丙	外埠业代	每月出差所辖区域1～2次	服务丙片区，帮助经销商建立通路	每4～6个丙片区配备1名外埠业代或以就近的片区业务服务

说明：

① 表5－10是外埠区域所设置的工作岗位及人力配置原则。

② 外埠区域驻区业代与外埠业代以车销的形式对客户进行拜访。

③ 频次中“4＋2”代表该业代每周有4天时间拜访县城城区售点，有2天时间利用车销拜访乡镇客户。

5.3　组织架构布建

一个非常有效的通路操作系统要由一个稳定有效的团队来操作。在通路精耕操作过程中，有一个稳定有效的营业组织非常重要。

5.3.1 营业组织功能与架设原则

1. 通路精耕中营业系统组织架构设置原则

（1）组织架设应努力做到扁平，保障沟通管道顺畅。

（2）对营业组织进行定位（部门、部、处、所）时，主要的考虑指标是其管理幅度、辖区范围及创造的效益等。

（3）单纯业务操作的管理幅度以4~5人最佳。

（4）在符合条件的核心城区，根据通路类别设立组织。

（5）其他功能单位为辅助者，其组织架设需配合业务组织设计，如MS、物流与所营会。

（6）每个公司下设2~5个营业部门或营业部，每个营业部门下设2~3个营业处，每个营业处下设4~5个营业所，每个营业所下设3~6个营业组。

（7）以人员为基础定位组织的金字塔结构，营业组直接管理的业代4~7人，管理业代管理的助理业代4~6人。

2. 通路精耕中营业组织的功能

在通路精耕操作系统中，因区域与通路分布差异非常大，营业人员众多，各区域的通路规划及经营方式不同，其营业组织架构也不同，但是营业组织的功能基本相同。为使营业组织成为区域的经营者，务必做到以下几点：

- 以营业利润和区域的长远经营为导向。
- 立足品牌与市场占有率经营市场。
- 为获利和提升品牌开展促销活动。
- 协助各相关部门实现销售目标。
- 要求合理的人力。
- 注重人才培育与人力发展。
- 兼顾短期目标与长期目标。

落实到具体工作，其基本功能如下：

（1）规划。

① 年度预算。

② 年度策略规划。

③ 年度KPI指标计划。

④ 年度人力计划。

⑤ 年度组织规划。

⑥ 通路发展规划。

⑦ 季度促销计划。

⑧ 季度工作计划。

（2）教导。

① 所长业务能力。
② 所长管理能力。
③ 所长市场应对能力。
④ TM 规划方向。
⑤ 业务的操作技巧。
⑥ 业务主管教导能力。
⑦ 工具：业务培训手册、各种 SOP。
(3) 监督。
① 年度策略落实执行。
② 营业利润的达成。
③ 部、处销售目标的达成。
④ 部、处 KPI 指标的达成。
⑤ 促销规划的执行、落实。
⑥ 通路品牌的布建。
⑦ 品类品项发展均衡。
⑧ 业务作业规范。
(4) 执行。
① 定期产销协调。
② 与公司、物流公司配合密切。
③ 产品发展策略执行。
④ 通路开拓执行。
⑤ 区域竞品动态的应对。
⑥ 业务流程的精进。
⑦ 管理系统的加强。

5.3.2 营业部门幕僚系统简介

为充分发挥营销或营业部门的功能，完成公司的任务，营销或营业部门除了经营单位外，还要有通路企划组、训练组与查核组等幕僚单位的协助。

在营业幕僚单位中，通路企划组的任务是及时应对营业市场的竞争，强化通路促销费用管理，兼顾通路资源运用效益与品牌建设；营业训练组的任务是专注于提高业务执行能力与专业技巧，提升基层主管的管理能力；营业查核组的任务是对业务操作执行层面的问题进行查核，改进、完善业务作业方法，提升管理绩效。营业幕僚单位的组织架构与功能如图 5－5 所示。

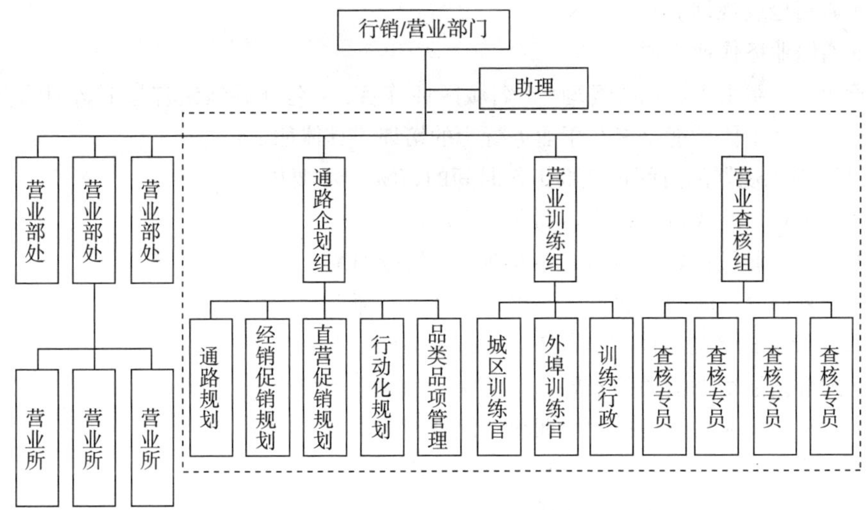

图5-5　营业部门的幕僚组织架构图

通路企划组由1名通路企划主管、1名通路规划专员、1名经销促销规划专员、1名直营促销规划专员、1名品类品项管理专员与1名生动化规划专员组成，其功能如下：

（1）促销规划。

- 传统通路分区域、产品、通路及促销力度规划。
- KA三个月品类、方式、价格及多选择促销原则规划。
- 各区特案促销审核与区域平衡。

（2）生动化规划。

- 生动化原则的规划与执行。
- 生动化工具的策划与发展。
- 生动化执行的查核。
- 正确的品牌，正确的位置。
- 正确的工具，正确的方式。

（3）品类品项管理。

- 九宫图品类发展规划。
- 品类发展均衡性。
- KA品类管理。
- 品类改善行动规划。
- 品项管理推动。

（4）通路规划。

- 关注通路的发展趋势。
- 区域规划，经销商布建，零售商开发。
- 精耕城市通路细分。

• 通路抢攻规划。
• 通路业务作业手册。

营业训练组由1名训练经理、1名城区训练官、1名外埠训练官与1名训练行政人员组成，其主要功能是专注于业务行为的培训，具体如下：

(1) 训练规划的时间占全部工作时间的20%，主要用于：

• 对组长、业代进行技能培训和通识培训。
• 助代、业代：新人培训、导入训练、技能训练。
• 规划内容：时间、地点、课程、学员、讲师。

(2) 训练执行的时间占全部工作时间的80%。

• 配合技能培训活动的开展。
• 对组长、业代进行技能培训和通识培训。
• 助代、业代：新人培训、导入训练、技能训练。
• 讲师担当部分课程的教学任务。

查核组由1名查核主管与几名查核专员组成，一般一个营业处需配置1名查核专员，但查核专员不属营业处主管管辖。查核组的主要功能是对日常管理或专题项目进行检核，重在改善日常工作，具体如下：

(1) 营业查核。

• 拟定查核计划，明确查核的时间与地点。
• 执行饮品事业群规划之查核专案。
• 根据查核规划执行：查核执行与结果反馈。
• 将查核结果通报给各营业所。
• 追踪查核改善状况。
• 分享查核工作经验。

(2) 辅导组长与管理业代。

针对营业组长：

• 市场查核技巧。
• 查核管控要点。
• 稽核问题预警。

针对管理业代：

• 市场查核技巧。
• 查核管控要点.

(3) 制度与标准作业的精进。

• 制度与标准作业宣导。
• 了解需改善、需精进的制度
• 提出完善制度的建议。

5.3.3 通路精耕中营业组织架构类型

通路精耕操作的最终目标是实现销售目标，而销售目标的实现有赖于营业所与营业人员的努力，幕僚单位只能发挥其协助作用。为使销售系统发挥效用，有必要建立合理有效的营业组织。下图是通路精耕操作中常见的营业组织架构图。

1. 特大型城市营销部门组织架构

此种组织架构主要用于特大型城市，比如，上海、北京就是采用这种组织架构。

北京、上海是核心城市，市场潜力巨大（以饮料行业为例，饮料年销售额可达9亿元），设置此类营业组织架构，可以保障该区域市场操作的自主权。

这类组织架构由企划部、直营部、2个经销营业处及通路企划组、训练组、查核组、物流科、营会科等其他配套单位组成。

营销部门一般由9～15个营业所组成，有独立运作的企划部，也有级别较高的后勤单位，具体如图5－6所示。

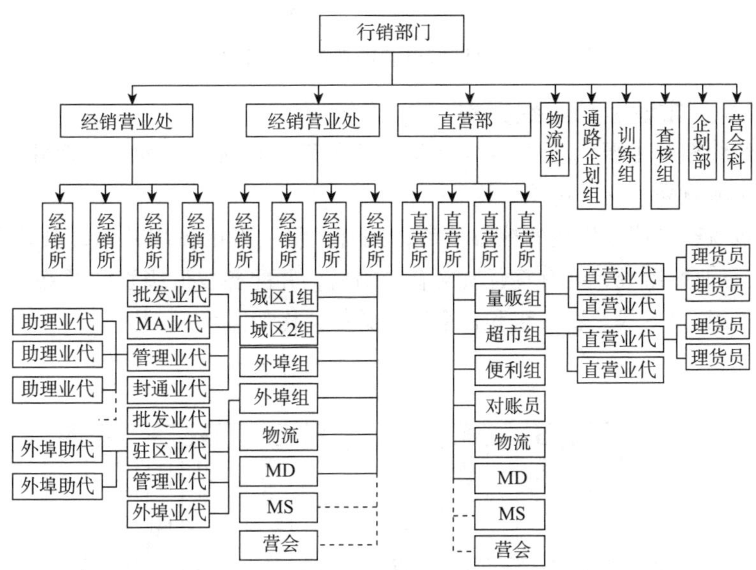

图5－6 特大型城市营销部门的组织架构图

2. 大型城市营业部门组织架构

此类组织架构主要用于大型城市及经济较发达地区，比如，经济较发达的浙江省、江苏省等区域就采用这种组织架构。

该区域的饮料市场潜力巨大，既有经济发达的核心城市，又有经济一般的外埠片区，其营业部门由8～9个营业所组成，既有直营所，又有经销所，并配备通路企划组、训练组、查核组、物流科、营会组与一个MS处，具体架构如图5－7所示。

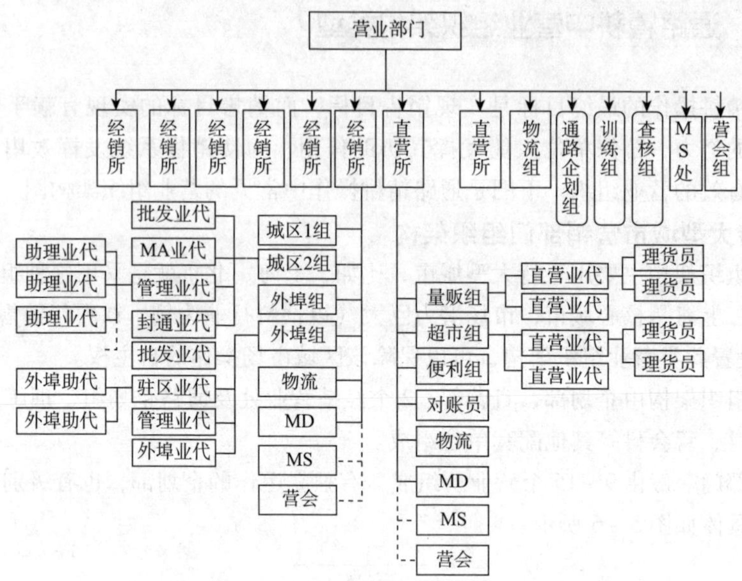

图 5－7　大型城市营销部门的组织架构图

3. 中型城市营业部组织架构

此种组织架构主要用于中型城市及经济欠发达地区，比如，广西壮族自治区、云南省等区域就采用这种组织架构。

该区域既有经济较发达的核心城市，又有经济一般的外埠片区，其营业部一般由 4～6 个营业所组成，既有直营所又有经销所，并配备较低级别的通路企划组、训练组、查核组、MS 科、物流组和营会组，具体架构如图 5－8 所示。

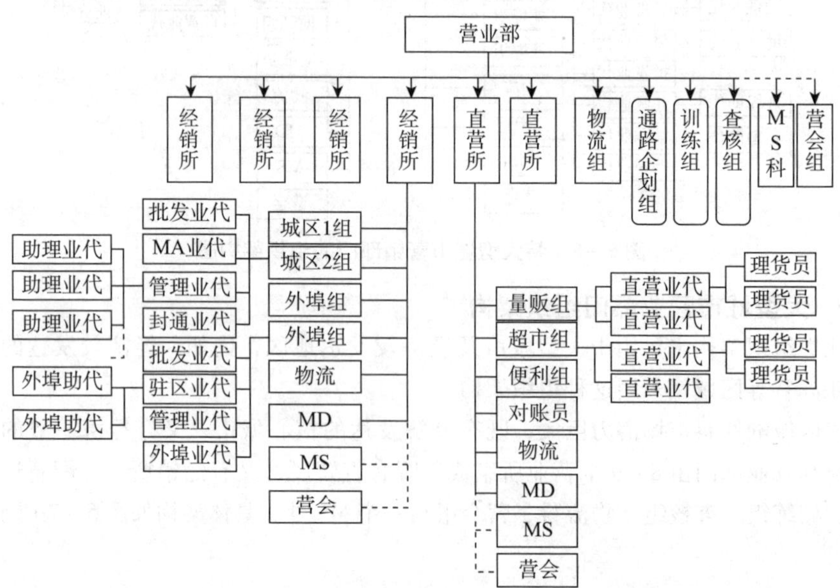

图 5－8　中型城市营销部门的组织架构图

4. 营业部门+直营部组织架构

此种组织架构主要用于产品销量非常大的地区。以饮料行业为例，华南地区的广东市场就采用这种组织架构。广东区域可划分为2个经销营业部门与1个直营部。对广州、深圳、东莞、中山、珠海、佛山等珠三角核心城区的现代通路进行直营，其他客户与区域分成2个营业部门经营。

营业部门由8~12个经销营业所组成，分成3个经销营业处，并配备通路企划组、训练组、查核组及MS处、物流科、营会组等单位，具体架构如图5-9所示。

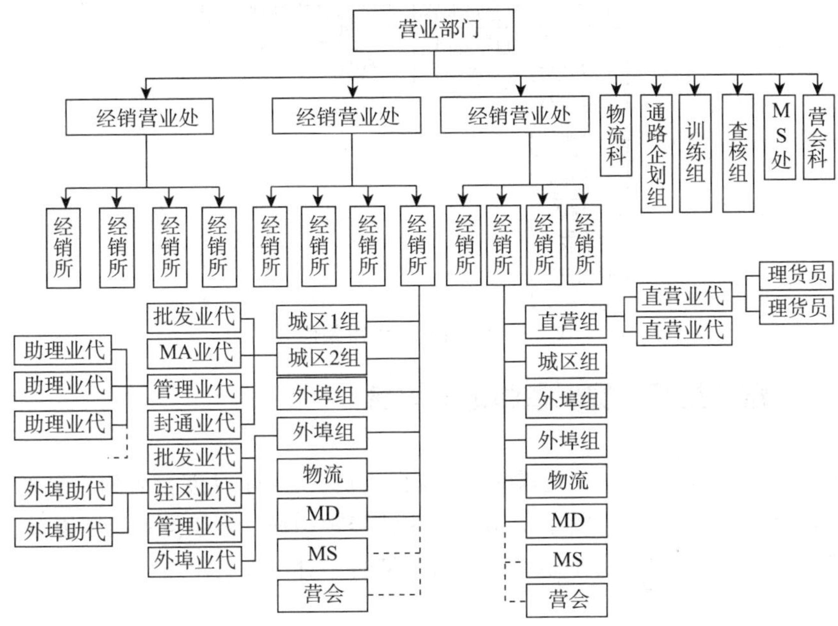

图5-9 产品销量较大地区的组织架构图

直营部由4~6个直营营业所组成，并配备级别较低的通路企划组、训练组、查核组及MS科、物流组、营会组等单位，具体架构如图5-10所示。

在上述组织架构中，营业所组织架构基本相同。经销所一般由城区组与外埠组组成，少数营业所还包括直营组。除营业组之外，营业所还配备所MD、所MS、物流与营会人员。城区组一般由管理业代、MA业代、批发业代、封闭通路业代与助理业代组成。外埠组除了管理业代、MA业代、批发业代、封闭通路业代与助理业代之外，还由外埠业代、驻区业代、外埠助代及车销助代负责外埠乡镇市场。经销所中的直营组一般由KA业代与封闭通路业代组成。

如果按通路划分营业组，那么直营所可分为量贩组、超市组、便利组与封闭通路组，并配备所MD、所MS、物流、营会与对账员。直营组一般由直营业代与直营助代组成，直营助代由直营业代管辖，部分直营业代或直营助代还管理一定数量的理货员。

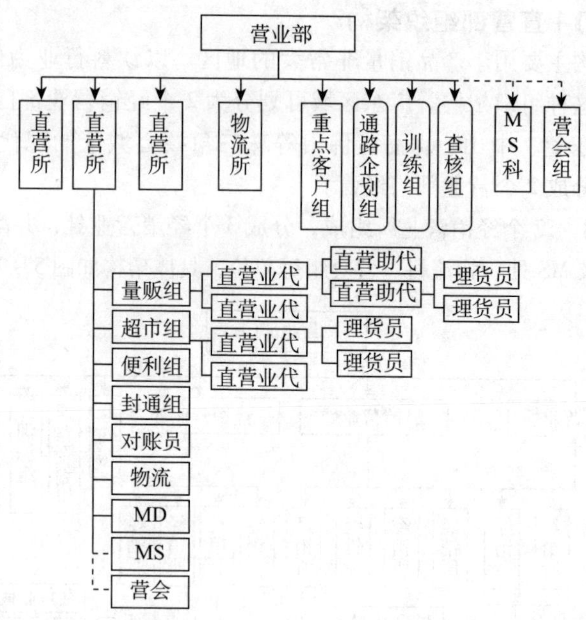

图5-10 直营部组织架构图

5.3.4 营业组织人员配备原则与职责

各类营业组织的各个岗位均需配备相应的人员，各岗位人员配置的原则如下。

（1）营业部门（部）主管：一般由协理或经理担任，该职位等同于销售总监或大区销售经理，其工作职责是制订辖区营业策略，对相关工作进行督导，确保销售目标的顺利完成。

（2）直营部主管：一般由协理或经理担任，该职位等同于销售总监或城市销售总监，其工作职责是制订现代型通路营业策略，对相关工作进行督导，确保销售目标的顺利完成。

（3）营业处主管：一般由营业处长担任，该职位等同于大区销售经理，其工作职责是制订辖区营业策略，对相关工作进行督导，确保销售目标的顺利完成。

（4）营业所主管：也称为营业所所长，该职位同等于销售经理，其工作职责是规划并执行营业策略，确保完成业绩，一般管辖3~8个营业组。

（5）营业组主管：也称为营业组组长，该职位等同于销售经理，其工作职责是执行、督导及协同辅导，确保完成业绩，一般管辖4~7名业代。

（6）管理业代：该职位等同于销售主任，一般一个营业组有1~2名管理业代，每名管理业代管理4~7名助理业代，主要工作是督导、管理助理业代，协助其提高销售业绩。

（7）批发业代：一般一个营业组有1~2名批发业代，其主要工作是负责拜访批市批发客户和单点批发客户，每位批发业代负责120个客户或两个以上批发市场。

（8）直营业代：负责拜访KA点客户，每人负责15～20个KA单店或2个以上连锁系统。

（9）MA业代：负责拜访MA点客户，每人负责60～80个MA店。

（10）直营助代：负责拜访直营客户中的部分封闭通路客户，如加油站、小型连锁便利店。

（11）理货员：协助责任区内的重要客户、封闭通路做陈列、POP粘贴、竞品动态与直营业代的转单报告，一般分为驻店理货员和巡场理货员。

（12）封闭通路业代：负责拜访城区的封闭通路，如学校、网吧、交通航站，每位封闭通路业代负责60～80个封闭通路客户。

（13）助理业代：负责拜访城区士多店，每位助理业代负责拜访200点左右的零售点。

（14）驻区业代：负责管理车铺助代和县城助代，每个甲A片区配置1名驻区业代。

（15）外埠业代：为外埠乙、丙片区提供服务，每位外埠业代服务4～6个片区，帮助经销商建立通路。

（16）外埠助代：拜访外埠甲A区域有价值的一阶店，每人负责220点左右的零售点拜访。

（17）车铺助代：不属于制造商人员，由经销商招募，负责车铺工作，论件计酬，与一般业代不同，广义上指利用车销工作的人员。

（18）MD：Merchandising Development，即生动化拓展专员，负责营业所内品牌生动化推广与产品陈列。

（19）MS：Marketing Service，简称营销服务人员，隶属于企划部，负责市场推广工作。每个营业所配备1～2名MS人员。

（20）所物流：隶属于营业部，是负责营业单位出货作业的后勤人员。

（21）所营会：隶属于制造商财务部，是处理相关的日常财务报支、财产管理等后勤人员。

（22）对账员：隶属于直营营业所，负责直营客户订单与出货追踪等行政工作。

（23）所内勤：隶属于各营业所，负责营业所日常的行政工作。

第 6 章

CRC 建立

6.1 CRC的概念与作用

6.1.1 CRC的概念

（1）CRC：客户资料记录卡（Customer Record Card，简称CRC）。

（2）客户卡：为更好地服务客户，由业务人员建立的，反映客户拜访、客户销售等情况的资料。对销售人员来说，CRC如同战场上士兵手中的枪，至关重要。

（3）建立、使用CRC的目的。

① CRC是客户销售管理体系的一部分。

② CRC是业务人员拜访客户的必备工具，也是业务人员管理客户的工具。

③ CRC是管理者管理业务人员的工具。

④ CRC是公司通路精耕的精华。

⑤ CRC包括卡册封面、产品目录（名册）、地略图、客户业种别一览表、客户名册卡及客户销售记录卡六部分，下面将对这六部分做详细说明。

6.1.2 CRC的作用

1. 对业务员的好处

（1）了解客户基本信息，如店名、地址、老板或负责人姓名、电话。业务员在未拜访客户时大致了解客户的基本情况，便于在拜访客户时表现得更自信，也容易获得客户的信任。

（2）掌握每个客户的适销品项（品项是指售点最小的售卖单位，品类是由多个品项组成的具有某种相同属性的产品）。

（3）通过CRC，了解客户销售与库存状况，增加订单。同时，便于推广新产品。

（4）有利于解决每位客户的疑难问题，如对临期品、呆滞品、报废品（变质、变形的产品、空瓶、无包装瓶标等）的处理，从而更好地服务客户。

（5）增加客情，节约时间，以便有更多时间做基础动作（如新产品推广、产品陈列、海报张贴）。

（6）使用CRC有利于系统地掌握市场的情况，了解销售旺点的分布，确定并跟进销量大的客户。此外，还可以了解竞品的销售情况及促销动作。

（7）根据CRC，与客户商谈通路促销（如堆箱、端架、陈列）及消费者促销活动（如买赠、礼品换购、抽奖）。

（8）合理规划路线，加强对日常作业的管理。

2. 对客户的好处

(1) 客户老板通过 CRC 就可知道自己的销售状况，如上周进了 9 箱货用了多少钱，卖了 8 件产品赚了多少钱。过去，通路精耕使用的是纸质 CRC。如今，广州名道营销顾问已经帮助客户的业务团队实现在智能手机上操作 CRC 了。

(2) 客户信任业务员，如果业务人员通过 CRC 记录，告诉客户其每周的产品销售量，而且给予客户专业的销售建议，那么客户以后就会接受业务人员建议的销售量，新产品也就很容易推广。

(3) 客户对本公司的服务很满意，忠诚度增加。

3. 对主管的好处

(1) 了解业务人员对所辖区域拜访、服务状况，如区域客户、拜访路线。

(2) 了解业务区域口味铺市率（铺市率表）。

(3) 把握新品上市推广的进度。

(4) 了解所属区域的市场动态（竞品、本品）。

(5) 业务延续性（有了 CRC，人们只要掌握基本的产品知识，了解业务的基本动作，就可以完成目标）。

4. 对公司的好处

(1) 便于管理客户的各种资料，建立客户档案。

(2) 减少销售损失。

(3) 便于统计与分析，获得营销资讯。

(4) 协助主管做好目标管理和计划管理。

6.1.3 CRC 的内容

CRC 主要由 6 部分组成，分别是 CRC 卡册封面、产品目录、地略图、客户业种别一览表、客户名册卡及客户销售记录卡，下面将详细介绍这六个组成部分。

1. CRC 卡册封面

(1) 客户卡夹制作标准。

① 外型

三孔夹，颜色参见附件一《客户卡示意图》。

② 尺寸

长 35cm，宽 25cm，厚 3.5cm。

③ 封面印刷

a. 封面上半部印上集团标志及公司标志字样。

b. 封面印刷图案与字体需符合 CIS 统一规定的标准。

④ 侧脊

a. 外侧上部张贴星期别贴纸。

b. 外侧下部张贴路号别贴纸。

（2）客户卡示意图。

① 客户卡正面示意图，如图 6－1、图 6－2 所示。

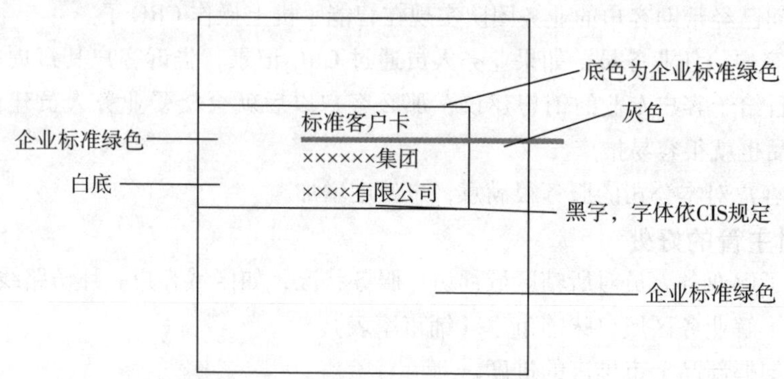

图 6－1　客户卡正面示意图一

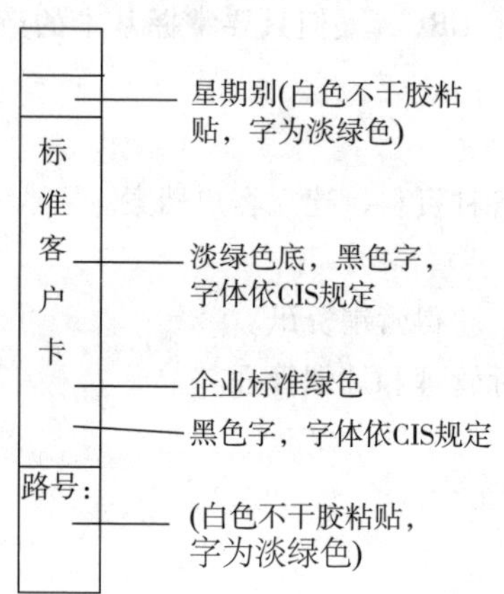

图 6－2　客户卡正面示意图二

2. 产品目录

（1）产品目录采用最新版本，避免与产品的规格、包装不符等问题带来的困扰。

（2）产品目录干净、整洁，不能缺页，以免为客户介绍产品时品项不全，产品目录也代表了公司的形象。

（3）产品目录最好配上产品图片或相片，附上包装材料、规格与箱容，使客户很容易记住产品。

3. 地略图

（1）地略图是标明客户位置、拜访路线的地形图。

（2）通过地略图可以了解辖区的路线安排和区域情况，一张完整的地略图会助你取得事半功倍的效果（节约时间、了解地域方向、避免漏点与重复拜访）。

（3）对拜访线路上所有销售本公司同类产品的客户进行拜访。

4. 客户名册卡

（1）客户名册卡犹如一本书的目录，记录每家客户的位置，便于查找（客户编号与客户销售记录卡编号一致）。

（2）路线编号应与 CRC 封面路号一致，便于记忆与管理，星期与路号也要一致。

（3）详细填写每一空格，空白处可填写资产名如冰箱型号、品牌、资产号。

（4）客户名册卡如图 6－3 所示。

客户名册卡

所别			路号		
序号	客户编号	客户名称	业种	访周次	客户分级
1	1	家家爱购物	18	2	B
2					
3					
4					
5					
6					
7					
8					
9					
10					
11					

图 6－3　客户名册卡

（注意：如果拜访路线上增加了新的网点，那么客户的编号是否就要改变？如何插进其中一行呢？如果不插在相应的位置，就要写到纸的背后，这样阅读起来很不方便，而且如果新增了两三家客户，或者商店的店名发生改变，这样做相当于又抄写一遍。在实际操作中，如果在第 4 个客户与第 5 个客户之间增加一家新客户，那么该客户编号写在本条路线最后一家后面，编号为 4－1，在《地略图》上标出该店位置，后期修订《客户名册卡》时再重新编号。）

5. 客户业种别一览表

（1）客户业种别一览表可以帮助业务人员了解辖区客户的类型及每月客户数量增减情况。

（2）每月按通路别正确填写《客户业种别一览表》。

（3）《客户业种别一览表》的具体格式如图 6－4 所示。

客户业种别一览表

所别：__________

路线：__________

类别	代号	名称	月份												合计
一般通路	11		1	2	3	4	5	6	7	8	9	10	11	12	
	12														
	13														
	14														
	15														
	16														
餐饮通路	21														
	22														
	23														
封闭通路	31														
	32														
	33														
	34														
	35														
	36														

图6－4　客户业种别一览表

6. 销售客户记录卡

（1）客户名称、地址、电话及联系人姓名是主要的客户资料。

（2）拜访频率要分级别填写清楚。

（3）业种别（如11是商场，16是面包店）、拜访频率（如一周两访、一周一访或两周一访）、分级别（A级、B级）。

（4）拜访日（日期、时间要填写清楚，据此可以掌握拜访每个客户所用的时间）、记录存货及建议销售。

（5）销售记录卡的每一项均要填写清楚，填写完整，方便对客户进行管理。

（6）《销售客户记录卡》的具体格式如图6－5所示。

7. 备注

（1）每本客户卡皆应预留5～8张空白卡，以备新开客户时使用。

（2）业代及助理业代根据星期别规划拜访路线，建立客户卡夹。

（3）业代及助理业代每日拜访客户时携带客户卡，根据计划路线拜访客户。拜访客户期间，根据实际情况填写客户卡。

（4）业代及助理业代定期整理客户卡内客户名册卡，及时开户、销户。

（5）主管不定期抽查客户卡，检查客户卡的内容。

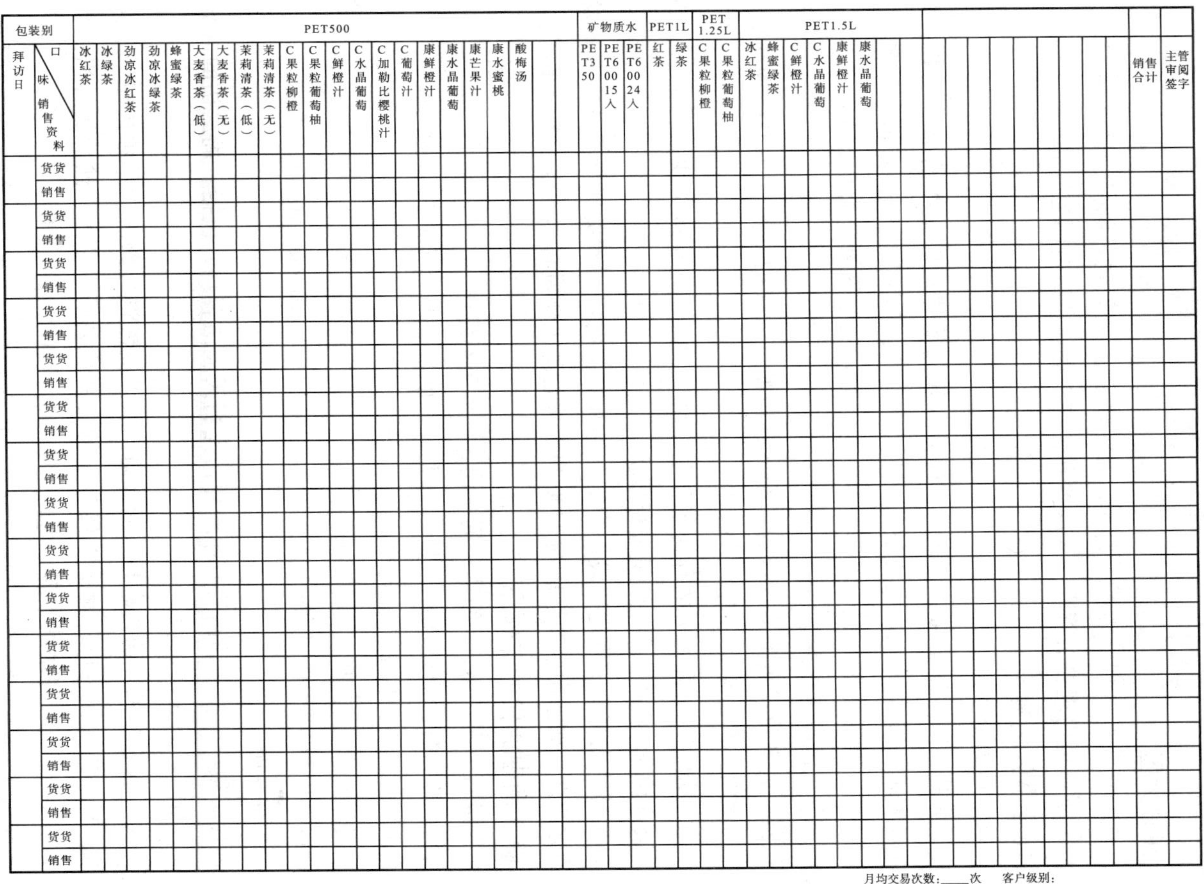

包装别		PET500																						矿物质水			PET1L		PET 1.25L		PET1.5L																	
拜访日	口味/销售资料	冰红茶	冰绿茶	劲凉冰红茶	劲凉冰绿茶	蜂蜜绿茶	大麦香茶（低）	大麦香茶（无）	茉莉清茶（低）	茉莉清茶（无）	C果粒柳橙	C果粒葡萄柚	C鲜橙汁	C水晶葡萄	C加勒比樱桃汁	C葡萄汁	康鲜橙汁	康水晶葡萄	康芒果汁	康水蜜桃	酸梅汤			PET350	PET600 15入	PET600 24入	红茶	绿茶	C果粒柳橙	C果粒葡萄柚	冰红茶	蜂蜜绿茶	C鲜橙汁	C水晶葡萄	康鲜橙汁	康水晶葡萄												销售合计	主管审阅签字
	货货																																																
	销售																																																
	货货																																																
	销售																																																
	货货																																																
	销售																																																
	货货																																																
	销售																																																
	货货																																																
	销售																																																
	货货																																																
	销售																																																
	货货																																																
	销售																																																
	货货																																																
	销售																																																
	货货																																																
	销售																																																
	货货																																																
	销售																																																
	货货																																																
	销售																																																
	货货																																																
	销售																																																
	货货																																																
	销售																																																
	货货																																																
	销售																																																

月均交易次数：____次 客户级别：

月均交易量 ____箱 核定下期级别：

图6-5 销售客户记录卡

6.2 CRC的建立办法

1. 划分大区

（1）先将精耕城区划分为若干大区，大区数量应与精耕城区业代人数相等。

（2）为了避免出现多头管理，大区的划分应以业代负责范围为界。

2. 划分小区后建卡

（1）盘点后划分小区。

业代首先从大区内划出一块小区，了解其区域内零售店的基本情况。如果不了解区域内零售店的基本情况，就要进行客户盘点，明确零售店的分布情况和数量，以及A、B、C各等级零售店的分布情况和数量，然后将小区划分为6小块。

（2）划分小区应考虑的事项。

① 以某一助理业代负责的区域为一小区，遵循以助代的工作量（300～500点）划分小区的原则，将大区划分为若干小区。

② 合理、均等地分配每天的拜访工作量，每天对6小块中的1块进行拜访，即按公司每天拜访50家的标准工作量进行拜访。

③ 以大马路或容易辨别之路段作为划分边界，同时考虑到助代行程及士多批发商配送的方便性。如宝山区零售店约2300户，按合理工作量将其划分为5个小区。

3. 确认助理业代的工作量

（1）A级店一周二访，B级店一周一访，C级店不拜访。

之所以确定这样的拜访频率，是因为大客户的资金与仓库有限，回转快，每周下2次单才不会缺货，如步行街的客户。

（2）每人每天拜访40～50家客户。

（3）以四周为一循环，则每人四周应访（40～50）×6×4＝960～1200次

（4）注意事项：

① 助代必须严格按拜访路线有序地拜访完当天应访客户，包括一周二访的（如星期一与星期四）的A级客户。

② 因为A级客户的拜访频率是一周2访，所以应该将A级客户单独放在一个夹子里，如果要拜访A级客户，就将A级客户的资料从夹子里拿出，然后放进当天将要拜访客户的夹子里。拜访结束后，再将之单独放进A级客户夹里。

③ 各区域A、B、C级客户总体上按一定比例划分，可根据区域实际情况稍作调整。

此比例需根据企业自身实力确定，实力强则C级点少些，实力弱则C级点多些。一般根据二八法则确定该比例，比如，以20%、40%的比例进行划分。

④ 业代、助代每天拜访客户时必须带CRC，并在作业中如实填写资料，回所后，

再将客户资料归档。

4. 确认每天的行程路线

（1）行程安排应遵循就近原则，具体方法有：

①“之”字形。“之”字形适合道路较小的街道，街道中间没有隔离带。

② 右手原则。右手原则适用于大马路或路中间有隔离带的路，按右手原则安排拜访线路，有利于经销商送货，节约时间。

（2）避免跳点。建卡的客户，均应逐一拜访，不允许跳点拜访。

5. 准确地画地略图，地略图要与实际地图、街道一致

（1）粗略标出营业所及转单二、三阶客户的位置。

（2）一阶士多根据区域规划，手绘6张星期别拜访区域地略图，注明主要街区的名称和现有客户具体位置。

（3）商场、封闭通路、批发通路之地略图用地图扩印版制作（6张），在地略图上标出公车的路线。

（4）在线路图上，用红色笔标出销售本公司产品的客户，用蓝色笔标出销售统一的客户，用绿色笔标出同时销售这两种产品的客户，可以根据各公司的要求调整标示方法。

6. 正确填写客户名册卡

填写客户名册卡的注意事项：

（1）序号（01、02、03……）代表每本客户卡的实际卡数（应与地略图上的客户标号一致）。

（2）每个客户有一个客户编号（001、002、003……300），这个编号与销售记录卡上的“客户编号”保持一致。

（3）路线未确定时，序号栏、编号栏用铅笔填写，方便月底盘点时涂改。

（4）至于新开的点，如30与31之间出现两个新客户，在月底盘点修订之前，可在名册卡的最后以30－1、30－2补充填列。

（5）本页上的名册卡不可能填写完整，因为客户分级填写不完整。

7. 客户业种别一览表的填写

（1）每月最后一天例行盘点并修正，如实反映当月各业种别的客户数，客户数如有变动，需及时告知相关主管。

（2）本页客户数应与地略图上的客户数、客户名册卡上的客户数及销售记录卡上的客户数一致，如果不一致，应及时予以更正。

8. 填写客户销售记录卡

（1）地略图、客户名册卡与客户销售记录卡的编号一致。

（2）商店地址、电话、客户等级必须填写完整、详细。

（3）库存及订货栏必须及时、准确地填写（在客户处填写）。

① 库存＝仓库库存＋货架上的库存（冰箱内的产品一般不计为库存）。

② 因仓库位置离店面位置较远而无法准确地得到库存数，这时应向店主询问，估算出库存量。

③ 记录格式应符合公司的标准。

（4）抬头各项栏目需准确填写，空白不等于无。

（5）按存、销、进的顺序，根据实际状况填写（商场、封闭通路等需精细掌握之通路更应做到依次推导、准确记录）。

（6）每周1访、每周2访、每周3访、两周1访、三周1访的“访周次”分别填为1、2、3、1/2、1/3。

（7）电话进货、自行进货部分要尽可能地补记在卡上，让业务人员将数据先记录在一个临时记录卡上，待他们回到办公室后，再将数据记录在CRC卡上。

（8）库存请以16方式记录（表示1箱6瓶/包，即在6下面画一横线，代表1箱6瓶）。

（9）进货合计处请直接累加（不必换算入数），库存或销售合计单支部分请以15入标准箱，进行粗略折算。

（10）拜访日栏完整准确地填写拜访该客户的时间（如4/89：52）。

（11）有投入店招、休闲桌椅等企划资源的，请在抬头上注明（有上述资产的客户，不但要在客户名册卡备注栏填写其资产，而且要在记录卡右上角注明）。

（12）如果有投放冰箱的请附上《客户冰箱记录卡》。

（13）每本客户卡皆应预留5~8张空白卡，以备新开客户时使用。

（14）拜访客户时，如果这家客户没开门，那么拜访人员应该在拜访完当日所有客户后，回头再拜访这家客户。如果该客户还是没有开门，那么就在次日不影响拜访工作的情况下再次拜访该客户，或者电话联系客户。

（15）如果店铺有冰箱，那么就增加一张《客户冰箱记录卡》，按冰箱实际陈列情况填写。

9. 如何变更资料

（1）减少零售点。

在具体操作过程中，如零售点关闭，可作如下处理：

① 在地略图上相应的编号上用红笔打X。

② 用红笔将客户名册卡上该客户资料划掉。

③ 将该客户的销售记录卡取出。

（2）增加新点。

在具体操作过程中，增加新点时，可作如下处理：

① 在当天的拜访计划卡后面补充新客户的资料，如果在客户3和客户4之间增加新点，则为其编号3-1。

当关闭与增加的零售店达到一定数目时，需重新整理资料，这一点前文已有所说明。如果在“3”和“3-1”之间又增加了新客户，那么该客户的编号就是

3-1-1。

② 在地略图的相应位置标上新客户的编号。

③ 补充客户销售记录卡，并将新客户的销售记录卡放在客户3与客户4之间。

④ 当关闭与增加的零售店达到一定数目时，需重新整理资料，重画地略图，重新对客户名册卡及零售店进行编号。如果增加或者关闭的零售点达5~9家，那么就可考虑替换资料卡。一般每三个月左右更换一次资料卡，更换资料卡时，要重新为零售店编号。

6.3 CRC的运用

CRC是日常管理客户的有效工具，下面主要介绍在日常操作中如何运用CRC。

1. 设置安全库存量，避免缺货

（1）安全库存

安全库存量=（上周拜访时库存+上周订货量-本周拜访时库存）×安全系数，淡季安全系数为1.5，旺季安全系数为2，可根据当地实际状况适当调整安全系数，安全系数1.5、安全系数2都只是一个经验值。

（2）安全库存设置应细到客户销售的单个品项。

（3）设置安全库存的目的是防止客户缺货现象的发生，客户缺货时，产品销量会受到影响，冰箱、货架等也会被竞品抢占。

（4）如果拜访客户时，客户的产品库存低于安全库存量，就应该建议客户订货。

建议订货量=安全库存量-拜访时的实际库存量

产品不足整箱时，建议整箱订货。如果客户实在不能整箱进货，则可组合箱配送。

2. 了解新品的回转状况

（1）销售新品时，记录准确的进货量，每次拜访客户时，记录客户的产品库存，进货减库存就可得出新品的回转量。

（2）至于销量不好的新品，要分析它的排面数、货架位置及是否适合该店销售等因素。

（3）将销量不好的新品整合成回转报告，申请相应的促销资源或将其转移到其他店进行销售。

3. 设定品项管理

（1）根据公司要求的售卖品项，可在销售记录卡上标注应售品项目标，目标设定后，每次拜访前的准备工作就由应售品项目标确定。

（2）从办公室出发之前，业务人员应确定当天的品项铺货目标，根据目标准备样品、POP、围裙、插卡、陈列架等物品。

（3）进店之前，业务人员要根据品项铺货目标准备话术（相关产品知识、产品利润分析、促销、赠品等）。

（4）通过以上方式对客户进行品项管理，达成品项销售目标。

4. 制定铺货率目标

（1）业务根据CRC对各品项的铺货率进行汇总，单独对新品的口味进行汇总。根据汇总的铺货率，设定下周铺货率目标。目标是量化的，明确要求每天铺货点数。

（2）根据客户型态分别设定铺货率标准，具体参照公司要求。

（3）提升铺货率是业务人员的重要职责，业务的考核应和铺货率目标的达成状况相结合，每天进行铺货率追踪，每月进行一次铺货率统计，再与月初设定的目标进行对比。

5. 扩大货架陈列空间

（1）每次拜访客户时，业务人员应记录陈列位、货架占比、陈列架等情况。

（2）根据我品的SKU数、销额占比，我品排面所占比例应不低于相应比例。

（3）每次拜访时，业务人员应设定货架陈列要达到的目标，并做货架陈列改善动作。

（4）货架陈列不佳、目标达不到的店，要分析其原因并做相关的记录，回公司后与主管沟通，提出改善方案，争取陈列资源上的支持。

（5）有了一套真实、完整的CRC，使用者就可以根据其中的数据做出自己需要的报表，如：

① 铺货率报表，按区域、按品项、按业代别等制作。

② 客户销量报表，按客户型态、区域别等制作。

③ 回转状况表，按品项、竞品等别制作。

④ 赠品统计表。

⑤ 统计要重点维护的客户。

⑥ 营销月会辅助报表。

⑦ 为直营账款、客户欠款、问题账款提供依据。

只有规划出合理的路线，建立CRC，助理业代与业代才可根据CRC进行客户拜访，每天一本，一周循环一次，达到建立良好客情、提升效率的目的。

关于客户配送，下面章节应该会提到。助理业代订单由士多批发商配送，批发由经销商配送，商场由MA配送商配送。

6.4　直营客户 CRC 内容

1. 直营客户 CRC 内容目录

表6－1　直营客户 CRC 内容目录表

编号	表单名称
1	客户基本资料
2	产品目录
3	产品条码及价格汇总表
4	直营地略图
5	周拜访线路
6	门店资源投入一览表
7	客户别销售明细
8	直营业代店面管理表

（1）客户基本资料如表6－2所示。

（2）产品目录（略）。

（3）产品条码与报价单（略）。

（4）地略图（如图6－6所示）。

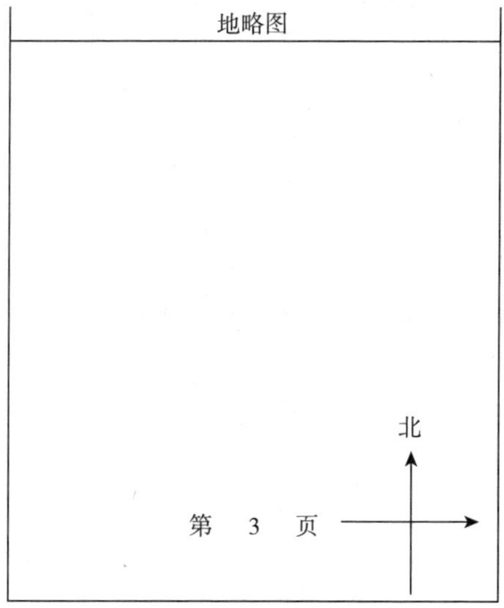

图6－6　地略图

表 6－2　客户基本资料表

<table>
<tr><td>客户名称</td><td>华润万家</td><td>客户型态</td><td colspan="2">量贩</td><td>办公地址</td><td></td><td>办公电话</td><td>*******</td><td>客户代码</td><td colspan="2"></td></tr>
<tr><td>门店数</td><td>16 家</td><td>总仓地址</td><td colspan="2"></td><td>发票投寄地址</td><td></td><td>传真</td><td>*******</td><td>厂编（供应商编码）</td><td colspan="2"></td></tr>
<tr><td>开户时间</td><td></td><td>开户行</td><td colspan="2"></td><td>账号</td><td></td><td>税号</td><td></td><td>网址</td><td colspan="2">对账网址：/订单网址：*******</td></tr>
<tr><td>账期</td><td>月结 ** 天</td><td colspan="2">信限 ** 万</td><td>店庆日</td><td></td><td>递票日</td><td colspan="2">每月 ** 日前</td><td>结款日</td><td colspan="2">每月 ** 日上报告，** 日回款</td></tr>
<tr><td rowspan="5">主要联络人</td><td colspan="5" rowspan="5">1. 姓名：王小斌；岗位：采购部；职位：采购助理；电话：13319293622；分机：4258
2. 姓名：赵磊；岗位：采购部；职位：经理；电话；分机；
3. 姓名；严红瑞；岗位；采购部；职位；处长；电话：分机；
4. 姓名：小青；岗位：财务部；职位：收票；电话：分机；
5. 姓名徐经理；岗位：企划部；职位：经理；电话：分机；</td><td>供货期</td><td></td><td>下订单时间</td><td>前七后八</td><td>订单有效期</td><td>一周</td></tr>
<tr><td>发票开立要求</td><td colspan="5">1. 一张发票可对多张订单；一张发票可对一张订单；一张订单可对多张发票，以上三条任意选择。
2. 发票张数无限制。
3. 发票未税差异不能超过正负 100 元。
4. 发票备注栏需注明厂编/部门号/客户验收单号。
5. 税票及销货清单一定要加盖发票专用单</td></tr>
<tr><td>发票投递要求</td><td colspan="5">网上对账，每月工资 3 日以前投票，税票要求载边，不得折又叠，隔月发票不收</td></tr>
<tr><td>费用发票如何取得</td><td colspan="5">回款一周后找账单部取得，要求以税票签收单原件作为依据（税票签收单为华润系统制式并华润盖单）</td></tr>
<tr><td>不良品处理方法</td><td colspan="5">在每个门店自行更换</td></tr>
<tr><td rowspan="2">客户成长资料</td><td>店数</td><td colspan="4">2006 年；2007 年；2008 年；2009 年预计</td><td>员工数</td><td colspan="5">2006 年；2007 年；2008 年；2009 年预计</td></tr>
<tr><td>客户年总销售</td><td colspan="4">2006 年；2007 年；2008 年；2009 年预计</td><td>康师傅饮品年销售</td><td colspan="3">2006 年；2007 年；2008 年；2009 年预计</td><td>月均销售额</td><td></td></tr>
<tr><td colspan="7">促销类</td><td colspan="5">新品</td></tr>
<tr><td colspan="2">销售档期</td><td colspan="5">费用标准</td><td rowspan="2">报议费用（*元/SKU）</td><td>报议方法</td><td>报议资料</td><td rowspan="2">时间</td><td rowspan="2">首批订单量</td></tr>
<tr><td>天数</td><td>开始时间</td><td>DM 费用（*元/档）</td><td>堆箱（*元/档）</td><td>TG（*元/档）</td><td>堆箱（*元/档）</td><td>堆箱（*元/档）</td><td>携带样品</td><td>营业执照/质检报告/味检报告/产品报议单</td></tr>
</table>

续表

*天/*天两种		销售的0.5%	**元（1*1M）	**元/档1个			**元/SKU	*	*	采购内部签核：第*日生效	**箱
人员费用											
	培训费	工本费	办证费	进场协议书	公司介绍信	健康证原/复	身份证原/复	1寸照片*张	促销员上岗证	要求本市户口	押金/元
理货员	300元（公司出）			*	不要	*	*		训言颁发上岗证	不要求	无
促销员											
年约内容											
销售返点		店庆费									
方式	金额	方式	金额								
月返		元旦/春节/端午/中秋/国庆每年5档									
分店信息	1. **店：　客户代码：　厂编：　店长：　2. **店：　客户代码：　厂编：　店长：　3. **店：　客户代码：　厂编：　店长：										

（5）直营业代周拜访路线如表6－3所示。

表6－3　直营业代周拜访路线

<table>
<tr><td>所别</td><td colspan="6">西安直营所</td><td colspan="2">业代</td><td colspan="3"></td></tr>
<tr><td rowspan="2">序号</td><td rowspan="2">客户名称</td><td rowspan="2">客户型态</td><td rowspan="2">客户分级</td><td colspan="6">拜访时间</td><td rowspan="2">理货员</td><td rowspan="2">理货电话</td></tr>
<tr><td>星期一</td><td>星期二</td><td>星期三</td><td>星期四</td><td>星期五</td><td>星期六</td></tr>
<tr><td>1</td><td></td><td></td><td></td><td></td><td></td><td></td><td></td><td></td><td></td><td></td><td></td></tr>
<tr><td>2</td><td></td><td></td><td></td><td></td><td></td><td></td><td></td><td></td><td></td><td></td><td></td></tr>
<tr><td>3</td><td></td><td></td><td></td><td></td><td></td><td></td><td></td><td></td><td></td><td></td><td></td></tr>
<tr><td>4</td><td></td><td></td><td></td><td></td><td></td><td></td><td></td><td></td><td></td><td></td><td></td></tr>
<tr><td>5</td><td></td><td></td><td></td><td></td><td></td><td></td><td></td><td></td><td></td><td></td><td></td></tr>
<tr><td>6</td><td></td><td></td><td></td><td></td><td></td><td></td><td></td><td></td><td></td><td></td><td></td></tr>
<tr><td>7</td><td></td><td></td><td></td><td></td><td></td><td></td><td></td><td></td><td></td><td></td><td></td></tr>
<tr><td>8</td><td></td><td></td><td></td><td></td><td></td><td></td><td></td><td></td><td></td><td></td><td></td></tr>
<tr><td>9</td><td></td><td></td><td></td><td></td><td></td><td></td><td></td><td></td><td></td><td></td><td></td></tr>
<tr><td>10</td><td></td><td></td><td></td><td></td><td></td><td></td><td></td><td></td><td></td><td></td><td></td></tr>
</table>

备注：写出所管系统门店递票、结款时间

（6）门店资源投入一览表（如表6－4所示）。

需要说明的是，在网络时代，云计算和智能手机的应用使我们掌控通路的能力更强大。

关于CRC，广州名道营销顾问有限公司研发的BMS系统的应用，使我们能够通过网络或智能手机填写CRC，进而掌控通路。我们的客户可以通过手机下订单，并且在铺市的时候，连上小型打印机，现场把订单小票打印出来，而数据也已经同步上传给总部了。

表6-4 ××直营所资源投入一览表

客户形态	商场名称	项目	陈列费					冰箱				陈列架				CAN				合计费用（元/月）	备注（注明冰箱电费）
			堆箱1	堆箱2	双端架	单端架	岛柜等	双开门	380冰箱	180冰箱	商场自有冰柜	大包装陈列架	两层架（作为多点）	两层架（作为底座）	挂架	包柱	冰岛	入口拱门	广场布建		
		数量																		0	双开门冰箱陈列为700元，电费为512元，另有包柱内风幕柜只支付电费512元，180冰箱电费为135元，陈列费400元
		投放期间																			
		陈列品项																			
		月陈列单价（元）																			
		数量																		0	
		投放期间																			
		陈列品项																			
		月陈列单价（元）																			
		数量																		0	
		投放期间																			
		陈列品项																			
		月陈列单价（元）																			
		数量																		0	
		投放期间																			
		陈列品项																			
		月陈列单价（元）																			

（7）客户别销售管理表（如表6－5所示）。

表6－5　××直营所客户别－销售额分析表

单位：千元

客户名称	分店名称	项目	1月	2月	3月	4月	5月	6月	7月	8月	9月	10月	11月	12月	累计
人人乐	大库	07年实际	669261.60	216820.80	224728.81	730319.76	511231.29								2352362.26
		08年实际	484553.35	165979.50	511483.30	587612.50	778199.50								2527828.15
		成长率	－0.38	－0.31	0.56	－0.24	0.34	0.00	0.00	0.00	0.00	0.00	0.00	0.00	0.07
	赛高店	07年实际	5446.86	11654.10	34260.39	65741.79	6486.90	30706.50	19986.30	15355.80	6417.00	10064.60	3097.40	12307.10	221524.74
		08年实际	24104.80	34215.50	6862.00	10907.00	45804.00								121893.30
		成长率	0.77	0.66	－3.99	－5.03	0.86	0.00	0.00	0.00	0.00	0.00	0.00	0.00	－0.82
	西门店	07年实际	15310.50	14895.30	45173.31	52695.90	26709.39	51503.52	34305.40	8218.74	4794.90	4150.50	1142.25	12333.40	271233.11
		08年实际	43308.75	12165.90	27816.00	10416.50	15421.50								109128.65
		成长率	0.65	－0.22	－0.62	－4.06	－0.73	0.00	0.00	0.00	0.00	0.00	0.00	0.00	－1.49
	高新店	07年实际	14697.60	138841.70	40919.90	31537.20	28528.20	73208.30	29075.60	11125.50	5496.00	8451.00		3044.30	384925.30
		08年实际	25892.00	43108.50	4156.00	20042.50	11573.00								104772.00
		成长率	0.43	－2.22	－8.85	－0.57	－1.47	0.00	0.00	0.00	0.00	0.00	0.00	0.00	－2.67
	北关店	07年实际	32706.00	11194.20	399959.50	23648.10	14203.35	63229.57	21818.50	5640.60	2358.00	5612.25	2826.60	6469.90	589666.57
		08年实际	20575.60	40668.75	9905.20	5098.00	27153.90								103401.45
		成长率	－0.59	0.72	－39.38	－3.64	0.48	0.00	0.00	0.00	0.00	0.00	0.00	0.00	－4.70
	世家星城店	07年实际								25041.80	8212.50	2140.20	1017.00	2610.70	39022.20
		08年实际	30176.00	16848.00	16151.70	4359.10	19253.40								86788.20
		成长率	1.00	1.00	1.00	1.00	1.00	0.00	0.00	0.00	0.00	0.00	0.00	0.00	0.55

续表

客户名称	分店名称	项目	1月	2月	3月	4月	5月	6月	7月	8月	9月	10月	11月	12月	累计
	解放路店	07年实际	4772.91	9630.15	26937.25	33107.58	5082.45	25309.32	45332.34	12187.50	2978.06	3208.86	1226.40		169772.82
		08年实际	30332.65	4530.00	13264.30	7518.00	10966.90								66611.85
		成长率	0.84	-1.13	-1.03	-3.40	0.54	0.00	0.00	0.00	0.00	0.00	0.00	0.00	-1.55
	西工大店	07年实际	37511.34	6368.25	19536.25	38365.26	11713.80	37566.15	20788.50	8810.75	6425.90	4651.67	6820.65	6334.50	204893.02
		08年实际	12890.90	16110.00	0.00	6201.00	9868.80								45070.70
		成长率	-1.91	0.60	0.00	-5.19	-0.19	0.00	0.00	0.00	0.00	0.00	0.00	0.00	-3.55
	东关店	07年实际													0.00
		08年实际	25411.15	6507.40	8863.50										40782.05
		成长率	1.00	1.00	1.00	0.00	0.00	0.00	0.00	0.00	0.00	0.00	0.00	0.00	1.00
	丰庆路店	07年实际	0.00	0.00	0.00	0.00	0.00								0.00
		08年实际	6780.30	1080.00	4491.50	2168.00	3981.00								18500.80
		成长率	1.00	1.00	1.00	1.00	1.00	0.00	0.00	0.00	0.00	0.00	0.00	0.00	1.00
	人人乐小计	07年实际	779706.81	409404.50	431571.86	975415.59	603955.38	667442.36	1406814.40	823313.09	587361.70	341129.85	89743.90	166321.50	7282180.94
		08年实际	704025.50	341223.55	602993.50	654322.60	922222.00								3224787.15
		成长率	-0.11	-0.20	0.28	-0.49	0.35	0.00	0.00	0.00	0.00	0.00	0.00	0.00	-1.26

（8）客户销售记录卡头－直营（如表 6－6 所示）。

表 6－6　客户销售记录卡头－直营表

<table>
<tr><td>客户名称</td><td></td><td>客户型态/等级</td><td></td><td>客户地址</td><td colspan="3"></td><td>客户编号</td><td colspan="2"></td></tr>
<tr><td>系统客户店数</td><td></td><td>拜访频率</td><td></td><td>下单时间</td><td colspan="3">订单有效期（天）</td><td>店庆日</td><td colspan="2"></td></tr>
<tr><td>客户栈板尺寸</td><td></td><td>端架尺寸</td><td colspan="3"></td><td colspan="2">DM 产品是否有免费陈列位</td><td colspan="3"></td></tr>
<tr><td colspan="2">采购/课长姓名与电话</td><td>订单联系电话</td><td>仓管电话</td><td>活动配合度</td><td>设备投放（台数）</td><td>冰箱资产编号</td><td>暖柜资产编号</td><td>月平均销量（箱）</td><td>账期</td><td>信限</td></tr>
<tr><td colspan="2"></td><td></td><td></td><td></td><td></td><td></td><td></td><td></td><td></td><td></td></tr>
</table>

<table>
<tr><td rowspan="4">资源投入状况（康师傅）</td><td>冰箱</td><td>冰红茶______（台）绿茶______（台）
矿水______（台）茉莉______（台）
其他</td><td rowspan="4">资源投入状况（竞品）</td><td>冰箱</td><td></td><td>统一____（台），可乐____（台），
百事____（台），其他</td></tr>
<tr><td>陈列架</td><td></td><td>陈列架（形式数量）</td><td></td><td>统一　　可乐　　百事</td></tr>
<tr><td>休闲桌椅（含伞）</td><td>桌椅：冰红茶____套，绿茶____套，
其他____套；
太阳伞：冰红茶____把，绿茶____把，
其他____把；</td><td>休闲桌椅</td><td></td><td>桌椅：统一____套，可乐____套，
百事____套，其他 套；
太阳伞：统一____把，可乐____把，
百事____把，其他____把；</td></tr>
<tr><td>其他（灯箱/包柱等）</td><td></td><td>其他（灯箱/包柱/冰池等）</td><td></td><td>统一　　可乐　　百事　　其他</td></tr>
</table>

(9) 直营客户店面管理表（如表6－7所示）。

表6－7　直营客户店面管理表

拜访日	正常货架管理				冰箱管理	促销管理				多点陈列	CAM			改善项目	主管审阅签字
	SKU 齐全	陈列位	陈列面	价格		按照规划的促销产品看位置：MIT、堆头是否打出来/产品陈列对不对/位置是否第一、第二/是否有侧板、插板/价格对不对					包柱	拱门	KA 外广场		
	填写缺品项新品上架进度	正常货架第一陈列位	陈列面占比30%以上	填写价格不符的	冰箱数量/冰箱位置/是否通电亮灯/是否专摆/标准陈列/活化物运用（贴纸，货架插卡运用/价格签）	第一产品	第二产品	第三产品	第四产品	位置/标准陈列/插板/价格标识	画面/陈列产品对不对	拱门数量对不对，拱门画面对不对	打伞品项/打伞，桌椅质量完好	改善建议改善时间	

第 7 章

终端客户管理

7.1 何谓终端

通路精耕的最终目的是全面覆盖通路，全面掌握通路，最终成为通路的主宰。而通路精耕的精髓是缩短通路层级，掌握终端。谁掌握了终端，谁就掌握了该产品的市场主动权。

何谓终端?

终端是销售通路的末端，是消费者和产品直接会合的主战场，是产品、消费者、利润三大要素的联结点，是制造商销售的最终目的地。

销售通路如图7－1所示：

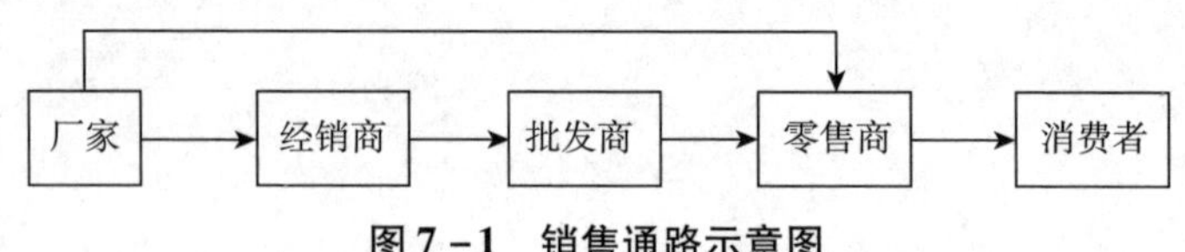

图7－1　销售通路示意图

在产品的销售通路中，零售商是终端客户。在实施通路精耕管理模式时，要先明确终端类型的大类及终端客户的类型。制造商可以根据自己所处的行业对通路进行规划。

下面以饮料业为例，饮料业主要有三类通路，共44类终端客户。

1. 现代型通路（A级）。

（1）量贩店（A1）。

① 国际连锁量贩（A9）。

国外特许加盟使用店名，面积超过5000平方米，货品种类在1万种以上，经营服装、家用电器等耐用消费品，通过采用销售技巧和低利政策吸引顾客，通常至少设20个收银台，如沃尔玛。

② 全国连锁量贩（A11）。

在境外不设店，在国内，进行跨省经营，其面积超过5000平方米，货品种类在1万种以上，且经营服装、家用电器等耐用消费品，通过采用销售技巧和低利政策吸引顾客，通常至少设20个收银台，如好又多量贩店。

③ 地区连锁或单点量贩（A12）。

在境外不设店，未跨省经营，其面积超过5000平方米，货品种类在1万种以上，且经营服装、家用电器等耐用消费品，通过采用销售技巧和低利政策吸引顾客，通常至少设20个收银台。

（2）超市（A2）。

① 国际连锁超市（A20）。

国外特许加盟使用店名，其面积超过2000平方米，货品种类在5000种以上，主要经营食品、冷鲜、蔬菜，同时销售部分日用品，至少有9台收银台。

② 全国连锁超市（A21）。

境外不设店，国内跨省经营，其面积超过2000平方米，货品种类在5000种以上，主要经营食品、冷鲜、蔬菜，同时销售部分日用品，至少有9台收银台。

③ 地区连锁或单点超市（A22）

境外不设店，未跨省经营，其面积超过2000平方米，货品种类在5000种以上，主要经营食品、冷鲜、蔬菜，同时销售部分日用品，至少有9台收银台。

（3）便利店（A3）。

① 国际连锁便利店（A30）。

国外特许加盟使用店名，售卖较少类别的货品，一般商店的面积较小（约90平方米以），但其营业时间较长（16个小时以上），至少有2台冷柜，有收银台、店门、橱窗及比较好的灯光设备。

② 全国连锁便利店（A31）。

境外不设店，跨省经营，售卖较少类别的货品，一般商店的面积较小（约90平方米），但其营业时间较长（16个小时以上），至少有2台冷柜，有收银台、店门、橱窗及比较好的灯光设备。

③ 地区连锁便利店（A32）。

境外不设店，未跨省经营，售卖较少类别的货品，一般商店的面积较小（约90平方米），但其营业时间较长（16个小时以上），至少有2台冷柜，有收银台、店门、橱窗及比较好的灯光设备。

（4）MA（A4）。

① MA—A类（甲级）（A40）。

位于社区或居住密集区，以经营日常消费品为主，有3000～5000个品项，实行开放式购物，店内设有冷藏柜，用以销售生鲜食品，设有促销端架及堆垛促销专区，至少有4台收银机，其经营面积在1500平方米以上，本品平均月销量超过350箱。

② MA—B类（乙级）（A41）。

位于社区或居住密集区，以经营日常消费品为主，有2000～3000个品项，实行开放式购物，店内设有冷藏柜，用以销售生鲜食品，设有端架或堆垛陈列促销区，至少有1台收银机，其经营面积在500平方米以上，本品平均月销量超过250箱。

③ MA—C类（丙级）（A42）。

位于社区或居住密集区，以经营日常消费品为主，有2000～3000个品项，实行开放式购物，店内设有冷藏柜，用以销售生鲜食品，设有端架或堆垛陈列促销区，至少有1台收银机，其经营面积在300平方米以上，本品平均月销量超过200箱。

④ MA—D类（丁级）（A43）

位于社区或居住密集区，以经营日常消费品为主，有2000～3000个品项，实行开放式购物，店内设有冷藏柜，用以销售生鲜食品，设有端架或堆垛陈列促销区，至少有1台收银机，其经营面积在90平方米以上，本品平均月销量超过150箱。

2. 传统通路

（1）士多店（B1）。

① CA（B9）。

开放式购物，面积超过30平方米，有1排以上可移动货架，2台以上的冰箱，平均每月销售饮料200箱，特级商圈内的点均属C－A。

② CB（B11）。

面积不足30平方米，开放式或柜台式售货，有1～2个货架，1～2台冰柜，平均每月销售饮料80～200箱，甲、乙级商圈内的点均属于C－B。

③ CC（B12）。

封闭式购物，又称窗口店，消费者无法进入店内购物，只能让店员取出商品，平均每月销售饮料80箱，如报亭、中保洁或其他窗口店。

（2）食品店（B2）。

① 面包房（B20）。

连锁或独立经营的自助式面包或蛋糕商店，兼营软饮料。

② 水吧（C1）。

a. 商场水吧（C10）。

位于KA、MA卖场（不分直营店、经销店），专门售卖饮料、冷饮、小食品的卖点。

b. 专业市场水吧（C11）。

位于各类专业市场，以售卖冷饮、饮料、小食品为主的卖点，如电子、图书、服装小商品市场内的水吧。

3. 封闭通路

（1）学校（E）。

E1. 大学

① 大学食堂（E10）。

校内师生集中用餐的场所，如二外第一食堂。

② 大学MA（E11）。

校园内或校门口的开放式购物场所，至少有1台收银机，面积大于90平方米，如北航邮购超市。

③ 大学士多（E12）。

位于宿舍楼、图书馆、浴池、话吧等场所，以售卖饮料为主的售点，或学校外50米内的士多店，如大学的小卖部。

E2. 中、小学。

① 中学（E20）。

中学校园内或校门口50米内的卖点。

② 小学（E21）。

小学校园内或校外50米内的售卖点。

E3. 其他

① 其他教育培训机构（E30）。

从事辅助教育的培训机构，如党校、外语培训机构、少年宫、成人进修学校、驾校。这些单位应为卖点，而不是这些机构本身。

（2）娱乐休闲（F）。

F1. 旅游点

① 旅游景点（F10）。

景区内的卖点与景点门口50米内的售点。

F2. 游乐/休闲

① 网吧（F20）。

提供上网娱乐服务的场所，卖点为网吧内的售点。

② 影剧院（F21）。

有放映设备或现场演出，能在室内观赏电影或演出的场所，也包括放映VCD或DVD的收费设施。

③ 休闲健身场所（F22）。

以休闲娱乐健身为目的的场所，如桌球场所、保龄球场所、健身馆、高尔夫球场。

④ 体育运动场馆（F23）。

进行体育运动的场所，如工人体育馆、首都体育馆、首钢篮球馆。

⑤ 游戏厅（F24）。

提供电子游戏机设施的场馆，其消费人群主要集中于15～25岁的青少年，如顺义隆华地下游戏厅。

⑥ 户外休闲亭（F25）。

地标性KA外、商业街、广场上以售卖休闲食品、饮料冷饮为主的场所，如王府井、西单的休闲亭。

（3）餐饮（D）。

① 高档餐饮（D10）。

饮料月销售额高于4000元，消费者的就餐时间一般在1小时以内，啤酒的最低价格是8元/瓶，至少有5间包房（注意：啤酒价格会随物价的变化而变化，具体数值可根据实际情况进行调整）。

② 中档餐饮（D11）。

饮料月销售额高于1200元，至少有15桌，最低价啤酒的正常售价是5～8元/瓶，如KTV、迪吧、酒吧、洗浴中心。

③ 低档餐饮（D12）。

饮料月销售额低于1200元，最多有15桌，最低价啤酒的正常售价是5元/瓶。

（4）交通航站（G）。

① 机场（G10）。

机场内售卖食品饮料的所有卖点，单店产值高，经营效益大，品牌展示的价值高。

② 地铁城铁站（G11）。

城市中地下、地上的列车客运站点，卖点含轻轨、地铁站内和车站周边20米内的点。

③ 长途客运或公交总站（G12）。

远途客运的汽车站点及市内公交车总站，卖点包括站点内所有点和站点周围20米内的点。

④ 服务站或加油站（G13）。

高速公路提供休息的服务区、机动车补充燃料的加油站，如高速服务区、国道加油站。

⑤ 火车站（G14）。

客/货运的火车站点，卖点包括车站内及车站广场周边20米内的卖点。

（5）工作场所（J）。

① 厂矿（J10）。

政府或个人机构开的以生产、盈利为目的的厂矿单位，卖点为厂矿服务社与食堂，如首钢、齿轮厂内的服务社。

② 军、警、机关（J11）。

政府行政管理的机密部门，卖点为机关服务社、食堂、内部及门口商店，如政府大院、军队、监狱。

③ 医院（J20）。

人流集中，单点产值高，经营效益大，品牌展示价值高，卖点含医院内的点和医院门口50米内的点。

只有产品占据终端市场，在销售点与消费者见面，才有可能被消费者购买。终端客户的卖场链力、气氛、陈列效果与店头广告物等会影响消费者的购买行为，一个进入商店前相当理性的消费者，会在进入商店后产生购买商品的冲动。

面对越来越多的同质性产品，消费者感到无所适从，品牌忠诚度越来越低。在终端市场，只有通过展示、陈列、POP等方式，以新颖、独特的产品形象吸引消费者的注意，才能使自己的产品从同质性产品中脱颖而出，进而刺激消费者的需求。

可见，终端客户在通路精耕操作中起着非常重要的作用，主要表现在：

1. 终端是一切营销管理的出发点。

2. 终端建设是提高产品的市场占有率，提高销售业绩的必要手段。

3. 终端是制造商对外宣传产品与品牌的媒介。

4. 终端是连接制造商与商家、消费者的纽带。

5. 终端建设是树立品牌形象，提高品牌知名度的有力措施。

在通路精耕实际操作中，终端客户管理既是基础环节，又是关键环节。如果缺少此环节或此环节操作不当，那么通路精耕就如空中楼阁，不复存在。因为任何一种产品想要在市场中立足，就要先在终点客户中立足，这样才能有占领市场的希望。终端客户管理是通路操作中最关键的环节。下面将从终端铺货与销售技巧、生动化陈列、终端促销方法与技巧及终端客户拜访八步骤四个方面，详细介绍通路精耕中终端客户管理操作方法。

7.2 终端铺货与销售技巧

在通路精耕终端操作中，最基础的工作就是业务人员的定期拜访。为了通过对终端的拜访完成销售目标，业务人员要提高终端产品的铺货率，灵活运用销售技巧。有较高的铺货率，业务人员在拜访中就能建立良好的客情，终端客户也就愿意协助业务人员增加售卖品项与产品回转，从而提高公司产品在终端客户中的销量。

7.2.1 终端铺货

1. 没有铺货，就设有销售

（1）有较高的铺货率，消费者就能很方便地买到商品，这一点在快速消费品业尤为明显。在很多情况下，消费者购买商品是冲动性或随机性的便利购买，商品的高铺货率，使商品得以更好地满足消费者的购买欲望。

（2）零售店的资金和空间有限，产品铺货占用了资金、空间，减少了竞品的进货量。

（3）铺货本身还具有广告宣传效果，如果陈列配合铺货，那么铺货的广告宣传作用更显著。

（4）重视铺货，可以相对减少广告费用，也可以直接促成销售，不被竞争者终端拦截。没有做好铺货，会严重浪费广告资源。

（5）P&G（美国宝洁公司）的名言：世界上最好的产品即使有最强大的广告支持，除非消费者能在销售点买到，否则也销售不出去。

2. 铺货成功的四大关键关系

（1）网点数量与质量的关系。

（2）前期铺货与后期管理。

（3）处理铺货量与实际销售量之间的关系。

（4）铺货、广告、促销之间的关系。

7.2.2 客情建立

业务人员每天面对不同的客户。因为每个客户的兴趣、需求、思路、个性不同，特别是新业务人员与店主之间还有一个相互熟悉的过程，所以我们要更快、更好地取得每个店主的信任与配合，这是我们实现成功拜访的第一步。

1. 认清自己的位置，树立自信心

踏进商店之前，业务人员要清楚自己具备其他公司的业务人员所不具备的三大优势：

第一，我们拥有最好的品牌。

第二，我们有最强大的市场支持。

第三，我们是最好的销售人员。

公司的销售人员拜访客户时要明确一点，即自己不是单纯地把产品卖给店主，更重要的是你正在向店主提供赚钱的机会。如果店主不接受业务人员的建议，可能是因为业务人员还不了解店主的兴趣和需求，也可能是因为店主还不知道我们的产品将带给他怎样的好处，所以业务人员要耐心、诚恳地与老板交流。

2. 熟悉产品知识

业务人员要比终端客户、店员更熟悉产品的情况，熟悉鉴别真假货的方法，在店主面前树立专业销售人员的形象。

3. 有效地利用销售工具

公司为业务人员提供的销售包、产品目录、订单、广宣品等销售工具不仅是工作的一部分，而且客户通过这些销售工具能更直观地认识公司的业务人员，增加对业务人员的信任。

4. 坚持固定拜访

业务人员定时定线地拜访区域内的每家商店，给每一个店主留下深刻的印象，这本身就是良好信誉的标志。“精诚所至，金石为开”，很多客户最初并不相信我们的销售代表，后来这些店主被销售人员坚韧的精神所打动，进而与我们建立了长期的合作关系。

5. 做客户感动的事

通过正当通路获得香烟、雪糕的市场批发价，使老板的信息更灵通。业务人员在店内也可以做些力所能及的事，真正成为老板的生意伙伴，如帮店老板售卖产品。

7.2.3 推销技巧

1. 何谓推销

推销是指在制造商与店家缺乏共识之时，业务人员通过开展各种活动，使店家相信我们的产品可以满足其需求并进行购买的过程。

推销与买卖不同，推销是营销中的一个小分支，营销的概念很广，含 Marketing 与 Sale。

（1）推销就是客户不要，你要说服、引导客户接受本公司产品的过程。

（2）买卖是一开始制造商与店家之间就有共识，是不花力气就能完成的交易。

（3）举例说明。

① 业务人员小李拜访王老板，两人一见面，王老板就说："来9箱冰红茶。"业务直接下单，这种状况是买卖。

② 业务人员小白拜访张老板，张老板坚持不进冰绿茶，经过一番交谈，张老板进了2箱冰绿茶，这种状况是推销。

③ 业务人员小李拜访王老板，两人一见面，王老板就说："来9箱冰红茶。"小李根据该客户的安全库存与销量，说服王老板进了15箱冰红茶，这种状况也是推销。

2. 推销的步骤

（1）充分准备。

① 了解销售市场：了解本产品的市场地位、月销量、月销售额、主力品项、主要销售通路、价格系统、相关广告与促销推广等市场情况。

② 分析竞争者：分析竞品的铺货率、销售的主要通路、价格、产品回转及对本品的影响程度等。

③ 确定拜访目标：新品上架的进度、客户拜访家数、成交家数、成交箱数、新客户开发家数、品类品项拓展目标等。

④ 安排行程：根据 CRC 确定当日的拜访路线，安排当日的工作。

⑤ 准备业务工具：新品样品、订单、赠品、陈列架、海报等广告宣传用品及交通工具等。

⑥ 修整仪容，鼓足士气，保持自信。

（2）接近客户。

① 精准的开场白，不同的开场白适用于不同的客户，所以平时要多了解客户的性格及客户的最大需求。

② 引起兴趣：平常多了解客户的喜好，从客户关心的事入题，如天气、兴趣、喜好、家庭及实事新闻。可以通过称赞、询问、引发好奇、介绍产品知识、提供服务及引用他人事例等方式激发客户的兴趣。

③ 激起欲望：最高境界是让客户自己说出来。

（3）发掘顾客需要。

① 能抓住客户的主要需求——利润。

关心客户的次要需求——销量增加、成本降低。

了解客户的策略需求——价格合理、订货方便、物流准时。

站在客户的角度考虑客户的需求，结合客户的需求，向客户提问题。

② 明确客户的需求——赚更多的钱，满足更多人群需要，可根据FAB原则说服客户进货。FAB就是通过对产品特性的介绍，展现产品的功能，使产品为广大消费者所接受。FAB对应的是Feature、Advantage、Benefit三个英文单词。

F（Feature）指产品特性。每个产品都有很多属性，我们要选择产品独特的优点和特性，客户关注的是产品的主要特性。

A（Advantage）指产品的功效。我们需根据产品的特性说明产品的作用或功能，因为产品的功效是客户和目标消费者所关注的。

B（Benefit）指产品为客户带来的利益。我们关心的是销售，客户关心的是利润，我们只有站在客户的角度，才能满足客户的需求，使客户获得利益。

比如，就劲凉冰红茶来说，“F”是含有薄荷，“A”是劲凉冰红茶有清凉的口感，“B”是劲凉冰红茶有为客户降温消火的功效。

③ 满足客户的需求——卖更多的货，确保更多的消费者能在这里买到需要的商品，消费者要买含薄荷类的茶饮料，而这里却没有劲凉冰红茶。

④ 让客户相信销售公司的产品可以满足其需求——除了原有的冰红茶，还有劲凉冰红茶。

⑤ 发现需求，实现销售的具体程序为：

a. 无需求——我从来不穿鞋，一向觉得舒适自在。

b. 探询——你是否曾经因踢到石头而伤到脚？

c. 潜在的需求——偶尔有过，敷些草药就好了。

d. 确认需求——如果有东西保护你的脚，就是踢到石头也不会感到痛，更不会伤到脚，你认为如何？

e. 需求认同——如有这种东西，倒很不错。

f. FAB——我们的皮鞋穿起来毫无束缚感，让您走起路来很轻快。

g. 反对意见——把笨重的东西套在脚上，很不灵活。

h. 处理反对意见FAB——我理解您的感觉，起初总会有些不习惯，但是穿两三天就习惯了。

（4）销售陈述。

① 产品特征。

有让消费者看得见、摸得到、感受得到的产品特点。

② 好处。

产品能够满足顾客某一方面的需求。

产品能满足顾客的需求，这是顾客所关心的——年轻人喜欢玩游戏，所以冰红茶与网络游戏——大唐网游进行联合促销。

③ 利益。

因产品能给顾客带来好处，由此表现出一种有价值的资产或收入（包括金钱、收入、资产、生命、健康、名誉等）。

例如：强调特性能帮顾客做什么——劲凉旋风瓶——年轻人乐意买——回转快——进出差价。

产品能满足顾客的需求，这是顾客所关心的——冰红冰绿——大唐网游——网民感兴趣——附赠点数——延长在网时间。

（注：第2点和第1点有何不同？第1点是产品本身特点，第2点是劲凉品牌带来的消费感受。）

④ 佐证。

通过数据、比喻、事实、事件等证明产品的功效，让顾客信服。

佐证要公正，有说服力。

⑤ 优秀的展示方法

a. 新品新包装一定要带实物，客户对抽象事物的理解会有偏差。

比如，在看到劲凉饮料瓶之前，很难想象得出劲凉冰红茶旋风瓶是什么样子的。

b. 新品试饮。

c. 主动拿出广告宣传用品和小赠品，为客户介绍商品。

d. 在通路促销活动中，如果口头表述不清，就要以文字、DM方式，重复重点，并解答客户的疑问，当场纠正客户对促销政策的错误理解。

⑥ 提供建议。

a. 嫌货才是买货人：客户对你或你的产品很挑剔，这说明客户很可能会进货，业务人员应抓住时机。

b. 顾客对产品很挑剔，说明客户需要产品，客户只是在争取交易条件。

⑦ 把握成交时机。

客户购买产品的信号来自客户的言行，因此，根据客户的言行就能判断其购买意愿。

A. 听其言。

a. 询问细节。

b. 谈论产品的价格、促销及付款方式。

c. 询问谁卖过此产品。

d. 抱怨现在的品牌。

e. 沉默。

f. 犹豫。

B. 观其行。

a. 顾客颇感兴趣。

b. 顾客点头、微笑、眼神发亮。

c. 距离接近。

⑧ 成交技巧。

a. 总结法，也称四则运算法。

加法：把产品所有的优点、功效“加”起来，让客户觉得这个产品实在好，不买可惜。

减法：将所有的问题、困难一一排除，使客户的疑虑减到最少。

乘法：产品所有的效果相乘，让客户感受到产品的功效。

除法：用产品价格除以单位成本，使客户觉得价格很便宜。

b. 二选一法。

比如，“周老板，以这样的促销力度、价格，您要来两箱，还是3箱?”

c. 比较法，给出两种不同的购买方式，让顾客选择其一。

比较的对象，既可以是自己的产品，也可是竞争品牌。如“明天进货，还是后天送货?”“50箱，还是90箱?”“现金，还是月结?”

现在每购买一件品牌凉茶送5瓶本品，显然比其他凉茶便宜多了，且今天订30件，还将比平时多送半件，即30件送3件。

d. 单刀直入法（直接法）：直截了当地要求顾客订或直接请求顾客同意发货。

例如，“我已对产品做了如此充分的介绍，您应该可以打消顾虑，同意订货了吧。”

e. 假设法：以实际采取订购或发货手续催促顾客做决策。假设对方接受订货条件，销售人员就以指导性的口吻鼓励客户做出决定。如填好订单，请客户签认。

比如，“我明天赶快送货过来，春节期间怎么能不多备些货呢?”

f. 试探法：以发问的方式探询顾客的订购意愿。

比如，“您看，关于订货，您还需要了解哪些内容?”

g. 促销和暗示法：以较强的时效性或特别条件鼓励顾客即时订购，如促销期限。

比如，“今天是促销活动的最后一天，再不决定就要错过了。”

⑨ 完善售后服务

完成订单并非意味着销售结束，这只是下一笔生意的开始。客户是否会持续订货，这取决于制造商完善的售后服务。完善的售后服务包括定期拜访、准时送货、产品陈列与清洁、广宣支持、临期品处理等相关事项，制造商确保产品的快速回转，为下次拜访客户、拿订单创造条件，争取长期为客户赚取利润。

⑩ 客户异议处理技巧

客户异议即客户的反对意见。客户的异议有些是真的，有些是假的，业务人员要认真判断。

客户有异议的原因可能是担心有必须购买的义务、对销售人员很排斥、畏惧强势推销、故意掩盖购买心意等。

A. 客户异议处理的步骤：缓冲－探询－聆听－答复，具体表述如下：

a. 缓冲

缓冲是解决异议的前提，缓冲后，双方冷静下来，注意聆听客户的说法。

b. 探询

• 对待不同的客户，业务人员要采用不同的说话方式，所谓“在什么山唱什么歌”说的就是这个道理。

• 通过开放式或封闭式提问，了解客户的最终目的，对症下药。

• 使用积极的肢体语言。

• 小心“为什么”，以防落入被盘问的陷阱。

c. 聆听

• 聆听很困难，因为说话和思考的速度不一致。

• 有目的地聆听，积极地聆听，并不断确认。

• 不要只关心自己想要的，还要关注客户想要的。

• 站在客户的角度，主动聆听。

d. 答复

• 答复的关键是要让客户跟你走。

• 正确、有效的回答能帮助大家解决实际问题。

• 通过提问方式，引导客户自己寻找解决办法。

B. 客户异议分类。

a. 可以解决的异议

• 客户习惯性地说“不”。

• 客户逃避进货的义务。

• 同类产品太多，客户认为不需要本公司的产品。

• 利益不明显，需要更多资料。

b. 难以解决的异议

• 客户缺少金钱。

• 客户确实不需要该产品。

• 客户没有购买权。

c. 模棱两可的客户异议

• 客户拖延回答。

• 客户保持沉默。

• 客户说话时不停地转换话题。

• 客户说话时思维混乱。

C. 解决客户异议的主要方法是凸显需求或利益，具体技巧有以下几种。

a. YES/BUT 法：先表示接受客户的反对意见，再慢慢向另一面转变。

比如，“是的，我也承认我们的产品价格高于其他厂家，但是我相信和价格相比，您可能更关心产品的质量。”

b. 询问法：直接询问，了解客户的真实想法。

比如，“您觉得我们产品的哪些方面令您不满意?”

c. 引例法：以其他客户的使用情况为据，对客户的反对意见进行反驳。

比如，“事实上，× ×店最初进我们的产品时，也有同样的担心，结果我们的产品卖得很好，店主也赚了很多。”

d. 否定法：面对客户的异议，以坚决的态度进行反驳，打消客户的疑虑。

比如，“您说其他客户能拿到更低的价格，开玩笑，这绝对不可能!”

e. 延期法：不是所有的异议都能马上解决，所以，销售人员千万不要草率做答，更不要试图欺骗客户。我们可以暂不作答，待理清思路后再答复，或坦言设法了解情况后再答复。

f. 同感法：表示能够体谅对方的想法，拉近距离后，再进一步说明。

比如，“我可以理解您在使用新产品之前有很多顾虑，× ×店原先也有过同样的顾虑，但试卖了我们的产品后，结果您看……”

g. 充耳不闻法：不要完全把客户的话当真，有时为了避免落入对方圈套，缓和商谈时的紧张心情，可装作没有听见对方的异议，继而把话题岔开。

D. 常见的反对意见及处理办法案例。

Q1. 这个牌子不是你们这类产品中最好的，为什么我还要卖它呢?

A1：不是每个品牌都是同类产品中最好的，我们推出的每个品牌都能给您带来生意，帮助您提高利润，您应该确信这一点！公司所推出的每一种品牌都已经经过验证并证明是能真正满足消费者需求的，同时这种品牌也有公司强大的宣传推广助销支持。

Q2. 没有顾客提出需要购买这种品牌。

A2：老板，今天我向你提出这种品牌的原因是顾客已经在别的商店购买这种品牌了，您应该知道，冲动型购买影响着顾客的购买决定，如果消费者在电视上看到这种品牌的电视广告，同时在你的商店里发现了这种品牌，那么他们大多会有购买的欲望，所以请您给消费者一个机会，让他们可以在您的店里购买这一品牌。

Q3. 我不能进这种规格的产品，我没有足够的货架陈列产品。

A3：老板，消费者有着各种各样的需求，即使您这里存在着货架不足的问题，您也应该购进这种产品，满足消费者在这里购买这种产品的需求。我已经检查过您的货架，这种产品刚好适合放在这块货架上，所以请您先进 1 箱吧。

Q4. 我以前进过这种产品，一个月才卖完。

A4：您上次进这种产品的时候，它的销量已经在稳定增长了，过去您一周卖了 3 箱，那么我认为现在这种产品一定卖得更好。从您这里购买这类产品的消费者也许愿意在各种产品和规格中做出选择，所以我建议您再一次尝试，购进这种产品。

Q5. 我现在已经有了这种品牌的三个规格，不想再进第四种。

A5（1)：这种品牌的销售量是相当大的，其中每个规格都适应了消费者的需要，请您记住这一点：您有多种类型的顾客，他或许来自一个大家庭，或许是单身，或许是老人，但您必须尽力吸引百分之百的顾客，所以我建议您进两箱这种规格的产品，满足百分之百的顾客的需求。

A5（2）：我相信您肯定希望自己商店内的每一种产品都能给您带来最大的利益，所以您进这种品牌三个规格的原因在于三种规格的产品都卖得很好，而我向您推荐的第四种规格也将给您带来很高的利益。据当地调查结果显示，这种规格比您货架上现有的一些产品卖得好，所以您不应该拒绝它给您带来的利益。

Q6. 我不要这种规格的产品，这种产品在我这里卖得不好。

A6：老板，我认为每一家商店都是不同的，但您应该感兴趣的是您对面的商店正在经营这种产品，并且销售这种产品使那家商店的生意越来越好，让我们看一看经营同样规格的其他品牌，根据我们的记录，这种规格的产品应占您同类产品总销量的……

Q7. 我不想进这种大规格的产品。

A7：老板，请您想一想，大规格的产品吸引的是特殊顾客，这些顾客来自人口较多的家庭。据我们的调查，他们平均每周在您这样的商店里要花200元左右，这些顾客对您来说是很重要的，您应该考虑到他们的消费需求，所以我希望您购进一箱我们的产品。

（您有没有进行过详细的调查研究，在您所有的消费者中，您的老客户究竟占多大比重，而这些老客户在您这里主要消费什么，是食品、洗涤品，还是什么都有。这些人之中有多少是因为您的产品不全而不再光顾你的店了呢?）

Q8. 你做对面的商店，我就不要你的货。

A8（1）：（关系一般时）“老板，生意在一起，产品才更好卖，所以才会有许多商业一条街，陶瓷一条街。这样既体现公开竞争，又加深周围顾客对您商店的印象，如此一来，产品才更好卖。更何况这些产品的销量比米、面还多，即使我不给他送，他也会到其他地方进货。老板，您的能力这么好，还怕别人与您竞争吗?（适时地恭维，但要注意环境、对象和语言）您进货吧!”

A8（2）：（关系较好时）“（哀求）老板，公司要检查每一家商店，如果我不去做那一家商店，会被炒掉的。到那时，我不光不能给对面的商店送货，连您的货，我都不能送了。假如再来一小店代表，关系不如我们这么好。如果对面的店主只让他信赖的小店代表送他的货物，不让送您的货，您还要自己骑车到批发市场去进货，批发市场的产品质量可不好保证啊!（对关系较好的商店，此招往往很灵）”。

Q9. 我有固定的地方进货，你的货我不要。

A9：在处理这种反对意见时，首先要明确店主真正担心什么，这样才能对症下药。

Q10. 我从来不进上门的货。

A10：遇到此类反对意见时，我们要告诉店主公司对所有小店都是送货上门，而送货只是我们工作的一部分。我们会帮助店主鉴别公司产品的真假，以免店主上当受骗；在店主的商店张贴精美的宣传品，以便他的商店更醒目；帮助店主做好货架陈列，使他们的生意更好。此外，有优惠活动时，我们会及时告知店主，让他们享受更多的优惠，也让店主感受到我们公司的诚意。同时，一定要强调我们的拜访是定期的，绝不会来过一两次之后就不再来了。我们还要向店主说明我们对送货数量没有任何要求，哪怕是一箱产品我们也会送来。我们不会像批发部那样，要求一次进很多，占压资金。即使暂时不进我们的货，我们同样会提供服务。我们只有通过优质的产品，耐心的服务，坚持不懈的努力来打动对方。

"是不是假货?"当店主提出这个问题时，我们可以马上反问店主："老板，您知道怎样鉴别真货吗?"如果店主表示知道如何鉴别真假，我们可以非常高兴地拿出自己的产品（最好是该店有的产品）让店主判断。同时，要观察对方是否真的会辨别真假，如果对方并非很在行，那么我们应该把我们产品的特征，怎样鉴别真假等知识教给店主，还可以告诉店主常见的假货特征有哪些，但一定要准确，直到店主认可为止。通过教店主识别真假，我们往往可以彻底打消店主对我们的怀疑。

Q11. 等你们的广告打响了，我再进你们的产品。

A11（1）：老板，我并没有让您提前6个月购进这种产品，我们将在4周后开始这种产品广告，而您将在9天后得到这种产品，这样您就可以在广告开始之前布置这种产品的货架和陈列。

A12（2）：老板，总是有许多新品牌的产品在打广告，但是只有少数产品会成为您生意的重要组成部分。区域调查表明，这种产品将在短期内成为销量最大的品牌，您先进几箱这种产品并布置好您的货架，这样有助于您占据本区域内的销售主导地位。

Q12. 现在我不想进，等有人来问的时候我再进。

A12（1）：老板，您这样做不仅会使您在有人购买这种产品时失去销售机会，而且还会迫使您的老顾客去您的竞争对手那里买这种产品。请您用心回顾一下，我们公司推出新品牌的纪录，当我们推出冰红茶和绿茶时，也没有人事先提出要这种产品，而现在这两种产品已经为您贡献了很大的利润，所以我们有充分的理由相信这种新产品同样会获得成功。我们配合促销品推出的广告，使消费者知道在您的店里可以买到这种产品。

A12（2）：老板，您在这片区域内获得成功的重要原因之一就是您是这片区域销售的领导者，消费者知道他们能在您的店里买到他们需要的、价格公道的产品，您购进这种新的产品，将会使消费者加深这种印象，所以您应该购进这种产品，并将其摆放在货架上。消费者看了广告后，会说"哦，我上周在××商店就看到过这种产品"，这对您来说就是一种无价的广告。

A12（3）：老板，您知道您的消费者对新产品很感兴趣，且乐于尝试购买。一旦您的消费者听说过这种产品，他们就想去商店购买。所以您应该为吸引这些消费者购进这种产品，而不是把这些消费者推向别的商店。

Q13. 我并不需要三种规格的产品，我先进一种规格，如果卖得好，我再进其他两种。

A13（1）：老板，我们的市场调查结果表明，三种规格的销售比例分别是X%、Y%、Z%。如果您只进一种规格，您就只能得到X%的生意量，而如果您进齐三种规格，您就会得到90%的生意量。

A13（2）：老板，我们的调查表明，在产品推出期间，进齐全部规格的商店的销量要比那些没有进齐全部规格的商店的销量高几倍。如果消费者要购买新产品中较大包装的规格时，而您只能提供很小的规格，您的竞争对手就会有机可乘，因为竞争对手进齐了全部规格。

Q14. 新产品？我现在的产品都没有地方放！

A14：老板，首先我非常同意您关于货架紧张的看法，我仔细观察了您的商店，我发现您只需进行一至两个产品的调整，您的货架就会腾出一个摆放新产品的位置，这样也能更好地利用您的货架了，您一定不会拒绝为一个可以给您带来更多生意机会的品牌安排一个货架吧，让我们研究一下吧。

Q15. 新品！你究竟让我来进你们的哪个产品？

A15：老板，新产品是饮料行业的新鲜血液，您的顾客愿意使用优质的新产品。同时，您也看到我们工作的重点也放在新产品的推出上，而且原有产品也不会失去大量的消费者。

Q16. 我为什么要帮助你们来推出这种产品呢？

A16：老板，您并不是在为我们推出新产品，当然有的生产厂家（制造商）希望通过零售商店推出新产品，那只能说明这些制造商不了解这种产品的销售潜力，或者他们不愿意为推出新产品花费更多的资金。对我们公司来说，将新产品卖给零售店就意味着我们的工作已经完成了，而我们一直在开展各种形式的促销活动。消费者也会根据我们的宣传活动将新品牌同您的商店联系在一起，他们一定会对新产品感兴趣的，所以您应该给他们一个机会。

Q17. 这种规格在我的店里卖不动。

A17：老板，我知道这种规格在您的店里卖得不是最快的，但您应该了解有些顾客喜欢这种规格，您不能失去这些顾客，因为他们会在您的竞争对手而不是您的商店里发现他们所喜爱的规格。

Q18. 我并不需要每种产品都要有两到三个规格，我不能同大商店竞争。

A18：老板，调查表明，当消费者发现某一商店没有他们所要的产品时，超过40%的消费者会推迟他们的购买，60%的消费者会到其他店里购买，您是否愿意将销售机会让给您的竞争对手呢？

Q19. 我不卖新产品，等别人卖好了我再卖！

A19：（其实店主还是担心新产品卖不动，赚不到钱，反而增加库存，积压资金。）首先，告诉店主公司的每一种新产品都是品质优良的产品，而且我们通过强大的宣传促销手段推出新产品，使消费者了解新产品，继而购买新产品，所以不用担心压货。其次，告诉店主推出新产品时，总会有一些优惠促销活动，所以这是店主赚钱的好机会。最后，告诉店主你会每周定期拜访，让他们放心。如果店主长时间卖不出该产品，你会主动为店主调换产品，绝不会积压您的资金。

综上所述，处理各种各样的反对意见时，只有了解和掌握以下几点，才能有效地解决问题。

（1）全面了解每一规格产品的特征，巧妙地将产品的特点和消费群体的需求联系起来。确信不论此产品有几种规格，它都有消费人群。

（2）了解对象客户所处的周边环境及其主要顾客的消费能力（要比店主更清楚他所处的环境）。

（3）了解处于类似环境的商店的经营情况（据此论述你的观点）。

（4）了解处于相同环境中的商店的特征，将对新产品的销售转化为小店的利益（转化的利益要明确、具体，也就是说，要将每一个产品能给客户带来的具体利益算出来、讲出来，只有这样才能真正打动客户的心）。

（5）要经常指点客户在商品的摆放、价格及人员管理、财务管理等多方面的不足，使店主意识到你是为他好，只有这样才能和店主建立良好的合作关系。

（6）如果客户在价格方面有反对意见，那么你要认真地做好记录，并核对产品的价格（产品的具体价格，而不是出厂价），这样我们才能了解竞争对手，掌握主动权。

7.3 终端生动化

7.3.1 生动化原则

1. 生动化的定义

所谓生动化，就是通过有效的环境规划、气氛营造、商品陈列、POP布置等手段，使我们的产品在末端通路吸引消费者的眼球，刺激消费者的购买欲望，并促使消费者购买产品，最终实现整体销量的提升。

2. 生动化目标

（1）将产品变成有魅力的商品。

（2）更有效地迎合消费者的购买习惯和消费需求。

（3）刺激消费者冲动性购买及扩张性消费。

（4）扩大并充分利用产品的陈列空间。

（5）提升品牌形象，增加品牌价值。

（6）促进产品销售，提高产品的市场占有率。

3. 生动化十大标准

（1）抢占最佳陈列位置。

（2）同类产品集中陈列。

（3）同一品牌垂直陈列。

（4）同一包装水平陈列。

（5）产品正面朝外陈列。

（6）正确使用广告宣传用品及冷藏设备。

（7）按1.5倍原则建议库存和订货。

（8）保持货架和库存产品周转。

（9）有正确、明显的价格标识。

（10）保持产品、广告宣传用品及设备的整洁。

4. 生动化原则

（1）产品陈列原则。

① 品牌包装：同一品牌垂直陈列、同一包装水平陈列、上轻下重、上小下大。

② 陈列比例：同一售卖点应集中陈列，品项陈列比例≥销售比例。

③ 陈列位置：各产品陈列位置以主竞品为参照，以露出最多品牌产品为目标。

④ 陈列方式：产品和外包装的中文商标或特定促销图案朝外陈列。

⑤ 价格标识：所有产品均要有明确的价格标识，通过吸引顾客，传递有关的促销信息。

⑥ 产品周转：陈列和售卖的产品要新鲜，保证在保质期内，先进先出，先冷后暖。

⑦ 缺货、断货：保证产品陈列面的完整性，缺货排面用主力产品补齐。

⑧ 外观整洁：陈列产品、POP、陈列设备（展架、冰箱）保持干净、整洁。

（2）陈列位置选择。

① 无论堆箱、陈列架上产品的陈列，还是冰箱里产品的陈列，均要以消费者的走动路线为依据。

② 百分比越高，说明消费者走过的概率越高，这是消费者最先看见产品的地方，如收银处、入口处、走道、扶梯口及通道交口处都是摆设本品堆箱、陈列架、冰箱的良好位置。

③ 摆在竞品前，使我们的产品最先被注意到。

（3）产品标价原则。

① 标价原则。

a. 所有产品都要有醒目的价格标识，说明产品的名称、包装规格及贩售价格。

b. 冰箱、货架、开放式风柜、堆箱区产品的标价一致。

c. 说明是否特价及附加条件，特价产品也要附原价，并在原价上打“×”。

d. 促销需说明促销时间、促销产品、促销价格和促销方式。

② 标价方式。

a. 价格牌要标示于产品下方，使用产品价格牌或客户价格牌。

b. 广告促销信息要使用醒目的价格标识，如价格立牌、插卡、品牌空白海报或客户空白海报。

c. 价格信息可在售卖区、入口处或公告栏标示。

d. 利用橱窗、客户宣传海报或宣传单标示。

7.3.2 生动化陈列类型与方法

1. 标准货架陈列

(1) 定义。

标准货架陈列是指在售点的饮料陈列区域内，连续在主货架上的我公司饮料产品的标准陈列。

(2) 原则。

争取最佳陈列位置，陈列位置的面积大于或不低于主竞品的有效陈列面积，并依据以下方法进行标准陈列。

(3) 标准陈列方法。

① 品牌包装：同一品牌垂直陈列，同一包装水平陈列，不同包装依上轻下重、上小下大原则陈列。

② 品牌顺序：冰茶系列—绿茶系列—花茶系列—麦茶系列—果汁系列—水（按主客流方向依次排列）。

③ 品牌组合：各品牌排面比率≥销售比例。

④ 空间组合：1~1.7米为最佳陈列空间，1.7米以上的空间以品牌展示和宣传为主，1米以下的空间可陈列量贩或整箱包装。

⑤ 标志方向：产品正面及特定促销图案朝外陈列。

⑥ 辅助工具：价格牌、货架插条、货架顶挡板、地贴、瓶颈套、摇摇卡、吊旗、立牌、海报。

(4) 标准货架示范。

① 多品牌标准化陈列，如图7-2所示。

优点：全品牌展示，突显品牌气势，发挥空间优势。

适用：日常陈列。

售点：大卖场和超市。

图7-2　多品牌标准化陈列示意图

② 单一品牌竖直陈列示范（参见图7－3）。

优点：突显品牌，多品项，方便消费者选择。

适用：日常陈列、促销陈列。

售点：大卖场和超市。

③ 单一包装竖直陈列示范（参见图7－3）。

优点：醒目抢眼，突出品牌，突出产品。

适用：新品陈列、促销陈列。

售点：大卖场和超市。

图7－3　单一品牌竖直陈列示意图

2. 端架陈列

（1）定义。

端架陈列是指售点内主货架端头位置摆放的，为促销我公司饮料所做的货架陈列，是提升品牌、增加主导产品销售、推广新产品的重要陈列方式。

（2）原则：争取最佳端架位置，集中陈列，突出品牌气势。

（3）陈列方法。

① 位置选择：选择位于主通道、入口处或收银区的端架。

② 品牌包装：以主推包装、促销包装、新产品推广为主。

③ 品牌组合：集中陈列同一品牌、同一包装产品。

④ 空间组合：用端架背景板、侧板装饰端架的上端和两侧，端架底层可摆放整箱产品。

⑤ 标志方向：产品正面及特定促销图案朝外陈列。

⑥ 辅助工具：价格牌、货架插条、端架顶挡板、侧板、地贴、瓶颈套、摇摇卡、串旗、海报等。

（4）端架陈列示范。

① 大型端架陈列示范（参见图7－4）。

图7－4　大型端架陈列示意图

图7－5 中型端架陈列示意图

优点：突出品牌宣传，营造品牌气势。

适用：季节性品牌促销、新产品上市。

建议品牌数量：1～2个。

建议SKU数量：2～3个。

售点：大卖场和超市。

范例：单一品牌、组合陈列与冰柜结合。

② 中型端架陈列示范（参见图7－5）。

优点：陈列重点SKU配合促销。

适用：日常陈列、促销陈列。

建议品牌数量：1～2个。

建议SKU数量：2～3个。

售点：大卖场和超市。

③ 小型端架陈列示范（参见图7－6）。

图7－6 小型端架陈列示意图

优点：方便、经济。

适用：日常陈列、促销陈列。

建议品牌数量：1个。

建议SKU数量：1～2个。

售点：超市和CVS。

3. 堆箱陈列

（1）定义：堆箱陈列是指在货架外用于陈列产品并辅以各种POP的陈列方式。

（2）原则：争取最佳陈列位置，展现创意性陈列，突显品牌气势，吸引消费者。

（3）陈列方法。

① 位置选择：选择人流量大、抢眼的位置进行陈列，如入口主通道、饮料货架区、冷柜区和收银区。

② 品牌包装：以主推包装、促销包装、新产品推广为主。

③ 品牌组合：单个堆头集中陈列同一品牌、同一包装产品，品牌不宜超过两个。

④ 空间组合：陈列高度控制在1.2～2米之间，打底产品、整箱产品以围条或围板装饰。

⑤ 标志方向：产品正面及特定促销图案朝外陈列。

⑥ 辅助工具：背景板、价格牌、地贴、瓶颈套、摇摇卡、串旗、海报。

（4）堆箱陈列示范。

① 大型堆箱陈列示范（参见图7－7）。

图7－7　大型堆箱陈列示意图

优点：主题突出，强化品牌宣传。

适用：主题促销及新产品上市。

堆箱尺寸：4平方米以上。

建议品牌数量：1～2个。

建议SKU数量：2～3个。

售点：大卖场和大型超市。

② 中型堆箱陈列示范（参见图7－8）。

图7－8　中型堆箱陈列示意图

优点：陈列重点SKU配合促销

适用：日常陈列、促销陈列。

堆箱尺寸：2～4平方米。

建议品牌数量：1～2个。

建议SKU数量：2～3个。

售点：大卖场和超市。

③ 小型堆箱陈列示范（参见图7－9）。

图7－9　小型堆箱陈列示意图

优点：灵活、方便。

适用：日常陈列、促销陈列。

堆箱尺寸：1～2平方米。

建议品牌数量：1个。

建议SKU数量：1～2个。

售点：大卖场、超市和CVS。

4. 包柱陈列

（1）定义：包柱陈列是指利用卖场立柱，将我公司的产品、冷柜、POP等，按一定组合、形状进行陈列的陈列方式。

（2）原则：争取最佳陈列位置，表现创意陈列，促进多点位产品的销售。

（3）陈列方法。

① 位置选择：选择人流量大、抢眼的位置陈列产品，如入口主通道、饮料货架区、冷柜区和收银区的立柱。

② 品牌包装：以主推包装、促销包装、新产品推广为主。

③ 品牌组合：集中陈列同一品牌、同一包装产品，品牌不宜超过两个。

④ 空间组合：充分利用空间优势，1.7米以上的陈列空间以品牌展示为主，1.7米以下的陈列空间以产品展示为主。

⑤ 标志方向：产品正面及特定促销图案朝外陈列。

⑥ 辅助工具：冰柜、LED、灯箱、价格牌、地贴、瓶颈套、摇摇卡。

图7－10　包柱陈列示意图

（4）包柱陈列示范（参见图7－10）。

5. 冰箱陈列

（1）冰箱陈列原则。

公司冰柜90%的空间用于陈列本公司的产品。

（2）陈列方法。

① 位置选择：冰箱陈列应选择售点入口、扶梯口、收银区、食品区、冷藏食品区等人流量大的位置。

② 品牌/包装：以新品、主推品牌为主，以一次性包装为主（TP、CAN、PET1L以下）。

③ 陈列方式：同品牌垂直陈列，从上到下，由轻到重，同包装水平陈列；遵循先进先出原则；新产品、新包装产品应陈列在冰箱的最佳位置，即靠近冰箱把手的位置，配合新产品的推广。

④ 价格标示：每种产品都要有醒目的价格标识。

⑤ 产品的温度控制在2～5摄氏度之间。

⑥ 辅助工具：价格插卡、冰箱贴、冰箱顶立牌。

（3）冰箱生动化十步骤。

步骤一：检查冰箱陈列情况，将冰箱陈列位置调至最佳。

步骤二：移走冰箱内其他公司的品牌产品。

步骤三：根据公司标准进行生动化陈列。

步骤四：标明公司产品的售价。

步骤五：将冰箱的温度调至合适的温度（2~5摄氏度）。

步骤六：保持设备通电、灯亮及设备、产品的清洁。

步骤七：移走冰箱旁的残留物品，保持冰箱周围环境的清洁。

步骤八：冰柜出问题时，应立即通知公司维修部尽快维修。提醒店主冰柜出故障时，可拨打冰柜上面的维修电话。

步骤九：及时解答客户的疑问，同时做必要的记录。

步骤十：拜访结束时，向客户道谢并告知下次拜访时间。

（4）冰箱的类型如表7－1所示：

表7－1　冰箱类型一览表

<table>
<tr><th>分类</th><th>型号</th><th>通用通路</th><th>位　　置</th></tr>
<tr><td rowspan="4">立式冷柜</td><td>双开门</td><td>重要KA客户（量贩、连锁、商超……）</td><td>动线上饮料区位置、饼干零食区、生鲜区</td></tr>
<tr><td>单开门180</td><td>KA、B超、封闭通路</td><td>KA：收银台边（白天开放的几个收银台）
B超/封闭通路：结账台位置</td></tr>
<tr><td>单开门280</td><td>封闭通路、B超</td><td>封闭通路：来客方向第一顺位
B超：结账台位置、饮料区、面向街边</td></tr>
<tr><td>单开门380</td><td>一般KA、封闭通路、B超、主要位置Ca</td><td>KA：动线上饮料区位置、饼干零食区、生鲜区
封闭通路：来客方向第一顺位
B超：结账台位置、饮料区、面向街边
Ca：靠近街边，人行方向第一顺位</td></tr>
<tr><td rowspan="2">风柜</td><td>风柜</td><td>标志性KA（量贩店/综合商超）</td><td>动线上饮料区位置、奶品/冰激凌区、饼干零食区</td></tr>
<tr><td>小型风柜</td><td>标志性KA（量贩店/综合商超）</td><td>收银台边（白天开放的几个收银台）</td></tr>
<tr><td rowspan="2">桌上型冷/热柜</td><td>单开门72</td><td>CVS、重点封闭通路（娱乐场所等）</td><td>结账台桌上</td></tr>
<tr><td>冷热两用柜</td><td>重要CVS、商业步行街Ca、学校、景点</td><td>结账台桌上</td></tr>
<tr><td>水柜</td><td>卧式水柜</td><td>Ca零售点</td><td>靠近街边，人行方向第一顺位</td></tr>
</table>

（5）冰箱投放原则，参见表7－2。

表7－2　冰箱投放原则一览表

<table>
<tr><th rowspan="2">型号
通路</th><th colspan="4">立式冷柜</th><th colspan="2">风柜</th><th colspan="2">桌上型冷/热柜</th><th>水柜</th></tr>
<tr><th>双开门</th><th>单开门180</th><th>单开门280</th><th>单开门380</th><th>大型风柜</th><th>小型风柜</th><th>单开门72</th><th>冷热两用柜</th><th>卧式水柜</th></tr>
<tr><td>Hyper</td><td>★</td><td>★</td><td></td><td>★</td><td>★</td><td>★</td><td></td><td></td><td></td></tr>
<tr><td>S/M</td><td>★</td><td></td><td>★</td><td>★</td><td>★</td><td>★</td><td></td><td></td><td></td></tr>
</table>

续表

型号 通路	立式冷柜				风柜		桌上型冷/热柜		水柜
	双开门	单开门180	单开门280	单开门380	大型风柜	小型风柜	单开门72	冷热两用柜	卧式水柜
CVS			★	★			★	★	
网吧				★					★
学校	★			★				★	★
景点				★			★	★	
摊点									★
娱乐场所				★			★	★	
商业步行街 Ca				★				★	★
重点 Ca			★						★

（6）冰箱标准陈列。

① 型号：双开门冰柜。

机器规格：容积为1220×765×2000（可定制，大小自选）。

机器特点：容量大，展示效果突出，可进行多品项陈列，适用于空间大、需求量大的场所。

适用通路：标志性量贩店和大型商场超市。

适用包装：即饮包装（PET500/350或CAN）。

摆放位置：饮料区、冷藏区、食品区。

辅助工具：价格插卡、冰箱贴、冰箱顶立牌。

标准陈列如图7－11所示。

图7－11　双开门冰柜标准陈列示意图

② 型号：单开门380型。

机器规格：容积为600×641×1991。

机器特点：容量大，展示效果好，可做到多品项陈列。

适用通路：全通路。

适用包装：即饮包装（PET500/350 或 CAN）。

摆放位置：出入口、饮料区、冷藏区、食品区。

辅助工具：价格插卡、冰箱贴、冰箱顶立牌。

标准陈列见图7－12所示。

图7－12　单开门380型冰柜标准陈列示意图

③ 型号：单开门280型。

机器规格：容积为600×641×1718。

机器特点：界于180与380之间的机型，适用于组合陈列，价格低。

投放通路：超市、CVS及士多店。

适用包装：即饮包装（PET500/350 和 CAN）。

摆放位置：饮料区、冷藏区、食品区。

辅助工具：价格插卡、冰箱贴、冰箱顶立牌。

标准陈列如图7－13所示。

图7－13　开门280型冰柜标准陈列示意图

④ 型号：单开门180型。

机器规格：容积为1220×765×1358。

机器特点：适合放在KA结账台位置的机型，可满足狭小位置产品的陈列，适合单一品牌陈列。

投放通路：大卖场、超市和CVS。
适用包装：即饮包装（PET500/350，CAN）。
摆放位置：饮料区、冷藏区、食品区。
辅助工具：价格插卡、冰箱贴、冰箱顶立牌。
标准陈列如图7－14所示。

图7－14 开门180型冰柜标准陈列示意图

⑤ 型号：大型风幕柜。
机器规格：容积为1300×730×1358。
机器特点：品牌展示效果突出，无遮拦设计，方便顾客取用产品。
投放通路：标志性大卖场。
适用包装：PET普通包装、大包装主力产品及新产品。
摆放位置：饮料区和冷藏区。
辅助工具：价格插卡、箱顶立牌。
标准陈列如图7－15所示。

图7－15 大型风幕柜标准陈列示意图

⑥ 型号：小型风幕柜。

规格容积：为996×627×1225。

特点：敞口柜的展示效果好，方便顾客采购产品，冰柜顶部配有灯箱，有助于加强宣传效果，是目前最适合放置于结账处的机型。

投放通路：标志性大卖场。

适用包装：TP、CAN、PET小包装、普通包装；主力产品及新产品。

摆放位置：收银台。

辅助工具：价格插卡、箱顶立牌。

标准陈列如图7－16所示。

图7－16 小型风幕柜标准陈列示意图

⑦ 型号：台式单门冷柜。

规格容积：为430×383×915。

特点：四面是玻璃，产品展示效果好，顶端有灯箱，广告效果好，搁板上下高度可调，前后门设计，拿取饮品更便捷，适合单一品牌投放。

投放通路：大卖场、超市、CVS及士多店。

适用产品：TP、PET小包装、普通包装单一产品陈列。

摆放位置：收银台。

辅助工具：冰箱贴和冰箱顶立牌。

标准陈列如图7－17所示。

图7－17 台式单门冷柜标准陈列示意图

⑧ 型号：台式冷热多用型。

规格容积：为470×463×880。

特点：三层搁板均可冷热切换，倾斜滑道设计，使饮品先进先出，方便补货，可以通过贴纸进行品牌沟通，便于更换。

图7－18 台式冷热多用型冰柜标准陈列示意图

投放通路：封闭通路和CVS。

适用产品：TP、PET小包装、普通包装等单一产品陈列。

摆放位置：收银台。

辅助工具：冰箱贴和冰箱顶立牌。

标准陈列如图7－18所示。

⑨ 型号：卧式水柜。

规格容积：为882×542×905。

特点：制冷效果好，容量大，广告展示面大，展示效果好。

投放通路：零售点。

辅助工具：围条和海报。

标准陈列如图7－19所示。

图7－19 卧式水柜标准陈列示意图

7.3.3 生动化工具

1. 生动化工具类型

生动化工具的类型如表7－3所示。

表7－3 生动化工具类型一览表

类别	项目	特性描述		
		优点	缺点	投放使用要点说明
海报类	海报	提升品牌的知名度，携带方便	被覆盖率高，消费者对SP活动细则的关注度低	根据公司策略，明确各区域海报投放的重点，确保通路投放的一致性
	DM	促销信息明确	可掌控性低	DM派发应明确目标消费群，有效利用资源
	围贴	使用方式灵活多样，品牌形象传递	被覆盖率高	城区投放重点：卧式水柜、冰摊、柜台贴 外埠投放重点：收银台贴、柜台贴、柜台贴、橱窗贴、冰柜、MTT等
旗类	串旗	有利于品牌形象的维护和促销推广信息的传播	使用不便	根据公司策略，配合海报投放周期和产品陈列重点，确保通路投放的一致性
	吊牌	个性化制作，满足客户的需求 品牌形象的维护和促销推广信息的传播	在使用上有局限性，制作复杂	与客户自身品牌推广或促销有效结合，达成双赢
	横幅	促销信息告知明确	使用不便	横幅促销主题简洁、明确

续表

类别	项目	特性描述		
		优点	缺点	投放使用要点说明
卡/牌类	价签（含爆炸贴）	价格标识明确，方便消费者选择	价格变更时，需要人员维护	按客户别制定合理的价格，书写清晰，根据不同促销档期，及时更换
	堆垛价格牌	促销信息告知明确，刺激消费者购买	容易遗失，需要人员维护	对比促销前后价格，突显特价优势（需划掉原价格，现价格字体放大，突显）
	货架插卡（含立式样）	突显本品，形象区隔紧密结合新产品，刺激消费者购买	容易被拿取，需加强日常维护	对应品牌，强化执行标准
	摇摇卡	品牌形象维护和促销推广信息传播		
	瓶颈套	强化品牌诉求，吸引消费者购买	受产品回转影响，需加强日常维护	对应品牌，强化执行标准
陈列架	桌上型陈列架	体积小，陈列位置选择性高	陈列产品有限，易损坏、易丢失	适合传统通路大量投放，CVS及MA收银台
	挂式陈列架	使用灵活、方便	陈列产品有限，需及时补货	结合休闲零食等其他品类产品，利用CAM带动销售
	落地式陈列架	利于品牌展示，不易被移动	使用上不灵活，所占陈列位置相对较大	醒目的陈列位置结合相对应的主题（即SKU或CAM的选择）
其他	KT板	使用方式灵活多样，品牌形象传递。 个性化制作，满足客户的需求	安装制作成本较高（制作单价/人力），受材质限制，使用寿命较短（2个月之内）	根据品牌策略，结合陈列品项，适用于MIT主题推广
	托盘	投放方便、易组合，利于品牌展示	对产品批号管理的要求相对较高	醒目的陈列位置结合相对应的主题（即SKU或CAM的选择）
	灯箱	可长期投放，有利于品牌形象的塑造。 个性化制作，满足客户的需求	制作成本高，需专业人员安装	根据通路的属性、消费者的饮用习性，结合CAM制作
	太阳伞	配合“造街计划”，提升品牌曝光率，通路接受度高	容易被其他品牌替代，难以形成气势。容易破损，需增强人员维护并及时更换	根据通路的属性，集中投放，形成品牌气势，（如景点－绿茶KA－冰红茶交通亭－劲凉）根据产品策略，定期更换表现形式
	休闲桌椅	用于KA、景点、步行街、休闲区布建，展示时间长	成本高，投放的局限性大	配合遮阳伞的使用，需根据公司策略，定期更换表现形式

2. 生动化工具在各通路中的使用顺序

生动化工具在各通路中的使用顺序如表7－4所示。

表7－4　生动化工具使用顺序明细表

类另	项目	优先通路								
		Hyper	Super	CVS	MA	学校	特通	Ca	Cb	批发
	海报		**	**	****	****	****	***	****	
海报类	DM	****	****	****	***	****	****	****	*	****
	围贴		****	****	****	****	****	****	**	
	串旗			****	***	****	****	****	**	****
旗类	吊牌	****	****	****	****	****	****			
	横幅		***		***	****				****
	价签（含爆炸贴）	****	****	**	****	****	****	****	*	
	堆垛价格牌	****	****	****	****	****		**		
卡/牌类	货架插卡（含立式样）	****	****	****	****	****	****	***	*	
	摇摇卡	****	****	****	****	****	****	***	*	
	瓶颈套	****	****	****	****	****	****	***	*	
	桌上型陈列架				****	****	****	***	***	
陈列架	挂式陈列架	****	****	****	****	****	****	****	***	
	落地式陈列架	****	****	****	****	****	****	****		
	KT板	****	****	****	****	****	****	**		
	托盘	****	****	****	****	*		**		
其他日	灯箱									
	太阳伞			***		****	****	****	**	****
	休闲桌椅	****				****	****			

7.3.4　生动化陈列标准

1. 生动化陈列示范

生动化陈列如图7－20所示。

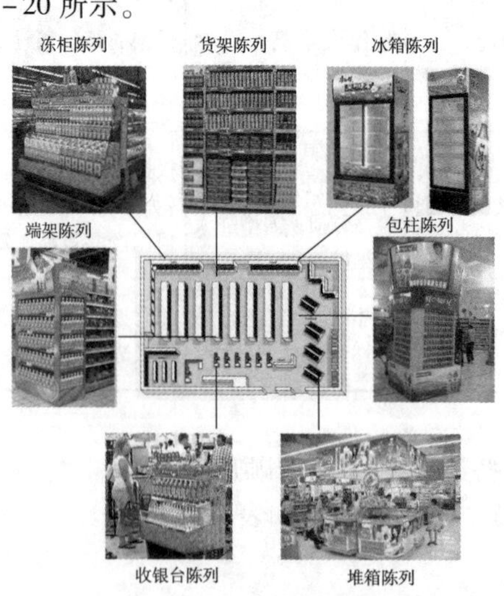

图7－20　生动化陈列参考示意图

2. 量贩店生动化陈列标准

（1）陈列位置的优先顺序（参见图7－21）。

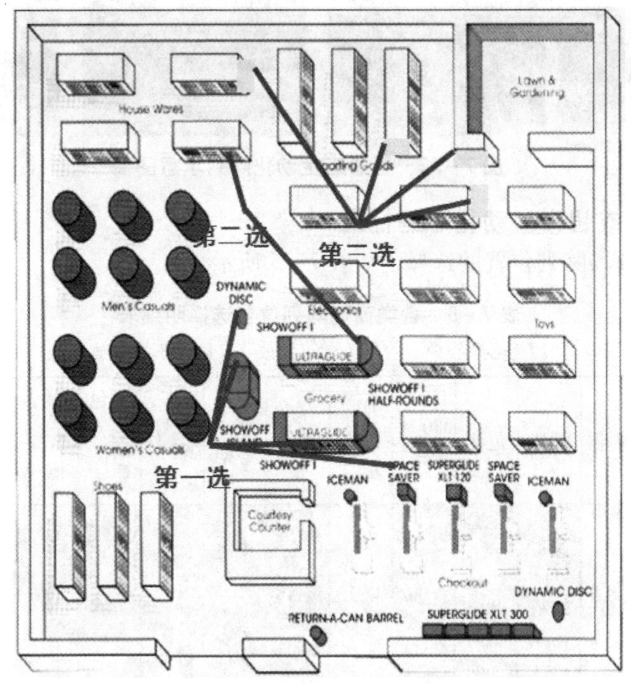

图7－21 陈列位置的优先顺序示意图

① 第一选择。

a. 货架。

空间份额达到或超过市场销售额份额，可根据生动化陈列图陈列产品。

b. 店内冰柜。

c. 收银台冰柜。

冰柜门数额超过主要竞争对手，可根据生动化陈列图陈列产品。

d. 地堆陈列（饮品区和非饮品区）。

② 第二选择。

a. 陈列架或端架（饮品区和非饮品区）。

b. 食品区冷柜或冷冻区桥型陈列架。

③ 第三选择。

a. 零食区联合陈列架。

b. 面包区联合陈列架。

c. 果蔬区陈列架。

d. 熟食区陈列架。

（2）陈列示范，如图7－22所示。

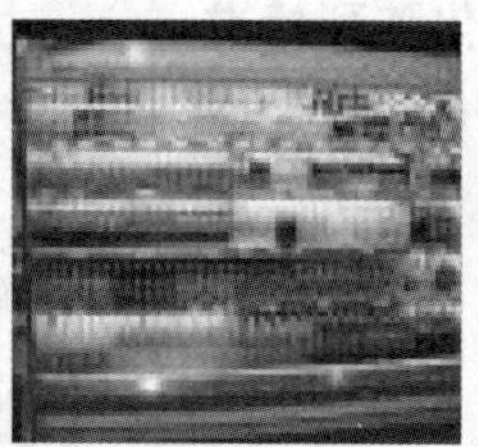

图 7－22　量贩店生动化陈列示意图

3. 大卖场或超市生动化陈列标准

（1）不同商场陈列位置的选择，如表 7－5 所示。

表 7－5　各类商场陈列位置选择明细表

□为必须投放　□为建议投放　■为不需投放

超市类型	货架区专	堆箱	端架	包柱	380 冰箱	双开门冰箱	客户风冷柜	特一号架	五号架	面包区 6 号陈列架	冷冻区岛柜	生鲜区陈列架	熟食区陈列架	休闲食品区陈列架
A（2000 平米以上）	本品茶专架	2 平米主通道、饮料区堆箱	收银台/饮料区端架 1 个	主通道、饮料区包柱结合陈列执行	4 台一同投放于收银台	一台以上投放于冰柜区	承租 8 个排面以上 4 层	模组陈列（含冰箱）成堆箱						
B（1000 平米－2000 平米以上）	本品茶专架	1－2 平米主通道、饮料区堆箱	收银台/饮料区端架 1 个		2 台收银台/冰柜	1 台投放于冰柜区	承租 8 个排面以上 4 层	模组陈列（含冰箱）成堆箱						
C（500 平米－1000 平米）	本品茶专架	1－2 平米主通道、饮料区堆箱	收银台/饮料区端架 1 个		1－2 台投放于收银台或冰箱区		承租 8 个排面以上 4 层	模组陈列（成堆箱）						
D（500 平米以下）	本品茶专架	1－2 平米主通道、饮料区堆箱	收银台/饮料区端架 1 个		1 台投放于收银台或冰箱区		承租 4 个排面以上 4 层	模组陈列（成堆箱）						

（2）大卖场或超市冰箱陈列顺位，如表 7－6 所示。

表7-6 大卖场/超市冰箱的陈列顺位表

冰箱层数	收银台小冰柜	单门			双开门	风冷柜
		单门（180）	（380上层斜）	（380上层平）		
第一层	新品/畅销品	主力品项/畅销品	小规格畅销产品	茶类	茶类	茶类
第二层		新品/促销包装	新品/促销包装	新品/促销包装	新品/促销包装	新品/促销包装
第三层		茶类/果汁	茶类	主力品项/畅销品	主力品项/畅销品	主力品项/畅销品
第四层			果汁	果汁	果汁	果汁
第五层			水	水	水	水

4. CVS生动化陈列标准

（1）CVS平面布置图（参见图7-23）。

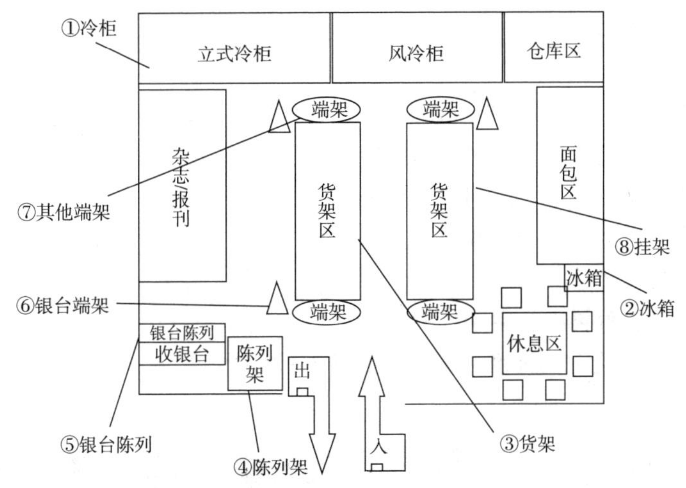

图7-23 CVS平面布置图

（2）CVS生动化布置的选择。

第二选择：
- 第一选择：
  - a. 店内冰柜/自有冰柜。
  - b. CVS一般有自己的营销理念，多投放店方自有冰柜，所以重点在于抢占放置冰柜的最佳位置。
  - c. 货架：空间份额达到或超过市场销售额份额，根据陈列图及生动化时间表陈列产品。
  - d. 收银台前落地陈列。
  - e. 收银台陈列架。
- f. 距收银台较近的端架。
- g. 店内其他位置端架。
- h. 非饮品区货架外陈列架（挂架）。

（3）CVS 生动化陈列原则。

- 当消费者在 CVS 购物时，满足其对冰镇产品的需求。
- 当消费者在 CVS 购物时，满足其要求快速、方便的需求。
- 刺激消费者结账时的冲动性购买及扩张性消费。
- 充分利用 CVS 的有限空间，利用辅助陈列工具，进行多点陈列，提高购买率。
- 进行新品推广，开展主题活动。

（4）CVS 生动化陈列标准 - 冰柜，如图 7 - 24 所示。

陈列位置：出入口、店方自有冰柜旁。

陈列品项：

第一层：茶系列。

第二层：新品或促销品。

第三层：主力品项或畅销品。

第四层：果汁系列。

第五层：矿物质水。

SKU 数：8 - 12 个。

（5）CVS 生动化陈列标准 - 收银台陈列，如图 7 - 25 所示。

陈列位置：靠近收银台，利用辅助物。

落地型陈列架、桌上型陈列架与悬挂式陈列架。

陈列品项：主题促销产品或新品。

SKU 数：1 ~ 2 个。

陈列辅助物：价格牌和主题板。

（6）CVS 生动化陈列标准 - 货架，如图 7 - 26 所示。

陈列位置：黄金陈列位。

图 7 - 24　冰柜生动化陈列参考示意图

图 7 - 25　收银台生动化陈列参考示意图

图 7 - 26　货架生动化陈列参考示意图

陈列品项：主力品项和新品。

SKU 数：15－20 个。

陈列顺序：冰系列－茶系列－大麦系列－茉莉系列－果汁系列－矿物质水。

（7）CVS 生动化陈列标准－陈列架，如图 7－27 所示。

陈列位置：银台附近、出入口及货架附近。

陈列品项：推广的品牌。

SKU 数：1～2 个。

陈列辅助物：价格牌和主题 KT 板。

图 7－27　CVS 陈列架的标准陈列示意图

（8）CVS 生动化陈列标准－端架，如图 7－28 所示。

陈列位置：入口处第一端架。

陈列品项：主题活动推广品项、促销活动推广品项及新品推广品项。

SKU 数：一个品类，1～2 个 SKU 数。

陈列辅助物：价格牌和主题 KT 板。

图7-28 CVS端架标准陈列示意图

图7-29 CVS侧堆标准陈列示意图

(9) CVS生动化陈列标准-侧堆，如图7-29所示。

陈列位置：收银台附近及橱窗前。

陈列品项：主力品项或当期推广品项。

SKU数：1~2个。

陈列辅助物：价格牌和主题KT板。

5. 特通-学校生动化标准

(1) 教育通路的特点。

- 目标消费者集中。
- 购买时间相对集中。
- 便于进行新品推广或主题活动

(2) 教育通路分布示意图，如图7-30所示。

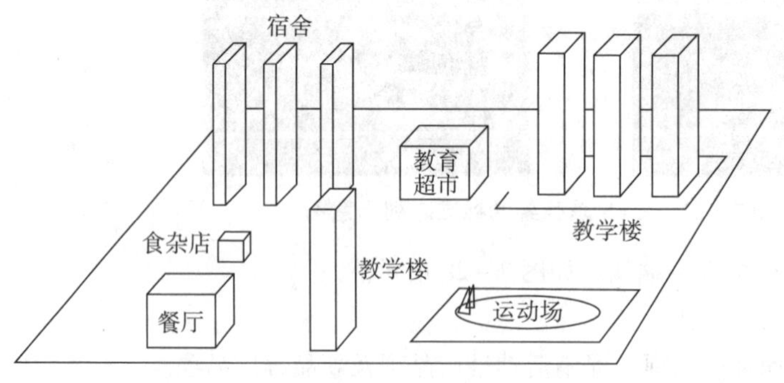

学生宿舍区：超市、食杂店、餐厅

教学区运动场所：食杂店、自动售卖机

教工区：超市、食杂店、餐厅

图7-30 教育通路分布示意图

（3）学校食堂生动化布置规范。

特点：学生流动量最大的地方，消费时段固定，但是饮品的陈列空间有限。

陈列点：吧台及冰柜。

可用的生动化辅助物：菜牌、串旗、冰箱围边、阳伞、店招及陈列架。

（4）学校超市生动化布建优先顺序，如图7－31所示。

第二选择：

- 第一选择：
  - a. 货架：空间份额达到或超过市场销售额份额，可根据陈列图和生动化时间表陈列产品。
  - b. 店内冰柜。
  - c. 收银台冰柜：冰柜门份额超过主要竞争对手，根据陈列图和生动化时间表陈列产品。
  - d. 饮品区地堆陈列。
  - e. 非饮品区地堆陈列。
  - f. 饮品区货架外端架。
  - g. 非饮品区货架外陈列架。
- h. 零食区联合陈列架。

可见，库存份额及陈列点数量份额达到或超过市场销售额份额时，应按生动化陈列图和生动化时间表陈列产品。

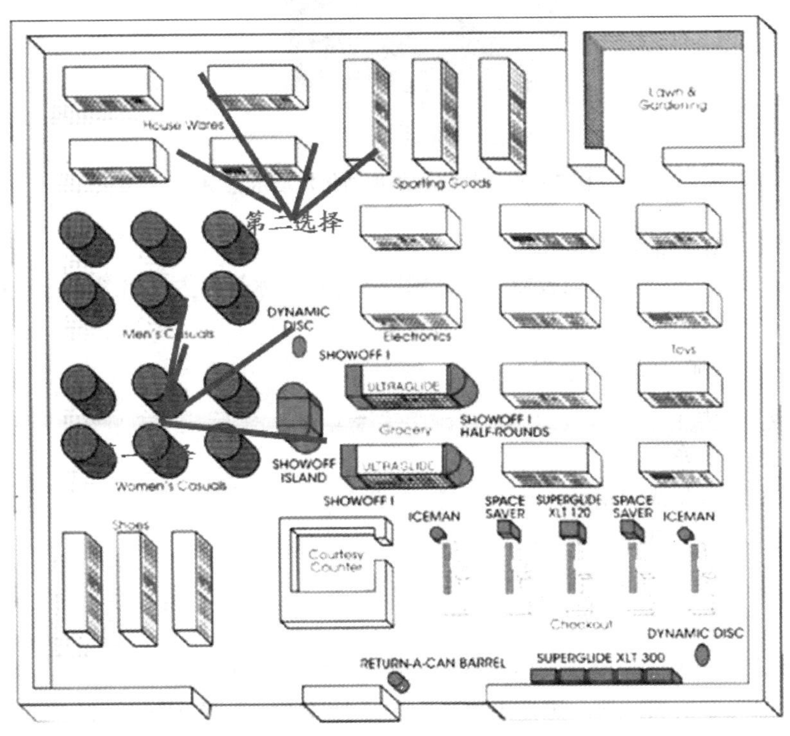

图7－31　学校超市生动化布建顺序示意图

（5）可用的生动化辅助物。

海报、串旗、冰箱围边、阳伞、休闲桌椅、陈列架店招、橱窗货架卡、店内画面看板（扶手楼梯、墙帖、包柱等）。

6. 封闭通路生动化标准，如图7-32所示。

（1）陈列点：店门口、货架陈列、立式冰柜、卧式冰箱、挂架等。

（2）可用的生动化辅助物：海报、串旗、冰箱围边、阳伞、店招、休闲桌椅、陈列架等。

图7-32　封闭通路生动化标准示意图

7. 网吧通路生动化标准

（1）冰箱：如果是公司投放冰箱，则以380型号冰箱为主，如图7-33所示。

① 陈列位置：吧台旁。

② 陈列原则：以500系列为主。

③ 陈列顺序：

第一层：茶系列。

第二层：新品或促销品。

第三层：主力品项或畅销品。

第四层：果汁系列。

第五层：矿物质水。

④ SKU数：8-12个（具体根据各区域的陈列标准陈列）

如冰箱不是自有冰箱，则需承租2层，共16个排面，陈列标准为：

第一层：红茶：绿茶：主推品项=3：3：2

第二层：矿物质水：康果/每日C=5：3

图7－33 网吧通路生动化标准示意图

（2）网吧活动区。

① 生动化布建：形象的店招、灯箱、窗贴、入口处荧光地贴、发光指示牌、吧台包装、包柱、立牌、鼠标垫、手垫、便签本、龙虎榜、流动售卖车（针对大型网吧）、上网卡等。

② 吧台区域的生动化布建是重点。网吧内灯光较暗，建议A类以上网吧投放包柱灯箱或外打灯喷绘。

8. 传统通路－士多店生动化标准

（1）生动化标准（宣传配合）。

① 室外。

a. 店招。

b. 其他：海报、串旗及围裙。

② 室内。

a. 年历、海报、围裙、串旗等。

b. 其他：货架插卡、摇摇卡、瓶颈套、爆炸签等。

（2）货架陈列生动化标准。

① 位置：最靠近店口，方便顾客拿取饮品，选择黄金视觉位置。

② 陈列原则：集中陈列。

③ 陈列顺序：尽量争取排面，提高本品货架的层数，依冰系列、茶系列、果汁、水的顺序陈列，调整层数。

（3）冰箱陈列生动化标准，如图7－34所示。

① 公司冰箱——最好的陈列位置。

a. 规格：380型号为主。

b. 位置：收银台旁或门口。

c. 陈列原则：

第1层：茶系列。

第2层：新品（主力产品）。

第3层：果汁系列（主力产品）。

第4层：矿物质水。

d. SKU：冰红茶、绿茶、茉莉低糖、大麦低糖、劲凉、果汁橙及水。

注：依各区域竞争态势及季节调整。

② 客户冰箱。

冰冻主力产品，主力产品占冰箱一半以上空间。

图7－34　冰箱生动化陈列示意图

9. 终端售点广告

（1）售点广告的功能。

① 销售终端的广告能吸引消费者的注意力，促成现时现地购买，激发消费者购买商品。

② 增强品牌体验，扩大品牌效应。

③ 延伸广告印象，放大电视广告效果。

（2）终端售点广告的形式。

① 店招。

② 包柱。

③ 店内吊牌。

④ 地标贴。

⑤ 收银台包装。

⑥ 购物推车。

7.3.5　SKU分级陈列标准

1. 铺货率要求

（1）不同分级的城市与不同通路可以容纳的SKU和品类是不同的，铺货率是据此将产品区别为必卖品与选择卖品，针对不同的通路、不同产品设定不同的铺货率目标。

（2）要求KA、C－A、C－B必卖品的铺货率达90%，C－C必卖品的铺货率高于70%；要求各通路选择卖品的铺货率高于70%。

2. 排面率要求

（1）固有产品即各通路长期经营的产品，如冰红茶，其排面多为大品牌瓜分，对此类产品排面率的要求如下：

- 排面率要大于市占率。
- 陈列排面集中。

（2）对茉莉清茶等新品的排面率要求。

- 排面率占该品类的20%以上。
- 全口味陈列。
- 陈列贴近主竞品或贴近本品主力的品项。

7.4　客户拜访八步骤

拜访客户八步骤是终端销售人员在拜访工作中的基本动作规范，既能够帮助销售人员根据销售线路有计划地安排拜访时间，在每个售点提供一流的服务，有效避免客户断货、缺货现象的发生，也能帮助业务人员真正成为客户的经营顾问，与客户建立良好的客情关系，最大化地展示公司的产品，最终提升客户拜访的成交率和产品的成交量。

1. 计划与准备

（1）办公室的作用。

a. 凝聚团队共识的地方。

b. 资讯分享中心。

c. 销售人员成功时受到鼓励和嘉奖，战败时获得抚慰的地方。

d. 温暖的家，战备基地。

（2）办公室的基本布置。

a. 管理看板：拜访八步骤看板、生动化标准看板与办公室管理说明看板。

b. 区域地图。

c. 销售追踪看板。

d. 客户资料卡架。

完成这些布置，我们才能营造出良好的工作氛围。

（3）开早会。

a. 开早会的目的：增强士气，增强业务人员的信心。

b. 开早会喊口号。

口号示例：

全体人员：好！很好！非常好！

领喊人：我们公司的经营理念。

全体人员：诚信、务实、创新、热情！

领喊人：我们的工作目标。

全体人员：开发新客户，拓展全系列，产品生动化，建立好客情！

领喊人：××所！

全体人员：加油，加油，加油！（全体握右拳）

领喊人：大家请坐。

c. 当日重点工作宣导：由所长或 MD 宣导当日重点工作事项。

d. 小组讨论。

主要内容是目标的设定与当天的工作安排，具体包括路线安排、目标拜访家数、目标成交家数、重点品项成交目标及对客户提出的问题的处理等。

e. 准备工具。

要准备的工具主要有 CRC、生动化手册、一干一湿两块抹布、订单、裁纸刀、笔、胶布等基本工具、POP 及交通工具等，业务人员出门前务必再检查一次，确保工具准备齐全。

f. 检查仪容仪表。

离开办公室之前，所有的销售人员都要检查自己的仪容、仪表，整理头发、衣领与衣角，擦干鞋面。

g. 注意事项。

- 有明确的目标，有助于提高工作效率。
- 充分的准备有助于增强销售人员的自信，体现销售人员专业精神。

做到上述几点，销售人员就可以出发了。

2. 接近客户

（1）检查客户资料卡，整理销售辅助工具。

进入店铺之前，检查 CRC 中的资料，明确拜访这家店的目标。

（2）查看零售店外的广告宣传用品是否需要更换。

a. 要“眼到”，先检查户外广告，判断这些广告是否需要更换。

b. 要“手到”，把需要更换的海报撕下来，换上新海报。

（3）在适当的地方和适当的时间与客户交谈：保持微笑，向客户打招呼。

无论与客户多熟，销售人员都要保持微笑，看客户在做什么。如果店主正和他人谈话或正在招呼顾客，销售人员不妨等一等，待客户主动示意时再打招呼。

（4）良好的开场白。

良好的开场白能有效地捉住对方的注意力，专业的开场白有以下几种：

a. 称赞：让对方感觉舒服。

b. 探询：了解对方的需求。

c. 提供服务：协助客户处理事物，帮助客户解决问题。

d. 建议创意：为顾客提供创意，给店主留下好印象。

e. 以话引话：通过对时事热门话题的讨论，了解对方的喜好。

（5）接近客户时要注意下面两点。

a. 走进店铺之前，销售人员要核对店名和老板姓名，以便准确地叫出老板的名字。

b. 运用专业开场白，塑造良好的谈话氛围。

- 真：要真诚，客户能够感受到销售人员的真诚，如果销售人员真心为客户着想，那么客户一定会喜欢他的。
- 神：要有精神，没人喜欢萎靡不振的人，销售人员最好保持神秘感，激起客户的好奇心，但是避免过度故弄玄虚。
- 问：探询对方的喜好。
- 送：客户也要一些小实惠，有时销售人员可以给客户带点小礼品，这样客户或许会很期待你的到来了。
- 新：准备一些新鲜的话题或新闻，激发客户的兴趣。

c. 经常保持微笑。

d. 开场白的禁忌。

开场白的禁忌包括：谈论对方的容貌、身材缺陷，说上司与同事的坏话，透露其他客户的秘密，说竞争对手的坏话、谈论客户生意的好坏及发表政治言论等。

3. 产品陈列与清洁

（1）样品陈列与清洁。

a. 用抹布将新产品或主力产品清洗干净。

b. 用连环套按顺序将产品连在一起。

c. 将样品摆在收银台或柜台显眼处。

（2）冰箱陈列与清洁。

a. 移走不相关的产品。

b. 分别用湿抹布、干抹布将货架上旧产品擦拭干净，然后将其放入冰箱。

c. 冰箱补货遵循先进先出的原则。

d. 将产品正面朝外。

e. 按标准陈列产品。

f. 清洁冰箱门。

（3）货架产品陈列与清洁。

a. 查看货架缺货品项，移走不相关的产品。

b. 分别用湿抹布、干抹布将货架上的旧产品擦拭干净。

c. 从存货区拿出新产品，补足货架。

d. 新日期产品放在货架后边，旧日期产品放在货架前面，先进先出。

e. 将产品正面朝外。

（4）陈列架上产品的补货与陈列。

（5）仓库存货循环管理：及时用仓库存货补足冰箱、堆头、货架、陈列架等。

（6）广告宣传用品的张贴：要充分利用广告宣传用品，刺激消费者消费。

a. 清除破损的围边。

b. 张贴围边时需露出完整画面。

c. 用胶带将围边固定。

（7）产品陈列的要点。

a. 陈列空间：充分利用既有陈列空间，避免中空或货源不足，巩固防线，防止侵占，向外渗透。

b. 全品项陈列：陈列所有规格产品，让消费者各取所需。

c. 集中陈列：系列产品集中陈列，激发消费者的购买欲望。

d. 最佳位置：80～155cm之间的位置，通常是货架的第二、第三层。

e. 方便拿取产品。

f. 产品整洁：产品的卖相要好，不能给消费者留下不良印象。

4. 清点库存

（1）库存数量包含冰箱存货、架上存货、仓库存货、堆头及特殊陈列区产品的数量。

（2）清点终端客户库存时，不仅要清点本公司的产品，还要清点竞争品牌的产品，以判断竞品的销售状况。

（3）存货品质（包装产品的品质及新鲜度）检查：查看本品的生产时间与保质期。如发现仅剩6个月或更短保质期的产品，需尽快将这些产品放到冰箱，或者送到其他售点销售，以防产品过期。

（4）先进先出：陈列产品时，需将旧日期的产品摆在前面，新日期产品摆在后面，避免出现临期品或过期品。

（5）清点库存时，需注意下面几点。

a. 准确地了解库存是产品销售的关键，对库存的清点要求准确，以便掌握客户的销售状况及产品的销售趋势。

b. 维护良好的产品品质是我们的责任，发现客户有我公司的不良产品时，要及时予以更换。

c. 要保持对市场信息的敏感度，知己知彼，方能百战不殆，要准确地掌握竞品的动态。

5. 铺货及销售

（1）定义。

铺货是指这家客户原先未售卖本品的某个品项，通过助理业代与老板的沟通，客户愿意进该品项。

销售是指这家客户原先售卖本品的某个品项，本次只是从助理业代处补进该品项，这一过程称销售。

（2）销售及铺货重点。

a. 先做新品或重点品项的推介。

b. 让客户了解现有库存与上期销量，给出建议订货量。

c. 推介主力产品。

d. 通过促销，提供赠品，进而提高客户的进货量。

e. 业务对建议订单进行确认。

（3）建议订货量计算方法。

安全库存 =（上期库存 + 上期进货 - 本期库存）× 系数（旺季为2倍、淡季为1.5倍）

建议进货量 = 安全库存 - 本期库存

（4）铺货与销售技巧运用，也即FAB原则的运用。

a. FAB：产品特性Feature，功能Advantage，利益Benefit。通过对产品特性的介绍，释放出产品的功能。

b. 推销中的推销四则运算。

“+”：介绍产品的优点时，运用加法法则，逐点罗列，增强说服力。以具体产品为例，如劲凉冰红的包装是套瓶，这是当下最流行的包装，瓶型是螺旋状；代言人是年轻人喜欢的当红组合；产品的优点是劲凉，不含任何防腐剂，无色素，有天然薄荷芬芳，能解渴，最适合夏天饮用等。销售人员介绍产品时，可将这些优点一一列举出来。

“-”：处理顾客异议时，运用减法法则，逐一解答，或强调产品的其他优点，转移顾客的注意力。

“×”：当产品的毛利较低时，可运用乘法法则，销售利润是单品毛利与销售数量的乘积，说明本公司产品回转更快。

“÷”：在争取较大数量订单时，运用除法法则，比如将进货量分配到每天，尽量将大数化小，说明达成销售量的可能性。

6. 结束销售

（1）异议处理：此时客户有可能不认可建议销售量，也可能对配送服务、促销资源持怀疑态度，这时，销售人员要运用客户异议处理技巧，将客户异议中隐含的需求明确化，引导客户安心订货。异议处理步骤：缓冲 - 探询 - 聆听 - 答复，如图7-35所示。

（2）判断购买信号：客户决定购买产品时会通过口头语言或身体语言表示。这时，业务人员就要清楚地向客户表明订货时机到了，并再次强调客户的利益点，同时提供订货选择。比如，在促销套餐的数量上，至少提供两种选择，使客户有非A及B的感觉。

（3）缔结销售：下订单，完成销售，请客户签字确认。

7. 行政作业

（1）客户销售记录卡的填写：库存量、进货量、产品的SKU数等。

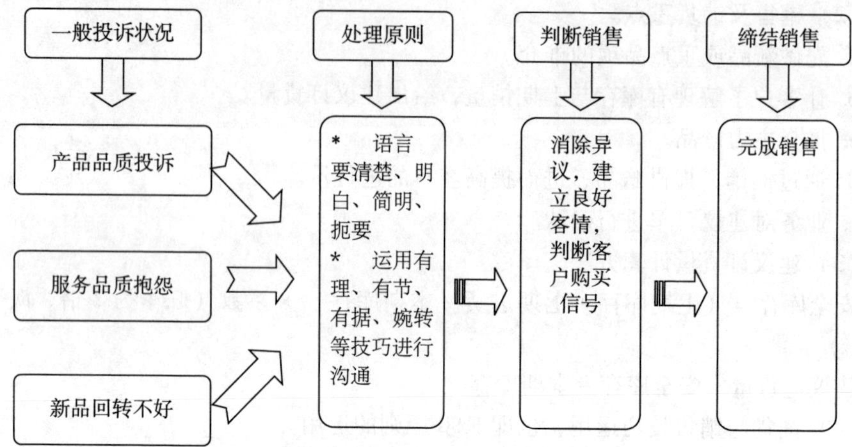

图7－35　异议处理步骤示意图

（2）订单填写。

a. 订单内容要填写完整。

- 业务填写：订货品项及客户名称/客户电话/配送商名称/配送商电话
- 客户确认：由订货一阶客户签字
- 客户收货：由收货一阶客户签字

b. 订单填写常见错误。

- 送货时间不明确。
- 送货地址不明确。
- 未填写店主的联系方式。
- 店主未确认。
- 价格填写不明确。
- 搭赠填写不清楚。
- 其他赠品、退换货未标注。

（3）行政作业注意事项。

此步骤不但可提高CRC准确率，而且能给客户留下好印象，避免订单填写不清晰导致配送商送货不及时或品项不齐状况的发生，减少配送商与终端客户的抱怨。

（4）告知下次拜访的时间。

- 告知客户下次拜访的具体时间，并养成这一良好习惯。
- 让客户知道我们会定期拜访客户。

8. 评估

（1）检查业务人员的客户拜访工作，对业务人员的表现进行评估。

对业务人员来说，对时间的管控很重要，一定要完成当天的客户拜访任务。

（2）如果没有达成预定目标，那么就要制订改善计划，为下次拜访做准备。

a. 评估项目。

- 目标达成状况。
- 推销技巧运用。
- 促销活动执行。
- 其他品类扩展（含新产品）。
- 商品陈列及清洁。
- 广宣布建。

b. 改善计划：首先要知道没有达成预期目标的原因，然后再有针对性地解决问题。

- 未达成预期目标的原因是什么？
- 如何改善？
- 改善计划是否有针对性？
- 改善计划是否可行？
- 改善目标是否明确？
- 改善项目是否可衡量？
- 改善进度是否可追踪？

拜访八步骤就是这样一个循环过程，将终端拜访动作标准化，保证终端拜访质量，提升拜访成交率与成交量，进而提升销售业绩。

7.5 终端促销执行办法

7.5.1 终端促销的作用

1. 促销定义

所谓促销（Sales promotion），就是指在短期内以产品及正常价格以外的方式刺激商品销售的一种活动，其主要目的是提高销售业绩。促销一般分为通路促销（TP）与消费者促销（CP）两种。

2. 促销活动的作用

（1）终端客户方面。

① 能争取有利的价格和陈列空间，并可获得终端客户在库存方面的支持。

② 能够帮助零售商增加或降低库存。

③ 能扩大产品的配销管道。

④ 能激励业务人员、终端客户，从而提高业绩。

（2）消费者方面。

① 可以为消费者提供尝试新产品的机会：样品赠送。

② 能有计划地鼓励消费者“续”购产品：奖金。

③ 能提高消费者购买的频率：如酱油促销时赠送食谱。

④ 能推介一种改良过的产品：如折价券。

⑤ 能推介新包装或不同大小的包装：奖金。

⑥ 能削弱竞争力大的广告及促销活动的影响。

⑦ 能将资金集中用于特殊事件上。

⑧ 能鼓励消费者购买大型的、有创意的产品系列或其他同系列的产品。

(3) 制造商方面。

① 加速产品回转，迅速提升产品销量。

② 品牌推广。

③ 视觉拦截。

④ 消费者拦截。

⑤ 压制竞品。

⑥ 提高市场份额。

3. 促销活动不能达到的效果

(1) 针对终端客户。

① 不能弥补未经良好训练的业务人员造成的损失。

② 不能协助不佳的配销通路。

③ 不能弥补广告的缺失。

(2) 针对消费者。

① 不能建立消费者对品牌的忠诚度。

② 不能扭转销售量直线下降的局面。

③ 不能使消费者接受其不喜欢的产品。

④ 不能弥补向消费者展示不当的广告造成的损失。

⑤ 不能解决产品在价格、包装、品质、诉求方面存在的问题。

4. 促销的原因

(1) 产品品牌数目不断增加。

(2) 竞争者纷纷开展促销活动。

(3) 经济环境不景气。

(4) 通路客户要求开展促销活动。

5. 开展促销活动的时机

(1) 季节转换之际。

(2) 产品的销量有所提升时。

(3) 竞争品牌做促销活动时。

(4) 五一、中秋、国庆、春节等法定节假日期间、节假日前后及公司的节庆日。

(5) 新产品上市时。

(6) 铺货率提高时。

（7）新店开张或周年庆时。

（8）消化库存产品时。

（9）产品的口味、品牌转换时。

7.5.2 促销的种类与运用方法

促销一般有内部促销和外部促销。内部促销主要指通路促销与业务员激励，外部促销主要指消费者促销。本章节只介绍通路促销，即内部促销。

内部促销也叫推的策略，产品到达消费者之前的促销就是内部促销，如制造商针对中间商、零售商开展的促销、中间商针对零售商开展的促销。

1. 通路促销的定义

所谓内部促销，就是利用促销的时效性及额外优惠，刺激内部通路，使其尽快、大量地采购产品，将产品推向下游通路客户。

2. 通路促销的目的

（1）使终端客户囤积产品。

① 避免卖场缺货，无产品陈列现象的发生。

② 终端客户势必会向消费者促销，以减轻库存负担。

③ 制造商大量且集中生产，可以降低产品的生产成本。

④ 如能顺利地将这些货品推给下游管道，那么就可以降低产品的运输成本。

（2）使终端客户主动促销产品。

① 为了消化囤货，终端客户会主动向消费者促销。

② 可使用的方法：做促销广告、自行降价打折、给予特殊陈列待遇。零售商的商品打折，这意味着制造商将原本给零售商的促销降价优惠通过零售给了消费者。零售商在卖场所做的特殊陈列可以吸引选购者的注意，进而增加销售机会。这种做法也可视为卖场产品宣传的另一种形式。

（3）期待终端客户的销售人员推广产品。

终端客户的销售人员会在很大程度上影响消费者对产品品牌的选择，因此促使销售人员介绍、推广产品十分重要。销售人员对产品的介绍与推荐为顾客提供了重要信息，因此通过内部促销增强终端客户推荐产品的意愿，必然有利于品牌产品的推广。

3. 常用的通路促销方式

（1）终端有奖陈列。

（2）终端进货奖励。

（3）终端客户销售返利（下次进货时给予赠品或折扣）。

（4）降价或打折。

（5）随箱赠品。

（6）进货搭赠（如强势产品必须搭赠弱势产品，冰红搭冰绿）。

（7）坎级促销（如在某一特定时期内，客户进货多，就可享受折扣优惠）。

（8）其他（退货服务、承当终端客户广告费、补贴通路费用等）。

4. 业务人员促销

（1）专业特性。

职责：提高业绩、为客户提供服务及搜集相关的市场资料。

（2）业务工作可能产生的问题。

• 关于敬业态度：很难对业务人员拜访客户时所付出的努力进行评估。

• 关于时间管理分配的问题：公司很难掌握业务人员具体的时间分配。

• 收入问题。

• 人员训练问题：业务人员是否称职。

由此可见，制造商面临上述种种难以掌控的因素，对业务人员进行内部促销是制造商克服这些难题的有效法宝。

（3）业务促销的目的。

• 在特定时间内达成预定的业绩目标。

• 激励士气，增强向心力。

• 降低人员流动率。

（4）业务促销的常用方法。

• 比赛：在限定的时间内，组织业务人员开展销售比赛，奖励表现优秀者（金钱、旅游、晋升等）。

• 奖励：公司奖励在限定的时间内达成既定目标的业务人员（金钱、旅游、晋升等）。

• 其他（红利、提供辅助业务材料）：小公司以允许员工参股、员工参与年终分红等形式激励销售人员。

5. 内部促销应注意的事项

（1）内部促销的限制。

• 制造商经营管理中的不良问题并不能经由下游管理得到改善。

• 业务人员缺乏良好的训练也会使内部促销问题长期存在，业务人员肩负与中间商联络、沟通的重任，其自身素质的优劣会影响通路促销的成效。

• 促销无法改变通路的优劣问题，促销可以使好的通路更加畅通，对于不佳的通路，促销或可阻止其每况愈下，但无论如何，促销不能把劣势通路扭转为优势通路。

（2）结果必须是可量化的。

结果可量化，方可确定目标是否达成。

（3）目标必须是可达到的。

（4）游戏规则必须是公平的。

（5）促销的额外利益须足够大，这样才能吸引参与者，但促销的额外利益也不能太大，不能超出利润回收。

(6) 活动时效需够长，这样才能达成业绩目标，但活动时效也不能太长，否则参与者会失去新鲜感，促销活动也会变成一般的活动。

7.5.3 如何开展有效促销

1. 促销背景分析（SWOT 分析法）

(1) 内部状况分析：制造商本身的产品、价格、地点、促销、资金、人员等对分析因素会产生影响的各方面。

(2) 外部因素：机会点（Opportunities）与威胁点（Threats）。

包括消费者、竞争者、经济形势、政府政策、社会动向等对分析因素会产生影响的各方面。如为机会点就应该及时抓住机会，如为我们的威胁点，则尽快进行应对。

2. 设定目标

目标可分为长期目标、短期目标、具体目标。

(1) 长期目标（战略方向）。

① 内容：产品市场占有率的提升、品牌知名度及美誉度的提升、公司使命的实现。

② 不足：长期目标要具有战略指导意义，具体的战术应与之相适应，但目标不能过于空洞，否则会影响对活动效果的评估。

(2) 短期目标。

① 内容：直接销售、非市场目标（处理临期产品、冲货、工作失误等）。

② 不足：或许短期目标的制定无法推动长期目标的实现，但却会阻碍长期目标的实现。

(3) 具体目标。

① 服务于长期目标，用于衡量促销质量的可知、可量化的指标。

② 促销的目标有下面几点。

- 及时提升业绩。
- 提高产品的知名度。
- 试用新产品。
- 通路要求。
- 消费者的期望。
- 提高广告效率。
- 在市场竞争压力下与竞争者的活动相抗衡。

……

(4) 具体目标设定的原则：SMART 原则。

- Specific（特定的）

目标务必具体明确，让我们清晰明了地知道要什么？结果是什么？（在T时间内，通过X行为，达成Y结果）。

• Measurable（可衡量的）

制定的目标能帮助我们观察进度，并衡量最终结果（在T时间内，通过X行为达成Y结果，以Z标来衡量）。

• Achievable（可达成的）

制定的目标切合实际，要具有挑战性，目标要符合实际、有资源保障（有效：适当的挑战性，跳一跳够得着）。

• Relevant（有关联的）

制定的每项目标必须与公司的绩效与战略相关联。

• Timely（有时间限定的）

每项目标要在限定的时间内完成。

举例：

请你在8月15日之前（15天），利用每购1箱茉莉蜜茶送1瓶本品的促销政策，将新品PET500茉莉蜜茶在步行街的铺货率提升到90%。

S：明确茉莉蜜茶的铺货状况和铺货结果。

M：茉莉蜜茶新品PET500的铺货率达90%。

A：将茉莉蜜茶新品PET500在步行街的铺货率提升至90%。

R：每购1箱茉莉蜜茶送1瓶本品的促销政策

T：8月15日前（15天）

3. 促销的产品

（1）刚上市的新产品。

（2）销售落后的产品。

（3）季节性产品。

（4）策略性产品。

4. 选择促销时间

（1）淡季。

（2）旺季。

（3）卖场店庆及节庆。

（4）特殊时间，如节假日。

（5）特殊集会。

（6）促销时间的长短：相关研究指出促销活动的最佳频率是每季有三周的优惠活动，而销售活动的最佳时间长度是平均购买周期。但是，销售活动的最佳频率和最佳时间长度应随着促销目标、竞争中的策略和其他因素的改变而改变，一定要尽量避免促销带来的弊端。

5. 选择客户

现代型通路、封闭通路、传统通路等。

6. 促销方式

（1）通路方面：进货奖励、特通返利、随箱赠品、随货搭赠、陈列奖励等。

（2）内部人员方面：业代陈列奖励、业绩达成奖励、铺货率提高奖励。

7. 费用预估

（1）预算销售。

（2）预算费用。

（3）盈亏平衡观念：销售额×公司毛利—投资费用≥0

8. 效果评估

（1）促销效果评估以促销目的为评估基础。

（2）设定量化的评估标准。

（3）将评估标准列入促销计划。

（4）计算投入产出比（在可衡量的情况下）。

9. 制定方案（促销计划）

一个完整的促销计划应包括（6W3H）：

（1）制定人（Who）。

（2）促销对象（Whom）：产品别、通路别、消费群等。

（3）背景及目的（Why）：SWOT分析、具体目标。

（4）时间（When）：年、季、月、周、日、时段、时刻、时间长短。

（5）地点（Where）：片区或具体地点。

（6）方式（What & How）：促销方式、促销过程及促销活动的调控。

（7）费用预估（How much）：总体、接触点、成本法、市场法。

（8）效果预估（How effectually）：依具体目标而定，直接销量、直接人数、间接人数、顾客反应、后期销量、后期反应等。

10. 方案的执行及控制

（1）方案执行前的谈判。

- 促销信息告知（必要时准备客户简报）。
- 说明好处。
- 解答疑问。
- 活动前后销售数据对比。
- 确定双方条件（双赢）。
- 明确5W2H。
- 签订协议。

（2）方案执行的标准。

- 严格按照规划执行方案。
- 设定方案执行的标准。

（3）方案执行中的管控。

- 参照规划检查方案的执行状况。
- 不定期、不定点地检查方案的执行效果。
- 分析异常问题。
- 提出解决异常问题的对策及方案。

11. 方案的评估

(1) 效果评估。

(2) 费用评估。

(3) 成功经验及失败教训。

(4) 下一步计划。

7.6 市场资讯收集办法

1. 何谓市场资讯

为了有效地掌握市场，迅速将市场情报（包括人、事、实、地、物等）讯息传达给主管，主管据此制订合理的销售策略，为业务人员提供销售利器，进而巩固、提高产品的市场占有率。

2. 收集市场资讯的目的

(1) 市场资讯是将消费者、通路客户与制造商联系起来的桥梁。

(2) 为了帮助营销管理人员解决营销难题，识别并抓住市场机会，有必要系统、客观地对市场信息进行界定、收集、分析和评估。

(3) 收集市场资讯的目的是为管理层提供识别并解决市场营销问题所需的信息和知识。

3. 作业内容

(1) 收集项目。

① 竞争品牌。

- 制造商。
- 产品来源。
- 上市新品的种类、品项。

② 包装别。

- 各项产品的规格、含量。
- 产品的包装材料。
- 方便性及操作性。

③ 价格策略。

- 各通路的价格条件。
- 零售价位。

- 价位弹性空间。

④ 促销讯息。

- 价格促销：如搭赠、折扣价。
- 零售点：陈列点、冰橱搭配。
- 赠品：产品搭赠其他赠品。
- 其他：含各项活动，如试饮、广告物赞助。

⑤ 市场或产品动向。

- 铺货率。
- 知名度，消费者的反应。
- 系列产品的发展及走向。

⑥ 店老板的接受程度。

（2）新产品上市定点客户调查。

① 了解新产品上市后客户的反映及产品的回转率，为今后新产品的上市提供销售策略上的借鉴及方向指标。

② 调查定点客户数。

- 在辖区内甄选：15 户。
- 对象：以超市为主。

③ 新产品上市后，填写《定点客户调查明细表》，由业务组长亲自负责找寻、追踪、管理并移交。

④ 新产品上市后，业务组长隔月做追踪管理，每月 15 日将回馈信息呈报给营业部。

（3）一般产品市场调查。

① 为了解本公司各类产品的铺售状况、陈列、库存量及客户不进货的原因，要深入了解当下市场销售方法，采取有效的应对措施。

② 业务组长市场调查分为区域接触和会同作业两种。

a. 区域接触：呈报的资料是市场调查汇总表和各主要竞品的市场价格调查表。

b. 会同作业：呈报协同拜访记录表、市场调查汇总表及主要竞品市场调查表。

c. 调查客户数：15 户。

d. 调查对象：以超市为主。

e. 各级人员收集市场资讯后，需深入了解、分析市场信息，真正发现问题所在，寻求对策。

4. 市场资讯收集的常用格式

（1）产品铺货率调查表，如表 7－7 所示。

表 7－7　××所 11 月本竞品铺市率状况分析表

说明：城市别请按调查城市填写，区域内第一、第二竞品需各位填写　　　　填写日期：2008 年 11 月 03 日

所别	城市别	品类	包装别	产品	重点品项铺市目标	铺市率状况			排面			问题点	改善对策
						9 月	10 月	11 月	9 月	10 月	11 月		
佛山所	佛山	冰系列	PET500	本品冰红茶	100%	96%	97%	99%	3.2	3.1	2.6	冰绿茶有一定回落	业务加强铺货
				本品冰绿茶	50%	45%	23%	26%	3.2	3.8	2.8		
				区域内第一统一冰红茶		33%	29%	11%	2.8	2.4	1.6		
				区域内第二农夫红茶	80%								
		劲凉系列	PET500	本品劲凉冰红茶		30%	2%	4%	2.8	2.3	2.6	天气转凉，薄荷类饮料整体下滑	加强库存消化
				区域内第一可乐冰极红茶		44%	16%	3%	2.9	1.6	1.8		
		茶系列	PET500	康师傅绿茶	100%	89%	**91%**	**91%**	3.2	2.5	2.6	统一绿茶在本地铺货率突然下滑	巩固绿茶第一品牌地位
				区域内第一统一绿茶		31%	35%	13%	2.6	2.1	1.5		
				区域内第二茶里王绿茶		5%	2%	1%	1.9	2.7	2		
		果汁	PET500	本品果汁	80%	50%	54%	48%	3	3	3.2	铺市率与美汁源、第五季的差距仍旧较大	以多口味优势提高铺市率
				每日 C 果汁	80%	38%	30%	32%	2.5	2.4	2.3		
				区域内第一美汁源		81%	61%	73%	3	3	3.3		
				区域内第二第五季番石榴		61%	59%	61%	2.8	2.7	2.5		
		花茶	PET500	本品茉莉清茶	80%	46%	44%	37%	3.4	1.4	2	由于我品茉莉蜜茶的提升，一定程度稀释了清茶	持续加大货架与冰箱的排面
				区域内第一统一花茶									
				区域内第二 ** 竞品									
		果粒果汁	PET450	每日 C	85%								
				区域内第一 ** 竞品									

续表

所别	城市别	品类	包装别	产品	重点品项铺市目标	铺市率状况			排面			问题点	改善对策
						9 月	10 月	11 月	9 月	10 月	11 月		
佛山所	佛山	水	PET450 – PET600	本品矿物质水	80%	62%	**62%**	**7.10%**	3.8	1.5	3.1	经过地毯式铺货，但与怡宝仍有较大的差距，继续追踪	持续加强铺货
				区域内第一怡宝		83%	85%	89%	3.6	3.2	4.3		
				区域内第二华山泉		38%	35%	31	3.3	2	3.6		
		一阶大包装	PET1250 – PET1500	PET1250 本品冰红茶	50%	28%	6%	7%	2.2	1.2	3.2	PET1250 在一阶铺市率有一定落差，因为重点要加强矿物质水的铺货，占用了有限的陈列资源	大包装为公司年度推广重点，应当持续加以推广。以竞品铺货点为重点铺货对象，提升大包装铺市率
				PET1250 本品绿茶	50%	34%	7%	8%	2.5	1.1	1.9		
				PET1250 本茉莉	30%	15%			2				
				PET1250 每日 C 果汁									
				区域内第一美汁源果粒果汁品牌		41%	34%	45%	2.1	1.6	2.4		
				区域内第二 ** 竞品									
		商场大包装	PET1500 – PET2000	PET2000 本品冰红茶	1000%	76%	71%	94%	3.2	3.1	6.9		
				PET2000 本品绿茶	1000%	76%	71%	100%	2.8	2.6	7.6		
				PET2000 果汁	1000%	64%							
				PET2000 果汁	1000%		67%		3.7	2.5			
				区域内第一统一 2L 果汁鲜橙多									
				区域内第二统一 1.5L 果汁鲜橙多									

（2）本公司产品与竞品品牌产品市场价格调查表，如表7－8所示。

表7－8　××所××城区本竞品价格比较表

品项	即饮茶																	
	冰茶								绿茶						茉莉			大麦茶
	康师傅冰茶				统一冰茶			雀巢冰爽	康师傅绿茶			统一绿茶		茶研工坊	康师傅茉莉清茶	统一茉莉清茶	统一桂花清茶	康师傅大麦香茶
	PET 500	PET 1250	PET 2000	CAN 340	PET 500	PET 1500	CAN 340	PET 500	PET 500	PET 1250	PET 2000	PET 500	PET 1500	PET 470	PET 500	PET 500	PET 500	PET 500
规格（入）	15	8	6	24	15	6	24	12	15	8	6	15	6	12	15	15	15	15
三阶进价（牌价）	31.0	26.8	29.2	42.1	30.5	29.0	38.5		31.0	31.0	30.0	30.0	29.0		31.0	30.5	30.5	31.0
二阶进价（牌价）	32.0	27.8	30.2	43.0	31.5	30.0	39.5	22.5	32.0	32.0	31.0	31.0	30.0	21.5	32.0	31.5	31.5	32.0
一阶进价（牌价）	33.0	29.0	31.2	44.0	32.5	31.0	40.5	23.5	33.0	33.0	33.0	32.0	31.0	22.5	33.0	32.5	32.5	33.0
所城区 二阶进价（净）	30.8	29.1	28.2	40.0	30.5	31.0	40.0	22.5	30.8	29.1	28.2	30.5	31.0		32.0	30.5	30.5	
所城区 二阶利润	1.0	1.2	1.5	1.0	1.0	1.0	1.5	1.0	1.1	1.0	2.0	1.0	1.0	1.0	1.0	1.0	1.0	
所城区 一阶进价（净）	33.0	30.5	30.0	42.0	33.0	32.0	41.0	23.0	32.0	33.0	33.0	33.0	32.0	22.5	33.0	33.0	33.0	
所城区 一般零售价（支）	3.0	5.0	6.5	2.0	3.0	6.0	2.0	3.0	3.0	5.0	6.5	3.0	3.0	3.0	3.0	3.0	3.0	
所城区 一阶利润	12.0	11.0	7.0	16.0	13.3	5.0	7.0	12.5	12.5	7.0	3.0	13.3	5.0	13.5	12.6	13.3	13.3	12.6
所城区 其他二阶促销说明																		
所城区 其他一阶促销说明	24箱送一箱PET 600矿物质水			24箱送一箱PET 600矿物质水	4箱送一箱PET 600矿物质水				24箱送一箱PET 600矿物质水			4箱送一箱PET 600矿物质水				4箱送一箱PET 600矿物质水	4箱送一箱PET 600矿物质水	

填表说明：1. 表格中有公式，请不要更改，如有负数出现请核对。2. 如通路促销力度是“X＋Y本品”则不用填写，直接将力度折算成一、二阶净进价。如是“1箱送价值3元洗衣粉1包”之类则填写。3. 近期请关注各竞品调价动态，及时反馈。

(3) 新品铺货不进货原因调查表，如表7-9所示。

表7-9　新品铺市不进货原因调查表

营业所：　　　　区域：　　　　　　　　　　　　　　　　填表日期：年　月　日

客户名称	通路别	拜访时之陈列及现有库存量　陈列/库存								不进货原因比率分析
		/	/	/	/	/	/	/	/	
	不进货原因									
		/	/	/	/	/	/	/	/	
	不进货原因									
		/	/	/	/	/	/	/	/	
	不进货原因									
		/	/	/	/	/	/	/	/	
	不进货原因									
		/	/	/	/	/	/	/	/	
	不进货原因									
		/	/	/	/	/	/	/	/	
	不进货原因									
		/	/	/	/	/	/	/	/	
	不进货原因									
		/	/	/	/	/	/	/	/	
	不进货原因									
库存及陈列量合计										
不进货原因合计	1									
	2									
	3									
	4									
	5									
	6									

表号：R-01 10-255-1A　　　　　　　　　　　　　　　　　　制表人：

备注：不进货原因代号：1. 库存原因；2. 价格原因；3. 人为因素；4. 市场特殊状况；5. 产品流通不佳；6 其他说明原因。

第 8 章

批发客户管理

8.1 批发客户类型与特点

8.1.1 批发客户类型

扶持二阶、掌握终端是通路精耕政策的最终目标，管理好批发客户是落实通路精耕政策的重要步骤。

1. 定义

在通路精耕系统经销通路中，不从制造商拿货，是协助经销商（三阶）将产品分流到终端（一阶）客户的中间商，这类中间商统称为批发客户（二阶）。经销商、批发商与终端客户的关系如图8-1所示：（注意：批发通路是经销通路中的一个通路）

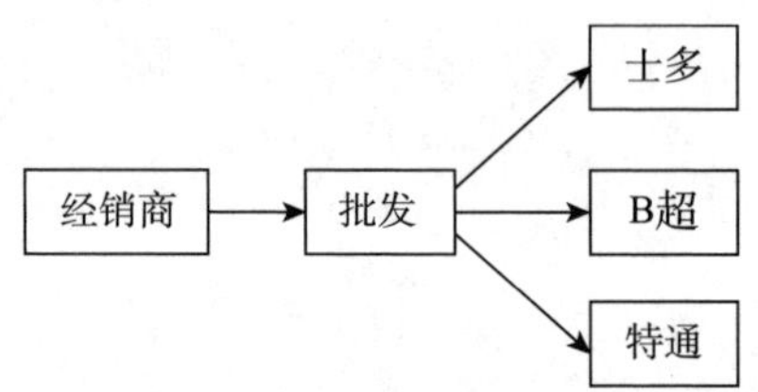

图8-1 经销商、批发商与终端客户关系图

2. 批发商分类

通路精耕中，批发客户一般分为精耕城区批发客户与外埠片区批发客户。

（1）在精耕城区，该客户批发的销量大于零售量，则将其定义为批发客户，由专业的批发业代进行拜访。

（2）精耕城区的批发客户有批市批发商、单点批发商与士多批发商三类

① 批市批发商：指在批发市场中拥有固定的经营位置，批零兼营，但不具备拜访配送能力的客户。

② 单点批发商：指在批发市场外从事批零兼营的客户，此类客户不具备拜访配送能力。

③ 士多批发商：指具有拜访配送能力并做部分转单服务的批发客户。（转单是指转移订单，也即由制造商销售人员在销售渠道上取得通路成员的订单，再将订单转移给对应的上游客户，最后由上游客户进行配送的过程。）

在精耕城区中，如果该客户批零兼营，但零售的销量大于批发的销量，则不属于批发客户，价格定义在一阶客户，由助理业代沿路进行拜访。

④ 外埠片区批发商主要分为县城批发商与乡镇批发商两类，部分批发客户兼有配送转单功能。外埠批发客户由外埠业代或外埠助代通过车销形式进行拜访。

8.1.2 批发客户特征

1. 批发客户的特征

(1)“唯利是图”。

获取利润是所有通路客户的共同目标，批发客户更是将唯利是图的特性表现得淋漓尽致。

短期利益（一日、一周、一月、一年）是批发客户判断盈利情况的依据，只有极少数客户自觉地以一季度甚至一年的利益衡量其盈利状况。

批发客户与供应商（如制造商旗下的经销商）的合作是建立在利益基础之上的，批发客户一般不会从一处进货，而是从多家供应商处进货。一旦某供应商提出的价格比别处高，批发客户就会毫不犹豫地从别处进货，不论他们与此供应商合作得多么友好、愉快。批发客户对品牌的忠诚度也是完全建立在利益基础之上的，只要该产品能给自己带来足够多的利益，他们就愿意经营。一旦该品牌不能为他们带来直接或间接的利益，他们就会毫不犹豫地放弃该产品，不论该品牌曾为他们带来多少利润，也不论本人多么喜欢该品牌。因此，他们倾向于只经营制造商系列产品中的畅销规格，拒绝全品项分销。

对其客户来说，批发客户的信誉度相当低。为了最大限度地获取利润，他们总是根据市场价格变动情况随时改变产品的销售价格，绝不会因考虑客户利益而损害自己。为谋求短期超额利润，不少批发客户不惜经营假冒伪劣产品，这也正是批发市场上有很多假冒伪劣产品的原因。

(2) 价格优势。

批发客户总是将竞争中的优势转化为价格优势，这是批发客户实现其赢利目标的根本手段。

批发客户对价格的差异最敏感，一旦市场上出现比现行价格更低的产品（如某批发客户为获取竞争优势自行调低价格），批发市场往往就会受到冲击。一旦市场受到冲击，就会出现以下情况：

① 大多数有较多库存的客户会不惜成本，将产品价格降低到相应的价格水平，以免丧失生意机会，导致库存商品积压，影响资金的正常周转。

② 库存较少的客户一般不会亏本卖完库存商品，也不会贸然进货，而是观望和等待。

竞相降价是批发市场普遍存在的现象，在广泛分销产品市场上更是如此。竞相降价的做法严重损害了批发客户和零售商的长远利益。因此，维持批发市场商品价格的相对稳定是一项艰巨而重大的任务。

(3) 费用和利润。

批发客户费用极低．尽管不同行业经营利润率不同，批发客户普遍奉行“低利润，快周转”的经营策略，这与价格优势策略相适应。

（4）货款支付。

目前，个体批发客户多以现金承付供应商的货款，少数信誉较好的批发客户会在很短的款期（几天）内付款，多数批发客户要求现款现货。同样的货款支付形式和款期适用于批发客户与同类客户的交易上。

（5）销货限量。

个体批发客户销货多至几百箱，乃至几千箱，少至一箱，甚至拆零。

（6）分销、货架、助销。

批发客户的分销、货架、助销与零售网点的情况有较大的差异。

分销：倾向于只经营那些最畅销的品牌与规格，因此经营的种类较少。

货架：没有足够的用于陈列产品的货架空间。堆箱陈列是批发客户陈列产品的主要方式。

助销：在批发市场具有较明显的群体效应。

2. 批发客户的功能

（1）批发客户有以下优势。

① 可执行较小的订货量。

② 地理位置方便。

③ 具有自身固有的通路。

④ 批发市场可创造较强的群体效应。

（2）考虑到制造商的经销商直接覆盖所有零售网点的能力和经济可行性，应发展批发客户，使其在制造商销售体系中扮演如下角色。

① 向小型商店销售产品（尤指拆零情况），利用批发市场的群体效应，促进制造商产品在小店的分销。

② 利用其固有网络，对该时期制造商无法有效覆盖的通路或客户进行覆盖，如集团购买。

③ 既作为个体零售网点，又作为整体零售网点。

④ 覆盖制造商该时期还不曾直接覆盖的区域，如小城镇和农村。

3. 对批发客户的发展策略

（1）直接覆盖更多的批发客户，保持制造商产品在货架上的绝对优势。

（2）广泛覆盖 + 直接覆盖 = 有效覆盖。

（3）促使每个客户尽可能全面分销制造商的产品。

（4）最大限度地提高制造商产品在所有客户中的生意份额，鼓励客户集中人力、物力、财力销售制造商产品，压缩对其他生意的投入，从而有效地打击竞争对手。

（5）帮助批发客户建立有效的覆盖和分销系统，使其成功地实现再分销，如给小店铺货、覆盖集团购买的分销商及郊县的区域分销商。

8.1.3 批发客户常见问题

1. 批发市场调控方面

（1）市场价格混乱，客户降价竞争，产生以下危害。

① 制造商直接覆盖的客户的利润减少，同时可能受几个大批发客户的控制，因而无法有效地支持、发展非直接覆盖的二级批发客户。

② 批发客户的利润减少，逐步失去了经营兴趣，可能导致批发客户放弃经营产品，尤其是那些在资金、价格、规模上竞争力弱、实力较差的批发客户，最终形成少数几个大型客户的寡头经营。

③ 小型零售商店因批发市场的价格混乱，难以获得全面的市场信息，只能谨慎进货，从而导致那些极度依赖批发客户的零售网点严重脱销。此外，批发客户的数量减少，这必然会削弱再分销力量，最终使靠经销商辅助再分销的零售网点分销能力下降。

④ 价格的不断下降将使消费者对制造商持怀疑态度，影响产品的销量和新产品的推出。

市场价格混乱的原因：

① 直接客户间的激烈竞争使不同的进货通路有不同的进货价格，反映在批发市场上，即是价格差距较明显，为提高竞争力，客户必然竟相压价。

② 同一经销商的价盘内有不同的等级，这就导致不公平竞争，导致市场内部的恶性流通，致使价格一跌再跌。

③ 客户的经营策略及经营观念不同，个别实力较强的客户企图通过压价独占市场，因此首先降低价格，从而加速了市场价格下降。

④ 价格下降会导致恶性循环。一旦部分市场或批发客户采取降价措施，其他市场或批发客户极有可能竞相效仿，市场或批发客户之间激烈竞争，必然导致价格不断下跌。

（2）假货不断冲击市场，产生以下危害。

① 直接客户产品的市场占有率下降，假货的市场占有率很高，因此，部分市场受到严重冲击。同时，假货扰乱市场价盘，影响直接客户的生意发展。

② 经营真货的批发客户受假货价格的严重冲击，发展缓慢甚至停滞不前；经营假货的批发商信誉度下降，无法实现长远发展。

③ 零售网点经营假货将严重损害网点形象，短期繁荣之后，将出现长久的停滞期或倒退期，经营假货也会消减零售商经营制造商产品的兴趣。

④ 消费者权益受到侵害。消费者可能因误用假货对制造商产品的质量产生怀疑，从而放弃使用制造商产品。

⑤ 制造商产品形象受损。

假货冲击市场的原因：

① 消费者对品牌的认知不同，或者消费者贪图一时的便宜，才使假货有机可乘，占有一小部分市场。

② 批发客户贪图短期超额利润，不顾自身的长远发展和自身形象，损害了消费者的利益。

③ 假货制造商追求暴利，以隐蔽的方式进行生产，难以跟踪打击。

④ 制造商产品的良好形象和巨大销量使其最有可能成为造假者、卖假者竞相模仿的对象。

⑤ 公司及政府有关部门对假货的打击力度不够，对消费者权益保护的宣传不到位。

2. 批发客户管理方面的具体问题

（1）回款问题。

由于批发客户占制造商的经销商较大的生意比例，批发客户的回款是否及时，直接影响经销商的资金周转。

（2）分销问题。

与大型商店相比，批发客户的分销难度更高，一些制造商对此不够重视。因此在增强批发客户分销的深度和广度方面，还需投入较多精力。

（3）货架和助销问题

批发客户在货架和助销方面有其独特性，因此还需加强对批发客户的管理，使其在货架和助销方面逐步走向正规化。

（4）安全库存问题。

过低的库存会使批发客户所经营的制造商产品脱销。

（5）送货时间安排问题。

批发客户订货不稳定且要货频繁，因此，如何合理安排送货时间、限制批发客户的订货额是亟须解决的问题。

8.2　批发客户管理

在通路精耕操作中，一半以上的销售业绩来自于批发客户，批发客户是产品到达终端的重要桥梁，因此加强对批发客户的管理尤为重要。下面对批发客户的操作与管理做详细说明。

8.2.1　批发客户管理方向

1. 宗旨

积极引导批发客户朝着制造商期望的方向发展，使其成为制造商所希望的角色。

2. 基本策略

（1）通过与批发客户签订协议，在一定程度上控制主要批发客户，调控市场，如从分销、助销、货架、价格、收款、库存、通路等方面控制批发客户。

（2）通过建立合理的价盘全面管理批发市场。

（3）加强对批发客户业务人员的管理，全面发展批发客户和批发市场。

3. 开发二级批发客户

产品的品质优良，制造商提供强有力的广告支持，有成功的销售策略，在此基础上，批发客户通过经营制造商产品可以获得如下利益。

（1）直接利益。

- 畅销商品带来的丰厚利润。
- 资金周转快。
- 送货费用、销售费用等营运费用低，利息少。
- 利润的增长率高，增长持久，现有产品更加成熟，新产品不断推出，制造商产品发展的潜力巨大，为客户带来的利润会长期稳定地增长。
- 经营规模不断扩大，有利于树立竞争优势，相对降低营运成本。
- 完善自身的客户网络系统，为长远发展奠定基础。

（2）间接利益。

- 龙头产品带动店内其他产品的销售。
- 树立良好的经营形象。

（3）与制造商直接客户（经销商）有效合作的好处。

- 降低经营假货的风险。
- 保障稳定的货源。
- 获得优质服务。
- 成功的策略支持，包括高素质的业务队伍在分销、助销、货架等方面为其提供支持。
- 优先得到强有力的促销支持。
- 最优惠的价格。

4. 签订协议的策略

（1）与20%的重要客户（占批发销售量80%）签订协议，有效地在销量分销、货架、助销、回款、进货通路、进货价格、库存、合作等方面限制客户，解决目前批发客户管理中出现的各种问题。

（2）关键点。

- 有效地协调经销商统一价盘，避免破坏价格优势。
- 减少价格等级，避免批发客户之间的相互压价竞争。
- 对大客户和小客户采取不同的价格策略。通过实施奖励政策，鼓励大客户追求中长期利益，变显性价格优势为隐性价格优势；为小客户提供既得利益——有竞争力的优惠价格和有效的助销，确保实现全面覆盖和分销，避免寡头经营。

(3) 批发客户业务队伍管理的特点。

与零售网点的业务队伍相比，批发客户的业务队伍更复杂、更不稳定，也应该是所有销售队伍中最强的。为了使批发客户的业务人员认真履行其职责，我们应该帮助他们树立以下观念：

• 全面、整体的观念。业务人员关注的是整体而非单独客户，应关注整个批发市场的现状和发展前景，如价格问题、市场问题。

• 长远发展的观念。帮助客户实现长远发展，通过说服与培训，引导客户注重中长期的发展（因为批发客户更加关注短期利益，妨碍了自身和整个市场的长远发展）。

• 服务观念。业务人员应做服务客户的代表，帮助客户达到分销、助销、货架、销量等发展目标，成功执行公司与客户的协议。

• 时间观念。合理的时间安排。

8.2.2 批发客户开发

1. 调查背景资料

(1) 基础资料。

基础资料包括批发客户的名称、办公与仓库的地址、客户联系电话、法人代表、经营管理者、经营管理者的性格、兴趣、爱好、家庭、学历、年龄、能力、创业时间及客户与本公司交易的时间、组织形式、业种、资产等相关资料。

(2) 客户特征。

客户特征主要包括服务区域、销售能力、发展潜力、经营理念、经营方向、经营政策、制造商规模、经营特点等。

(3) 业务状况。

业务状况主要包括销售实绩、经营管理者和业务人员的素质、客户与其他竞争者的关系、客户与本公司的业务关系及其合作态度等。

(4) 交易现状。

交易现状主要包括客户的销售活动现状、存在的问题、保持的优势、未来的对策、制造商形象、声誉、信用状况、交易条件及出现的信用问题等。

2. 建立客户资料卡

(1) 批发客户建立CRC，方便批发业代定域、定线、定点、定期、定时拜访客户，为客户提供专业服务，实现对批发客户的全面掌控。

(2) 根据其产品销量对批发客户进行分级，从而设定合理、有效的拜访频次。各区域市场之间存在差异，具体的销量标准也有所不同。

以饮料行业为例，珠三角区域饮品月销量（所有饮品）高达900箱的批发客户为A级，饮品月销量为500～900箱的客户为B级，饮品月销量不足500箱的客户为C级。

拜访频次如表8－1所示。

表8－1　各级客户拜访频次一览表

级别	A级	B级	C级
外埠/郊县客户	每月3访	每月2访	每月1访
城区客户	每周2访	每周1访	每周1访

（3）在批发业代日常操作中，每日需根据相应的CRC拜访客户。

（4）每次拜访批发客户时，批发业代需记录客户各品项的存货与进货（销售）情况。

批发客户销售记录卡如表8－2所示。

表8－2　批发客户销售记录卡

所别：　　　　　　　　　　　　　　　　　　　　　　　　业代姓名

路号：	客户编号：	客户地址：	电话：	联系人：
客户名称：	负责人：	仓库地址：	电话：	联系人：
通路别：		拜访频率：	太阳伞：	

拜访日	类别： 代号 / 口味别 / 销售资料	冰红茶																												销售合计	销售金额
	存货																														
	销售																														
	存货																														
	销售																														
	存货																														
	销售																														
	存货																														
	销售																														
	存货																														
	销售																														
	存货																														
	销售																														
	存货																														
	销售																														

8.2.3 落实有效拜访

没有客户拜访就没有产品销售，但这并不是说销售人员去拜访客户就一定能实现产品销售。销售人员如何有效地拜访客户呢？拜访批发客户时，销售人员应在有限的时间内做好哪些工作，才能提升销售业绩呢？

一些销售人员每次拜访客户时都说两句话——“上周卖了多少货？”“下周能再进多少货？”这样说无助于销售业绩的提升。

1. 销售人员拜访批发商时要完成的任务

（1）销售产品：这是拜访客户时要完成的主要任务。

（2）市场维护：没有市场维护，再好的销售局面也只是昙花一现。销售人员要处理好市场运作中的问题，化解客户间的矛盾，理顺通路间的关系，确保市场的稳定。

（3）建立客情：销售人员要树立良好的个人形象，这有助于赢得客户的信任和支持。

（4）信息收集：销售人员要及时了解市场情况，监控市场动态。

（5）指导客户：销售人员可分为两类：一类是只会向客户要订单的人；一类是为客户出主意的人。前者很难获得订单，后者很容易赢得客户的尊敬。

2. 批发客户拜访步骤

（1）销售准备。

① 掌握资源。

了解公司的销售政策、价格政策和促销政策。尤其是在制造商推出新的销售政策、价格政策和促销政策时，更要了解新的销售政策和促销政策的详细内容。公司推出新产品时，销售人员要了解新产品的特点。不了解新的销售政策，就无法以新的政策吸引客户。不了解新产品，也就无法向客户推销新产品。

② 制订明确的销售目标和计划。

销售人员要为实现目标而工作。销售准则就是制订销售计划，然后根据计划销售。每次拜访客户时，销售人员都要知道拜访客户的目标是什么，以及如何做才能实现目标。

客户拜访目标可分为销售目标和行政目标。销售目标包括要求老客户增加订货量或品种、向老客户推荐现有产品中尚未经营的产品、介绍新产品、要求新客户下订单等。行政目标包括收回账款、处理投诉、传达政策、客情建立等。

③ 掌握专业推销技巧。

掌握销售技巧，以专业的方法开展销售工作。

④ 整理仪容仪表。

销售人员要通过良好的个人形象向客户展示品牌形象和制造商形象。

⑤ 带全必备的销售工具。

凡是能促进销售的资料或工具，销售人员都要带上。调查表明，销售人员在拜访客户时，利用销售工具，可降低50%的劳动成本，提高9%的成功率，提高90%的销售质量！销售人员要有一个销售工具包，销售工具包括CRC、产品宣传资料、名片、计算器、笔记本、笔、价格表、样品、订货单、抹布、智能手机等。有条件的话，可以使用双肩带的黑色背包。为了更方便、更快捷地取出相应的工具，包内东西要按顺序取放。

（2）接近客户。

① 前往客户所在地之前，业务人员要先看一下CRC，了解该客户的相应资料与本次拜访的目标。

② 跟老板打招呼。

（3）了解库存。

① 库存产品占销售额的比例。

了解自己的库存产品和产品销售额，分析库存产品占销售额的比例，以便发现问题。如果库存产品占销售额的比例太低，那么就可能会出现缺货、断货的情况；如果所占比例太大，说明有产品积压的倾向，销售人员就要和客户一起想办法，帮助客户消化库存。

另外，了解自己产品占整体库存产品比例，看看我们的产品在客户库存中所占的比例。占压批发客户的库房和资金的比例是批发销售的关键。

② 哪些产品周转快，哪些产品周转慢？

由于各地市场情况不同，公司的品项在各地的销售情况也不同。了解在客户店里哪些品种卖得快，哪些卖得慢，这样就可以指导客户，帮助其提高产品销量。

③ 了解库存数量、产品品种有无明显变化。

了解近期客户库存数量和产品品种的变化，掌握销售动态，及时采取策略与方法应对各种问题。

④ 了解客户销售情况与生动化陈列。

只有了解客户销售的具体情况，才能发现问题，指导客户，做好销售。

a. 公司主销产品、盈利产品、滞销产品是什么？这些产品的销量占客户总销售额的比例是多少？竞品能销多少？这样做的目的是了解我们的产品和竞品在当地市场的销售状况。

b. 店口堆箱陈列，样品按规定摆足，样品及时更换。

c. 布建太阳伞与其他横幅、围边等广告宣传用品，吸引更多的终端客户购买产品。

⑤ 建议订货。

销售人员在了解客户的销售、库存情况的基础上，向客户介绍产品和公司新的促销方案，表明销售意图，回答客户提出的问题，根据安全库存数，建议客户订货。

⑥ 收集市场信息。

a. 了解批发客户的资料。

批发业代要了解本地市场上潜在的经销商资料。当公司调整经销商时，就有后备批发客户代替原有的批发客户。

b. 通过巡访批发客户和其他媒介，调查并了解竞争对手的通路、价格、产品、广告促销办法及产品的市场占有率。

c. 调查客户资信及其变动情况。

⑦ 行政工作。

客户拜访结束后，销售人员还要做好以下工作。

a. 填写客户记录卡，记录相关重要事项。

b. 落实对客户的承诺。

c. 评估销售业绩。对拜访目标和实际结果进行对比分析，目的是让批发业代把工作重点放到获得销售成果上，同时提醒自己多思考改进工作的方法，且在下一次的拜访中落实这些步骤。

⑧ 评估与改善。

批发业代每次要对拜访客户工作做一个总结，找出不足之处，及时改进。主要的评估内容有：

a. 主管指令是否按要求落实。批发业代的职责就是执行、落实主管的指示。每次拜访客户后，批发业代要检讨自己，清楚主管的指示是否得到落实？哪些方面没有落实？今天如何落实？

b. 有没有对未完成的工作进行跟踪处理。

c. 对客户的承诺是否兑现了。一些批发业代常犯的错误是乱许诺，又不兑现承诺。

d. 下一期工作的计划和安排：今天的客户拜访是昨天客户拜访的延续，又是明天客户拜访的起点。批发业代要做好路线规划，统一安排工作，合理利用时间，提高拜访效率。

3. 品类品项管理

批发客户一般只售卖公司的畅销产品，一般不会主动售卖新产品与滞销产品，所以我们通过拜访批发业代，在保证畅销品项安全库存的基础上，说服批发客户售卖公司未来重点培养的产品，借助其销售网络，将未来重点培养产品推广到更多的终端客户，以提升新产品的市场覆盖面。

4. 库存管理

通路精耕执行中，库存的管理是决定客户拜访效果的关键。每次拜访客户时，需将批发客户的本品库存量增加到安全库存量，并记录销售回转量。库存管理一般通过CRC的记录与管理实现。

5. 价格管理

批发客户是市场乱价的始作俑者。市场乱是价格乱引发的，价格的混乱必然导致市场的混乱，因此管理市场的核心是管理价格。要管理批发客户的产品出货价格，批发业代就要了解以下内容：

（1）不同客户的销售价格比较。对当地市场上几个客户的价格进行横向对比，看不同客户的实际价格，或是对照公司的价格政策，判断经销商是否按公司价格出货。

（2）同一客户不同时期的产品销售价格比较。对同一个客户不同时期的价格进行纵向比较，了解其价格变动情况。

（3）比较进货价与零售价格。由于经销商出货给批发客户的价格政策不统一，许多批发客户的进货价不同，批发业代要了解批发客户的进货价和出货价。

（4）了解竞品价格：竞品的价格如有变动，就要向公司反馈。

通过以下方式控制批发客户的乱价行为：

（1）建立合理的各通路价盘。

建立一套合理的通路价盘，保障各通路客户的合理利润，激励各通路客户销售本品。通路价盘一般规定了经销商进货价与出货价、批发客户的进货价与出货价及一阶客户的零售价。制订价盘时，需根据各通路客户的特点与经营成本，给其相应的价差，以满足其对毛利的需求，提高其经营本品的积极性。

（2）适度的饥饿政策：如果发现批发客户有乱价行为，可在短时间内停止对其供货，让其短时间内无货可卖，强迫其按公司价格策略执行。

（3）管理好经销商的出价。

公司物流经销商的部分下游批发客户是经销商的忠实客户，在日常进货中会给这些忠实客户一定的优惠，这就使一些批发客户有低价销售的资本，所以公司要严格控制物流经销商的出货价，务必统一价格，消除乱价的可能性。

（4）不定期地给核心批发客户以模糊返利。

在不同区域市场中，总有几个其销售网络分布异常广的批发客户，有些客户的销售网络甚至渗透到其他省的区域，这些批发客户利用不同区域的通路促销政策相互倒货。

以饮料行业为例，××年4月，湖南市场的冰红茶促销政策是每购90箱搭赠6箱本品，而广东市场的冰红茶促销政策是每购90箱搭赠1箱本品，于是这些批发客户就将湖南的货倒到广东市场，以低于广东市场价的价格进行售卖，这样就严重扰乱了广东市场饮品的正常销售。

对公司来说，除了要求全国产品统一价格外，我们还需针对这些客户实行模糊返利政策。所谓模糊返利，是指将几个品项组成套餐，规定每套优惠多少金额，因利用套餐形式，批发客户无法针对单品项进行降价销售，模糊各品项的实际进价，从而达到防止批发客户对某一单品进行降价的目的。

定期返利，保证批发客户不敢随意降价销售。如果发现批发客户不按公司要求的价格出货，就没收其返利，从而控制其降价销售。

8.2.4 批发客户窜货管理

1. 何谓窜货

所谓窜货，就是经销网络中的经销商与批发客户等受利益驱动，对所经销或经营的产品进行跨区域销售，造成价格混乱，从而使其他客户对产品失去信心，使消费者对品牌失去信任的营销现象。

2. 窜货的形式

一般有以下四种窜货形式：

（1）主动窜货。

- 批发客户为了完成任务或拿到销售奖励，在周边市场进行低价抛售，形成窜货。
- 由不同市场之间存在产品价格上的差异，以及周边临界客户相互争夺等引发的窜货。

（2）被动窜货。

- 物流经销商下面的批发客户自发地跨区销售，即非本区客户自愿从辖区进货。
- 零星窜货：指某一区域市场所处的地理位置正好是全国或某大区域市场的商品集散和批发中心，对其他市场具有辐射功能。

（3）搭配窜货。

当制造商产品质量、品牌口碑都很好时，外区老客户在进购批发客户别的类似产品时，也提出需要制造商产品搭配销售。

（4）恶意窜货。

恶意窜货是指为了达到某种目的，个别区域市场的批发客户有意识地直接向外区低价发货，冲击对方市场。

3. 窜货的原因

（1）窜货现象的出现说明制造商管理出了问题，或是有销售通路管理人员直接参与，或是给予批发客户的激励政策不合理，这些都成了变相降价的源头。

（2）经营重点的不同及激烈竞争也是通路窜货的原因所在。

在批发客户眼中，自身的网络系统才是其赖以生存的本钱。为了维护自身网络的利益，批发客户会为了增强自身的竞争力，置制造商的利益于不顾，截留促销，实施降价。在批发客户看来，只要网络在，什么东西都可以用来赚钱。

（3）所有的批发客户都会考虑产品的投资回报率，如果制造商产品的商场拉力不足，在预期的销量没有完成且又亏本的情况下，为了避免积压库存，批发客户就会抛销，这是促使窜货发生的第三个因素。

除人为因素之外，市场窜货行为的发生也是随着市场自然调节和经济区域的自然形成而产生的一种销售行为。

4. 窜货问题的解决方法

（1）全方位控制：建立分销跟踪体系，彻底弄清货物流向。

- 跟踪出货流向——区域产品包装差异化。
- 严加看管大批发客户。
- 建立批发客户档案，根据报表对批发客户进行管理。
- 关注批发客户异常销售数字，及时进行调查。
- 建立奖励反窜货基金。
- 批发客户之间的协调。
- 多元通路之间的价差平衡。

（2）合理划分区域和市场。

- 根据商圈划分市场区域。
- 根据批发客户已经形成的网络覆盖实力范围划分。
- 根据通路划分批发客户。

（3）制定合理的价格政策。

- 价盘要全国一致，通过采取其他措施，支持重点市场，而不是靠价差。即使有价差，也应尽量缩小价差，使其小于两地间的运输成本。
- 不做降价促销活动。

（4）制定合理的激励政策。

- 促销返利政策的合理制定。
- 促销奖励不奖货物。
- 不能变相降价。
- 多用过程返利，少用销量返利。

（5）制定合理的安全库存。

- 安全库存的制定要有科学依据，销售目标任务要有增长点和增加销量的具体方法或措施，保证批发客户通过努力在自己的区域内能完成销售任务。不可盲目地提高销售目标，一旦任务完不成，批发客户和业务人员都有可能用窜货的方法争取获得销售奖励。
- 不要让批发客户积压的货物太多。

（6）设立窜货保证金制度。

- 如果批发客户不窜货，则给予其高出银行利息两倍的利率。
- 如果批发客户窜货，则没收他们的利率和保证金，并将其作为市场维护赔偿金。
- 可从奖励中拿出一部分，作为保证金。

（7）设立市场秩序奖励基金。

拿出一定数额的资金成立基金，要求各批发客户每笔回款都附有货物流向清单。如果客户积极配合公司调查货物流向，且流向、进销存及回款都很清晰，则给予物质奖励和精神奖励。

（8）加大监控力度。

• 采用模糊数码控制或流水工号控制，便于查出货物流向。接到举报后，很快可以查出货物来源。

• 采用特殊记号，如在包装盒上画线、做特殊记号。

• 快速反应，接到举报后，马上展开调查。

(9) 加大处罚力度。

• 当月处罚法：下月回款后，拿出确凿证据，扣押窜货保证金和部分货款，并予以通报。

• 年终模糊返点法：即暗返扣方式，返点的比例可以很高，也可以没有，制造商事先设定执行标准。事先公布这一惩罚方式，将是否有窜货行为作为考核批发客户的最重要指标。

(10) 加强教育引导。

制造商业务人员调整心态：心态决定一切，只有认真耕耘自己的市场，才有回报，将控制窜货作为考核指标之一。

培养客户的诚信意识，教育客户诚实做事、诚实做人，抨击侵占他人劳动成果的做法。用各种手段教育引导批发客户不窜货。

(11) 协助批发客户做深、做透自己的市场，在自己的市场提高销量。

5. 通路促销管理

通路促销：公司奖励通路客户，刺激通路客户大批量进货，进而达成销售目标。

(1) 批发客户通路促销的目的。

① 提高进货意愿。

② 囤积商品。

③ 主动销售产品。

④ 提高销售量。

(2) 通路促销的方式。

① 不定时模糊返利。

② 等值赠品。

③ 坎级促销。

④ 二批订货会。

⑤ 生动化陈列奖励。

⑥ 随货搭赠。

⑦ 套餐。

链接：二批订货会操作流程

在批发通路中，最重要的一环是二级批发商，二级批发商的产品销售决定了一个产品能否在区域市场内大量销售。下面我们以饮料行业水头二批订货会为例做详细说明。

1. 何谓水头

（1）水头是指春节后，在传统通路逐渐开始新一年的饮料销售工作之际，针对传统通路进行的促销及推广手段。传统通路包括三阶经销商、二阶配送商与零售终端等通路客户。

（2）对客户来说，水头是一次促销；对我们来说，水头是一年业绩能否达成的关键。

（3）水头可以检验通路对商家的信心，对产品的信心，是检验产品品牌力的有效指标。

（4）水头的意义在于更广、更快地完成全区域铺货，特别是外埠区域的铺货，为旺季市场打好基础。

2. 目的

（1）气候变化对饮用量的影响决定了饮料行业的季节性，率先抢占二批客户的资金与库存，对提升新一年饮料的销售量有重要作用。

（2）针对二批客户塞货，抢占通路库存。

（3）协助经销商回转资金。

（4）使产品覆盖全区域，特别是外埠区域。

（5）通过政策宣导，树立二批客户对本品的信心。

3. 执行时间

水头政策宣布后，可能有下列做法：

（1）针对 DC、城区经销商、外埠甲级经销商等有资金实力的客户，可在打款出货后进行。

（2）针对外埠乙、丙、丁等资金实力弱的客户，可在打款前进行，协助客户收款。

（3）订货会需要在政策颁布一周内执行，以防竞品抢占先机，进行反击。

4. 策略重点

（1）水头是在经营三阶，操作二阶，二阶的成功操作是关键。

（2）订货会要在全区域展开，包括所有外埠客户。

（3）二阶订货会由经销商主办，我方协办。

（4）以每家经销商为单位举办二阶订货会。

（5）实现公司与经销商的双赢。

5. 订货会种类

根据区域内客户的数量选择举办不同规模的订货会。

（1）大型：DC 或城区经销商下游二阶客户（60 人以上）。

（2）中型：甲 AA 或甲级外埠下游客户（30～60 人）。

（3）小型：乙、丙、丁外埠下游二阶（20～30 人）。

（4）不足 20 人的，不召开订货会。

6. 订货会的操作方法

（1）大型订货会。

- 参会人员：精耕城区 DC 和城区经销商下游二阶客户。
- 主办人员：营业部主管、营业所所长及经销商。
- 举办地点：经销商所在城市。
- 营业部主管参加营业所所在城市的订货会。
- 订货会的流程如表 8－3 所示。

表 8－3 订货会流程一览表

时间		内　　容	负责人
午餐版	晚餐版		
9：40—11：00	16：40—17：00	与会人员报到，签名留念，经销商与所长迎接	营业所长
11：00—11：15	17：00—17：15	该区域 2005 年成果汇报	部处主管/所长
11：15—11：30	17：15—17：30	该区域 2006 年策略简报	部处主管/所长
11：30—11：45	17：30—17：45	经销商发言，鼓舞二批进货信心	经销商
11：45—12：00	17：45—18：00	水头促销力度与促销方式宣导	所长
12：00—12：30	18：00—18：30	现场订货	
12：30—14：00	18：30—20：00	聚餐	
		抽奖＋进货量评奖	所长＋经销商
14：00—14：30	20：00—20：30	客户送别，赠送礼品	所长＋经销商

- 大型订货会现场布置示意图，如图 8－2 所示。

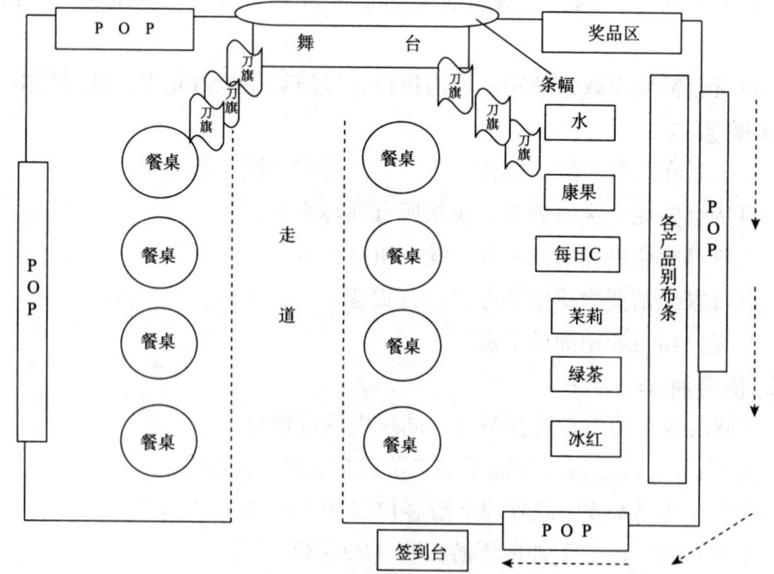

图 8－2 大型订货会现场布置示意图

（2）中型订货会。

- 参加人员：外埠甲 AA、外埠甲级经销商下游二阶客户。
- 主办人员：所长、外埠组长、负责业代及经销商。
- 举办地点：经销商所在城市。
- 所长可参加，可不参加。
- 中型订货会流程如表 8 –4 所示。

表 8 –4　中型订货会流程一览表

时间		内　　容	负责人
午餐版	晚餐版		
11：00—11：15	17：00—17：15	与会人员报到，签名留念，经销商与业代迎接	业代、经销商
11：15—11：30	17：15—17：30	该区域 2005 年成果汇报 + 2006 年策略简报	所长/组长
11：30—11：45	17：30—17：45	经销商发言，鼓舞二批进货信心	经销商
11：45—12：00	17：45—18：00	水头促销力度与促销方式宣导	所长/组长
12：00—12：30	18：00—18：30	现场订货	
12：30—14：00	18：30—20：00	聚餐	
		抽奖 + 进货量评奖	经销商
14：00—14：30	20：00—20：30	客户送别，赠送礼品	组长、经销商

- 中型订货会场地布置示意图，如图 8 –3 所示。

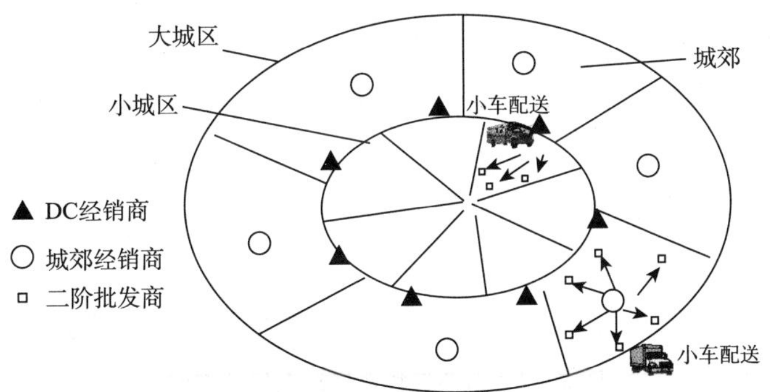

图 8 –3　中型订货会场地布置示意图

（3）小型订货会。

- 参加人员：外埠乙、丙、丁经销商下游二阶客户。
- 主办人员：外埠业代和经销商。
- 举办地点：经销商所在的城市。
- 小型订货会流程如表 8 –5 所示。

表8－5　小型订货会流程一览表

时间	内　容	负责人
11：00—11：15	与会人员报到，签名留念，经销商与业代迎接	业代＋经销商
11：15—11：30	该区域2005年成果汇报、2006年策略简报	业代
11：30—11：45	经销商发言，鼓舞二批进货信心	经销商
11：45—12：00	水头促销力度与促销方式宣导	业代
12：00—12：30	现场订货	
12：30—14：00	聚餐	
14：00—14：15	客户送别（赠送礼品）	业代和经销商

• 小型订货会现场布置示意图，如图8－4所示。

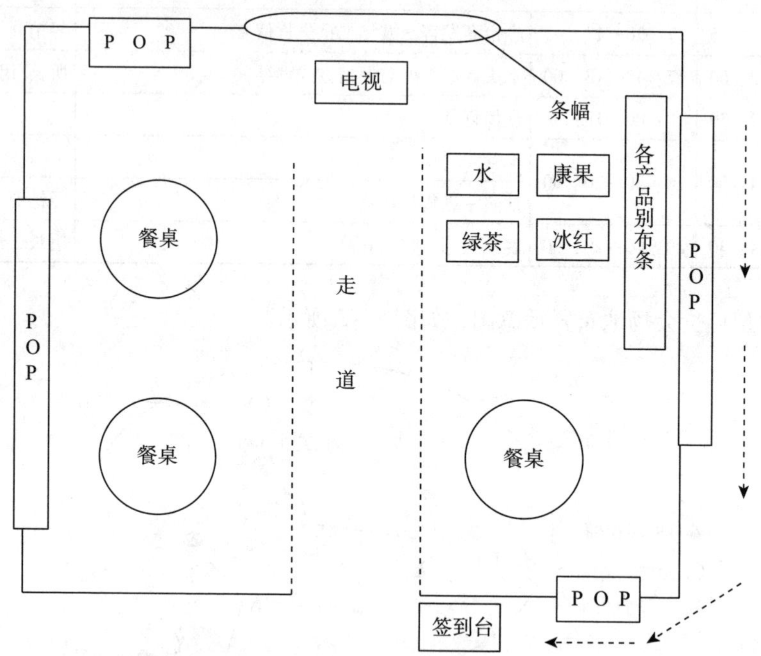

图8－4　小型订货会场地布置示意图

7. 二批订货会执行细节

二批订货会的执行细节如表8－6所示。

表8－6　二批订货会执行细节一览表

工作内容		完成时间	备注	负责人
前期准备	经销商提供人员名单	2月6－8日	以标准表格确定与会人员，业代检查客户是否为有效客户	经销商
	邀请函制作	2月6－8日前完成	以确认后名单印制邀请函，注意明确经销商名称	公司
	邀请函发放	会前4天完成	业代登门拜访发放，不熟悉的由经销商陪同发送	经销商＋业代
	预定场地，确认菜单	会前3天	依据与会人员的数量确认合适的场地（由经销商选择）	经销商
	会场布置物全部到齐		POP、布条、条幅、刀旗等依据陈列布置标准准备齐全	所MS
	抽奖箱、抽奖卡、奖品		抽奖细节与流程要事先确定	业代
	会场产品准备齐全		确定堆箱的陈列方式，产品可由经销商提供	经销商＋业代
	报告资料准备		区域的05年总结与06年策略（讲稿），水头促销说明（每人1份）	业代
	会场安排与布置	会前1天	指示牌，条幅，签到处，人员分桌	经销商＋业代
	经销商发言稿确认		发言稿可由我方准备，请经销商熟读，如经销商自行准备须先确认可行	经销商
	服务人员全部到位＋预演		全部流程先演练，计算时间，与经销商配合台词	经销商＋业代
当天	会场内布置	9：00－11：00	全部布置完成，提前到达的客户可先用茶休息	经销商＋业代
	与会人员报到	11：00－11：15	签名留念，经销商与业代要在门口迎接	经销商＋业代
	05年成果汇报＋06年策略	11：15－11：30	展现康师傅的实力，要客户了解06年公司的投入及该区的发展实力	业代
	经销商发言	11：30－11：45	经销商06年要投入哪些，会对客户有哪些承诺，鼓舞二批进货信心	经销商
	水头促销宣导	11：45－12：00	详尽讲解，使客户了解到可以得到哪些优惠	业代
	现场订货	12：00－12：30	较弱势区域可事先安排好带头订货人，最重要的是气氛的鼓动	经销商＋业代
			客户填写订货单，是否收订金由经销商决定	
	聚餐	12：30－14：00	与客户拉近关系的重要时机，要表示出对每一个人的尊重	
	送别	14：00－14：15	业代与经销商到门口送每一位客户	经销商＋业代
	会场置物回收			经销商＋业代
后续工作	结案报告	会后1天内	以标准格式填写结案报告，向上级回报结果，总结得失	业代
	战报	会后3天内	以战报的形式总结经验，发送所内全体共享	业代

8. 二批订货会申请流程如图8－5所示，中小型订货会适当简化。

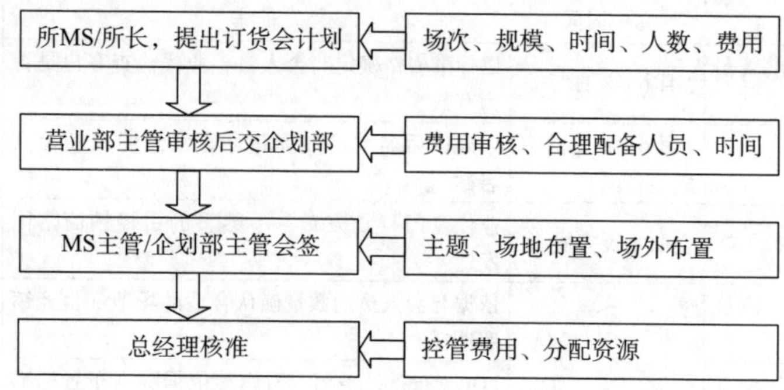

图8－5　二批订货会申请流程图

9. 会前准备

订货会的会前准备工作如图8－6所示，中小型订货会适当简化。

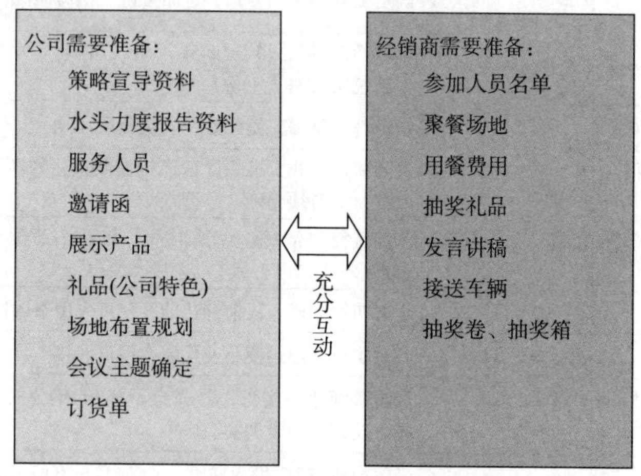

图8－6　订货会会前准备工作明细图

10. 培训

召开水头二批订货会，需事先对所长、组长、外埠业代、MD等人员进行培训，培训内容如下：

（1）会议标准流程讲解。

（2）操作细节演练。

（3）实际参加一场订货会。

（4）提报执行规划。

（5）主管审核规划并给出改善建议。

（6）做执行总结。

11. 会后工作

（1）每场订货会后须提出结案报告

（2）以战报的形式每日汇报成果，经验总结。

12. 关键点

（1）确定参会人员，选择有效客户。

（2）做好前期准备工作。

（3）促销力度的设定要对客户有吸引力。

（4）现场气氛的营造。

（5）及时总结，及时精进。

13. 相关表单

（1）申请签呈附表（表8－7）：提报签呈附件，以便部处主管审核费用与计算召开次数。

表8－7　签呈附表

单位：个/元

所	经销商名称	客户型态	2005年销售	2006年目标	下游客户数	预估订货金额					负责人
							礼物	差旅	其他	合计	
××所										0	
										0	
										0	
										0	
	合计									0	
××所										0	
										0	
										0	
										0	
	合计									0	
××所										0	
										0	
										0	
										0	
	合计									0	
总计										0	

（2）统计表格（表8－8）：汇总表格由营业专员填写，总经理根据汇总表掌握资源分配情况。

表8－8　订货会信息汇总表

部	所	场次	预计参加人数	预估订货金额					费用率
					礼物	差旅	其他	合计	
××部	××所							0	
	××所							0	
	××所							0	
	××所							0	
	小计							0	
××部	××所							0	
	××所							0	
	××所							0	
	××所							0	
	小计							0	
××部	××所							0	
	××所							0	
	××所							0	
	××所							0	
	小计							0	
	总计								

（3）参加人员统计表（表8－9）：人员统计表需要业务人员事先确认：参加人员是否为关键人物、能否准时参加。

表8－9　与会人员统计表

编号	二阶客户名称	联系电话	负责人	性别	年龄	2005年本品进货额

（4）现场使用订货单（表8－10）：供现场订货使用，根据各公司的实际状况对

SKU进行修改。

表8－10　订货单

日期：　　年　　月　　日　　　　　　　　　　　　　　　　　　　　单位：箱

产品	订货量	产品	订货量
冰红茶		蜂蜜绿茶	
冰绿茶		茉莉清茶（无糖）	
劲凉		茉莉清茶（低糖）	
康橙汁		每日C苹果	
康白葡萄		每日C水晶葡萄	
康水蜜桃		每日C红葡萄	
康芒果		每日C橙汁	
康西西里红橙		每日C西西里红橙	
每日C果粒柳橙		每日C樱桃	
每日C果粒葡萄柚		矿物质水	
合计：			
客户名称：		所在区域	
订货人签字：			

第一联：客户联　第二联：经销商联　第三联：公司联

（5）结案格式（参见表8－11）：结案报告附件，供事后检讨使用。

表8－11　结案表

经销名称	预估销量	实际销售（箱）							到场人数			费用（元）		
		冰系列	茶系列	康果	每日C	每日C果粒	水	合计	预估	实际	差异	预估	实际	差异
合计	0	0	0	0	0	0	0	0	0	0	0	0	0	0
差异说明：														
经验分享：														

第 9 章

经销商开发与管理

9.1 经销商特点

9.1.1 经销商概念

1. 通路精耕中的通路操作模式

（1）在通路精耕操作中，产品从制造商到达消费者的途径有两条：第一条和其他大型制造商一样，采用直营方式，制造商直接供给KA等重点终端客户；第二条如图9－1所示，采用经销模式，经销商、批发商及零售商构成产品销售通道，通路精耕中的通路操作模式主要是指这一操作模式。

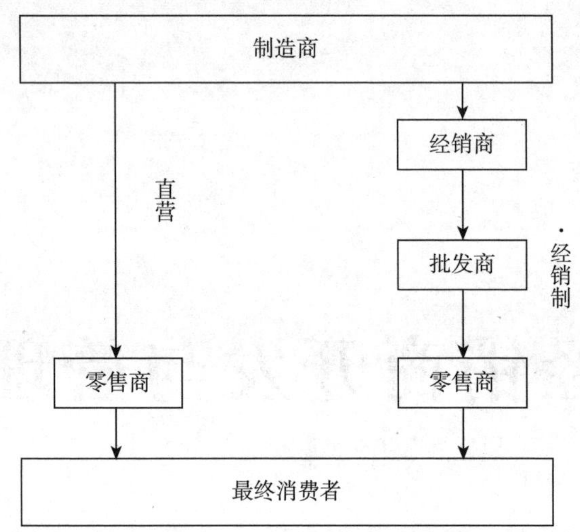

图9－1 经销模式示意图

（2）在通路精耕操作中，经销商的作用尤为重要，经销商直接与制造商合作，保证通路精耕的顺利进行。

（3）在通路精耕操作中，根据区域发展的特性，可将区域分为甲级城市、乙级城市、丙级城市与外埠片区四种类型。甲级城市中的经销商配置是DC经销商与城郊经销商并存；乙级城市与丙级城市的经销商配置均是城区经销商，只是乙级城市与丙级城市的经销商配送下游客户的重点有所不同；外埠片区的经销商配置统一为外埠经销商。

（4）为具体阐述通路精耕中的经销商操作，我们要先了解经销商的特性与功能。

2. 经销商概念

（1）经销商的定义：将产品通过自己的网络辐射到各下游客户，从而获取利润（差价）的合作伙伴。

（2）经销商的特征。

① 具有销售及配送服务的功能。

② 可直接或间接与市场零售点接触。

③ 产品来自其他制造商。

④ 具有仓储设备，有整进零出的功能。

⑤ 经营本质：唯利是图，利益大于立场。

⑥ 争取有利的经销区域。

⑦ 从制造商与客户处获利。

（3）经销商的存在价值。

① 分担资金风险。

a. 制造商要依靠经销商的资金进行区域扩张和经营，有时还会与经销商一起分摊一定的费用。

b. 举例：××公司的功能性饮料××品牌上市，利用经销商的资金，快速将产品分流到一阶和二阶客户，该品牌上市成功。后来由于消费者口味和消费意识的变化，产品的销量急速下降，需对旧日期产品进行处理，这时经销商会承担20%～30%的相关费用。

c. ××品牌是成熟品牌，要求先款后货，所以经销商要承担很大的资金风险。

② 终端辐射：制造商除了需要经销商的资金外，还要利用经销商成熟的网络，将公司的产品快速分流到终端。

③ 信息收集：制造商还要通过经销商了解行业动态及同行业对手的经营动态（如价格、产品线、促销活动、通路奖励方案），进行产品的研发，定位产品的价格，做促销活动的规划和经销商的奖励规划等。

④ 增强双方的竞争优势：制造商和经销商强强联手，必将增强彼此的谈判优势或竞争优势。

a. 制造商的优势是有品牌和费用的支持。

b. 经销商的优势是在当地具有很高的社会地位。

⑤ 举例：经营过KA的销售人员都会有这样的经验，即经销商和厂家的销售人员就KA堆箱费前去谈判时，KA客户对经销商开出的价格比对厂家销售人员开出的价格低。为什么？因为KA客户会给厂家销售人员很大的压力，而KA客户考虑的是经销商经营多个品牌，经销商不会接受高价钱。如果经销商与制造商的销售人员一同前去与KA谈判，那么KA客户就会降低费用。

（4）经销商的需求：在不同的发展阶段，经销商的需求是不断变化的。

① 生存需求——赚钱。

② 安全需求——与制造商建立长期稳定的合作关系。

③ 发展需求——赚更多的钱。

④ 对名誉的需求——提高知名度。

⑤ 实现经销商价值的需求——与制造商共同成长。

（5）经销商的烦恼。

① 生存空间越来越小：制造商“过河拆桥、背信弃义”，量贩店“来势汹汹、横刀夺爱”，经销商陷入前有强敌（制造商的密集分销直营政策），后有追兵（异军突起的超市通路）的困境。

② 经营风险增加：如制造商实行先款后货交易方式，少数终端客户进行赊销，这些都使经销商承担很大的资金风险与其他方面的风险。

③ 制造商承诺不兑现。

④ 价格竞争，获利少：为争抢自己的下游客户，经销商往往降低产品的价格，其获利空间越来越小。

⑤ 苛刻的合作要求：制造商与其下游客户对经销商的要求越来越多，进一步削弱了经销商的实力。

⑥ 销售成本上升：仓库租金、运输成本、人员工资等不断攀升，经营成本增加。

（6）经销商的存在对制造商的影响。

① 经销商是假货及竞品的直接引入者。

② 经销商是竞品提高其市场占有率的推动者。

③ 经销商是引起冲货、窜货的主要责任人。

④ 引起价盘混乱的始作俑者。

（7）经销商与制造商的区别。

① 从功能上看。

• 经销商

a. 保持通路畅通。

b. 保证终端货品齐全。

• 制造商

a. 提供广告。

b. 提供促销（品）陈列品。

c. 使产品更容易销售。

② 从经营上看。

• 经销商

a. 经营的产品品种繁多。

b. 没有必要了解每个产品的销售细节。

c. 保证产品齐全（尤其是主导产品），以保持与商场合作时的谈判优势。

d. 注重保持产品产出和付出之间的平衡。

• 制造商

a. 只经营本公司的产品。

b. 非常了解产品及相关市场。

c. 从多种角度关注和了解市场，寻找推动产品销售的机会。

d. 全力支持本公司产品的销售。

e. 制造商与商场的关系比经销商与商场的关系更亲密，有助于促进产品的销售。

9.1.2 经销商类型

1. 各区域经销商的存在形式

在通路精耕前期操作中，经销商的形态与经营模式是根据各区域饮料的年人均消费瓶数与人口数，将各区域划分为以下几种配送形式：

（1）DC 经销商 + 城郊经销商。

（2）城区经销商 + 城郊经销商。

（3）城区经销商。

（4）外埠经销商。

2. 通路精耕中的经销商类型

在通路精耕操作中，经销商是指介于供应商与批发/零售商之间的中间平台，其在供应商的管理和协助下，负责将供应商的产品销售或配送到下游通路，即批发商或零售商处。与公司进行正常交易的经销商可根据其不同属性分为 DC 经销商、城区经销商、城郊经销商和外埠经销商四种类型。一个经销商在系统中只能有一个经销商形态（城区经销商或 DC 经销商 + 城郊经销商模式除外），如 × × 区域负责配送城区及城郊，就以城区的形态处理。

（1）DC 经销商（三阶物流公司）。

① 定义：DC 经销商是只有配送能力而无业务经营能力的经销商，其与本公司相关业务由公司业务人员经营。

② 配送范围：DC 经销商负责配送其所属区域的士多批发商、MA 批发商、特通批发商、批市批发商及单点批发商。

③ 价格及交易方式：执行三阶价，采用先款后货的交易方式。

④ 配送奖励：根据各城市的产品配送成本，给专属 DC 经销商配送奖励金。DC 经销商的利润完全来源于配送奖励。

（2）城区经销商。

① 定义：城区经销商即城区专属经销商。

② 配送范围：城区经销商负责配送其所属区域的所有士多批发商、MA 批发商、特通批发商、批市批发商及单点批发商。

③ 价格及交易方式：执行三阶价，采用先款后货的交易方式。

④ 配送奖励：根据各城市的配送成本，给专属城区经销商配送奖励金。

（3）城郊经销商。

① 定义：城郊经销商即城郊专属三阶经销商。

② 配送范围：城郊经销商负责配送其所属区域的所有城市郊区及有经营价值的乡镇。

③ 价格及交易方式：执行三阶价，采用先款后货的交易方式。

（4）城郊经销商。

① 定义：城郊经销商即外埠专属三阶经销商。

② 配送范围：城郊经销商负责配送其所属区域的所有县城及有经营价值的农村乡镇。

③ 价格及交易方式：执行三阶价，采用先款后货的交易方式。

（5）经销商三证。

经销商三证指经销商的营业执照、税务登记证明和银行开户证明。不具有这“三证”的经销商，如开普通发票的经销商，以个人身份证影印件代替这三证。

9.2 经销商开发

9.2.1 对经销商的要求

1. 选择经销商的策略与决定要素

（1）经销商的定位与责任。

① 专属。

② 批市无铺面。

③ 配送及时。

④ 童叟无欺。

⑤ 官不与民争利。

（2）经销商的经营方式。

① 以行批为主。

批发客户可分为行批客户与坐批客户两类，行批客户指具有配送功能的批发商，坐批客户指不具有配送功能，只等着下游客户上门拿货的批发商。

② 精耕城区全面直营一阶、二阶。

③ 外埠片区或城郊全面掌控二阶。

（3）选择经销商需考虑下面几点：

① 我们的目标市场在哪？

② 客户对服务水准的要求是什么？

③ 尚有哪些因素会影响我们的决策？

④ 经销商应具备什么条件？

2. 通路精耕中对经销商的要求

（1）DC经销商。

① DC经销商必须做到专属。

② DC经销商要求纯物流（即只具备配送能力而无业务经营能力）。

③ DC经销商负责配送大中批市及大信箱，也可负责小批市摊床。

④ DC经销商在批市内外不能有铺面。

⑤ DC经销商区域不根据行政区域规划，而根据营业额、客户数及商圈地理位置规划。

⑥ DC经销商的利润空间为××元/箱。（例1：饮料行业的平均利润为0.8~1.5元/箱。例2：酱油行业的平均利润为0.5~1元/箱。）

（2）城区经销商。

① 城区经销商要专属。

② 城区经销商负责配送区域内的士多批发商、MA批发商、特通批发商、批市批发商及单点批发商。

③ 城区经销商在批市内不能有铺面，在批市外可以有铺面，但是最好不设铺面。

④ 城区经销商的利润空间为二阶××元/箱。（例1：饮料行业的平均利润为0.8~1.5元/箱。例2：酱油行业的平均利润为0.5~1元/箱。）

⑤ 城区经销商的架设是因为其在该区域的营业额较低。

（3）城郊经销商。

① 尽量选择在当地业界具有较高地位的专业饮料经销商，必须做到专属。

② 经销商具有主动销售能力，辐射力强，具有良好的二阶及乡镇销售网络，资金充足，仓储能力强。

③ 配备专业的业务人员，具有良好的管理能力。

④ 可选择经营理念强且愿与公司共同成长的经销商。

（4）外埠经销商。

① 尽量选择在当地业界具有很高地位的专业经销商，必须做到专属。

② 经销商具备主动销售能力，辐射力强，具有良好的二阶及乡镇销售网络，资金充足，仓储能力强。

③ 配备专业的业务人员，具有良好的管理能力。

④ 可选择经营理念强且愿与公司共同成长的经销商。

（5）士多批发商。

① 士多批发商也要做到专属。

② 士多批发商原则上以零售点900~1500点划分片区（在精耕城区，因受交通管制与运输能力的限制，一家士多批发商一天只能送货70~80家），配备1~2名助理业代。

③ 士多批发商负责配送区域内小信箱、ABC级零售点，有可能兼顾到小批市摊床。

④ 士多批发商在批市内不能有铺面，在批市外可有铺面，但尽可能不设铺面。

⑤ 根据行政区域划分，对士多批发商区域进行规划。

⑥ 士多批发商的利润空间为××元/箱。（例1：饮料行业繁荣平均利润1~1.5元/箱。例2：酱油行业的平均利润为3~6元/箱。）

9.2.2 经销商的开发

1. 筛选经销商的标准

所选经销商应认同公司经营市场的理念，愿与公司合作，共同推展业务。具体标准如下：

（1）专属：经销商取得公司产品在该区域的总经销权之后，基于共同经营市场的理念，经销商不得销售公司产品所属品类的其他品牌，经销商应全力经营公司的产品。

（2）不窜货：经销商应在双方协议的经销区域内销售本公司的产品，配合公司的政策，不跨区销售，不扰乱市场营销秩序。

（3）价格：产品的价格以公司订立的通路盘价为准，经销商不得自行调整或变更。

（4）订货：经销商订购公司产品时，应根据公司的订货程序作业并及时付款，订货付款以款到发货为原则。

（5）配送：经销商应积极配合公司业务人员的工作，满足业务人员提出的配送要求。

（6）促销：经销商应按照公司的安排全力配合促销活动的开展与执行。

（7）管理：经销商应服从公司的管理，达成一定的综合管理指标，为公司分析区域市场提供必要的资讯。

2. 寻找经销商

（1）寻找经销商的途径

① 充分利用集团内部资源。

② 经老客户介绍。

③ 竞品的经销通路。

④ 市场调查。

⑤ 旧识。

⑥ 客户自动上门。

（3）经销商的判定途径。

① 实力考证。

② 库房面积。

- 库存量。
- 财务状况。
- 运输能力。
- 知名度。

② 营销意识。

- 对自己的经营状况是否了解。

• 对当地市场的熟悉程度。
• 对送货、铺货的态度，对下游客户的服务态度。
③ 市场能力。
• 对终端售点的掌控程度。
• 稳定的服务能力所能覆盖的区域。
• 当下经营品牌的市场表现。
• 因何与原合作制造商或经销商“分手”。
• 与其重点客户的交易情况。
④ 管理能力。
• 仓库管理水平。
• 资金管理。
• 人员管理。
⑤ 口碑。
• 同行口碑。
• 下游终端客户口碑。
• 是否有“君侧小人”。
⑥ 与公司合作的意愿是否强烈。
• 是否热情。
• 是否关心合作的具体事项。
（3）事前准备。
① 提前进行电话联系。
② 制订拜访清单。
③ 路线管理和时间管理。
④ 携带充分的资料、表格及样品。
⑤ 出差费用的申请与出差计划的确认。
（4）接近准经销商。
① 接近客户前一定要保持充沛的精力。
② 接近客户的三种心理准备。
• 热爱本职工作。
• 关心客户。
• 对自己有信心。
③ 为了给客户留下好印象，业务人员应做到下面几点。
• 对客户表示感谢。
• 面带笑容。
• 仪表整洁。
• 不要有先入为主的观念。

•注意倾听对方讲话。

•向对方讲明利润所在。

•向对方说明公司为经销商提供的销售系统将为其带来哪些好处。

④ 接近经销商的技巧：事前需做调查，熟悉经销商的情况，找出关键人物，做到有的放矢。

（5）拜访经销商。

① 确定拜访对象。

•访问对象最好是掌权之人。

•应选择对本公司商品感兴趣的人。

② 要自信。

③ 准备谈话内容。

•寒暄的话题：对方的行业特性、优点，以及公司产品可为其带来哪些利益。

•产品介绍：提供产品简介及产品包装建议。

•系统介绍：简单介绍系统的主要功能

•被质询的问题：对于对方可能提出的问题，我们应事先准备好答案。

④ 谈话内容禁忌。

•言谈举止要高雅，切忌使用粗俗字眼。

•谈话内容不要涉及政治及宗教信仰。

•不谈迷信中的不祥事物。

•不要连续重复某一个话题。

⑤ 动作禁忌。

•注意礼貌，未经对方邀请或许可，不可擅自坐下。

•与对方交谈时，手势要适当，动作不应太多。

•接受物品时应该用双手。

•不可随意拿取或移动对方的物品。

•客户以茶点招待业务人员，业务人员应表示感谢，并主动做为对方上烟、点烟等能博得对方好感的事情。

•访问结束，业务人员应迅速离去，以免影响对方的工作。

⑥ 服装仪容应整齐、清洁。

⑦ 应对客户拒绝的回答技巧。

•用缓动词句缓和客户的情绪，营造融洽氛围，争取销售机会。

•了解客户拒绝的种类。

以天气为由。

以用不着为由

因价格因素拒绝。

因其他经销商供货拒绝。

因缺乏信心拒绝。

● 处理方法

保持诚恳、谦虚的态度。

要有信心，不要太看重客户的拒绝态度。

不与客户争论。

应有所准备，让客户得到满意的答复。

（6）自我检讨。

无论对新经销商的开发成功与否，相关业务人员都应该总结自己的工作，以达到积累工作经验、不断改善工作的目的。

（7）再访。

如果第一次访问被打断、初访时客户表示会考虑或初访失败时，经过一番分析和准备，业务人员可以再次访问客户，再访的技巧有：

① 再访前必须对初访进行总结分析，找出客户的真正需求。

② 根据客户的需求，重新准备资料。

③ 转换谈话重点，设计说服客户的方案。

9.2.3 经销商基本资料管理

1. 经销商基本资料的建立

（1）填写《经销商基本资料表》。

如果制造商与经销商达成一致，组长要填写《经销商基本资料表》（表 9－1），将开户相关文件带回营业所审批，审批程序请参阅《经销商基本资料建立流程》。

表 9－1 经销商基本资料表

<table>
<tr><td colspan="3">经销商编码（系统自动产生）:</td><td colspan="4"></td><td colspan="3">业代代码:</td><td colspan="3"></td></tr>
<tr><td colspan="2">营业部</td><td></td><td colspan="2">营业部</td><td colspan="2"></td><td colspan="2">城市</td><td></td><td colspan="2">片区（县）</td><td></td></tr>
<tr><td colspan="2">发货仓库</td><td colspan="11"></td></tr>
<tr><td rowspan="7">经销商基本资料</td><td>经销商全称</td><td colspan="5"></td><td colspan="3">经销商简称</td><td colspan="3"></td></tr>
<tr><td>制造商全称</td><td colspan="11">□国营 □集体 □个体 □外商独资 □中外合资</td></tr>
<tr><td>负责人</td><td></td><td>电话</td><td colspan="2"></td><td colspan="2">联系人</td><td colspan="2"></td><td>电话</td><td colspan="2"></td></tr>
<tr><td>委托收货人</td><td colspan="2"></td><td colspan="4">委托收货人身份证号码</td><td colspan="5"></td></tr>
<tr><td>注册地址</td><td colspan="6"></td><td colspan="2">发票类型</td><td colspan="3">□增值 □普通 □随车</td></tr>
<tr><td>交易方式</td><td colspan="11">□先款后货 □货到收款 □先货后款 □其它</td></tr>
<tr><td>缴款方式</td><td colspan="11">□龙卡 □汇票 □支票 □电汇 □金穗卡 □其他</td></tr>
</table>

续表

<table>
<tr><td colspan="3">经销商编码（系统自动产生）：</td><td colspan="2">业代代码：</td><td colspan="2"></td></tr>
<tr><td rowspan="6"></td><td>开户行</td><td></td><td>账号</td><td></td><td>税号</td><td></td></tr>
<tr><td rowspan="3">送货地址</td><td>(1)</td><td rowspan="3">仓库电话</td><td></td><td rowspan="3">公里数</td><td></td></tr>
<tr><td>(2)</td><td></td><td></td></tr>
<tr><td>(3)</td><td></td><td></td></tr>
<tr><td rowspan="2">合约证明</td><td rowspan="2">□营业执照　□税务登记证　□银行开户证明
□销售合约　□个人身份证</td><td colspan="4">营业执照之有效期限</td></tr>
<tr><td colspan="4"></td></tr>
<tr><td rowspan="5">经销商类型及经营方式</td><td rowspan="2">经销商型态</td><td colspan="5">□士多批发商　□2.5 阶邮差　□DC 经销商　□城郊片区经销商
□外埠片区经销商　□直营二阶　（□摊床　□信箱）</td></tr>
<tr><td colspan="5"></td></tr>
<tr><td>城市规模</td><td>□甲级城市　□乙级城市　□丙级城市</td><td>经营模式</td><td colspan="3"></td></tr>
<tr><td>片区等级</td><td>□甲等　□乙等　□丙等　□丁等</td><td>经营模式</td><td colspan="3">□A　□B</td></tr>
<tr><td>配送区域</td><td></td><td>配送车辆</td><td colspan="3"></td></tr>
<tr><td rowspan="3">价格</td><td>执行价格</td><td colspan="5">□二阶牌价　□三阶价</td></tr>
<tr><td>信限额度</td><td></td><td colspan="3">一次最大出货金额（货到收款或用支票缴款的经销客户）</td><td></td></tr>
<tr><td>收货限制</td><td></td><td colspan="4"></td></tr>
<tr><td colspan="2">总经理</td><td>部主管</td><td>所长</td><td>营销会计</td><td>组长</td><td>客户印鉴</td></tr>
<tr><td colspan="2"></td><td></td><td></td><td></td><td></td><td></td></tr>
</table>

表单填写说明书如表 9－2 所示。

表 9－2　表单填写说明明细表

<table>
<tr><td colspan="2">表单编号</td><td>R－019－301</td><td>表单名称</td><td>经销商基本资料表</td></tr>
<tr><td colspan="2">使用流程</td><td>经销商基本资料管理办法</td><td>使用时机</td><td>开立新经销商时</td></tr>
<tr><td colspan="2">表单功能</td><td colspan="3">详细说明经销商的各种基本资料</td></tr>
<tr><td>编号</td><td>栏位名称</td><td colspan="2">填表说明</td><td>注意事项</td></tr>
<tr><td>1</td><td>经销商编码</td><td colspan="2">物流在输入资料时，系统自动产生，并由物流手工将资料补填在本表上</td><td></td></tr>
<tr><td>2</td><td>业代代码</td><td colspan="2">业代的员工证号</td><td></td></tr>
<tr><td>3</td><td>发货仓库</td><td colspan="2">公司设定的该经销商的固定发货仓库</td><td></td></tr>
<tr><td>4</td><td>经销商全称</td><td colspan="2">《税务登记证明》上的注册名称</td><td></td></tr>
<tr><td>5</td><td>经销商简称</td><td colspan="2">用四个字概括经销商的全称</td><td></td></tr>
<tr><td>6</td><td>负责人</td><td colspan="2">经销商的法人代表或委托代理人</td><td></td></tr>
<tr><td>7</td><td>联系人</td><td colspan="2">与我公司进行日常业务联系的人</td><td></td></tr>
<tr><td>8</td><td>委托收货人</td><td colspan="2">经销商指定的收货人员</td><td></td></tr>
<tr><td>9</td><td>注册地址</td><td colspan="2">《税务登记证明》上的注册地址</td><td></td></tr>
<tr><td>10</td><td>开户行</td><td colspan="2">经销商提供的可与本公司发生账务往来的银行名称</td><td></td></tr>
</table>

续表

编号	栏位名称	填表说明	注意事项
11	账号	经销商在“开户行”开立的银行账号	
12	税号	一般纳税人的税务登记号	
13	送货地址	经销商的收货地址	
14	仓库电话	经销商收货仓库的电话	
15	公里数	发货地（发货仓库或总公司）至经销商收货地的里程	
16	配送区域	该经销商可送货的范围	
17	配送车辆	经销商的车辆数、车型等情况	
18	经销商印签	经销商收货时的公章及收货人的签名样式	

（2）经销商基本资料的建立

① 遴选经销商：组长根据公司遴选经销商的指导原则，在辖区内选择合适的经销商并记录开户相关信息。

② 填写《经销商基本资料表》：各营业所增加新的经销商时，组长填写《经销商基本资料表》，若为需要铁路运输的经销商开户，组长还要向所长提交《铁运基本资料表》。填表时请参看《经销商基本资料表》填写说明书。

③ 所长审核：组长将上述资料连同三证影印件一并交由所长审核。所长重点审核经销商的类型、经销商的经营方式及产品售价等内容。

④ 核对、输入资料：所长审核签字后，营业部物流科主管核查三证及《经销商基本资料表》，并将资料输入R/3系统。

⑤ 打印：物流科主管将输入电脑的资料打印出来，交由组长复核。

⑥ 复核：组长对打印出来的资料进行复核，查看打印资料的内容是否与原始资料一致。

⑦ 存档：物流科主管将准确无误的资料与原始的《经销商基本资料表》及三证一并存档。

⑧ 核准：营业部主管在R/3系统中执行批准动作，然后系统会自动将资料提交给总经理，总经理再对这些材料进行核准。

⑨ 总经理核准。

⑩ 将经销商的资料下载到EM系统中（EM是一种客户管理软件系统，广州名道顾问公司可为客户定制这样的系统）：总经理对经销商资料进行核准后，根节点操作员将经销商的资料下载到EM系统，这时该经销商才能进行交易。

2. 经销商基本资料的变更

（1）填写异动单：经销商的送货地址、税号等基本资料改变时，组长要填写《经销商基本资料异动单》，并将之与原先的《经销商基本资料表》一并交由所长审核（组长修订，所长审核）。

① 如果经销商的送货地址、负责人、经销商名称、发票税务等与债权有关的重要资料有所变化，业代应将经销商书面确认资料和《经销商基本资料异动单》等资

料一并交给所长。

② 如果经销商的基本资料有变动，而这些资料（价格、税号等）的变动又会影响发票的开立，那么业代必须注明资料修改的原因及对已开发票、未开发票的处理办法。如果变动的资料涉及经销商的三证，那么经销商就要重新提供三证影印件。

（2）审核：所长审核签字后，如果变动的资料涉及财务作业，应将资料交由财务会计部主管签字。

（3）将核对后的资料输入R3系统：完成上述工作后，营业部物流科主管负责在R3系统中对异动内容进行更改。

（4）复核：物流主管将更改后的经销商基本资料打印出来交由业代复核，业代主要查看输入系统的内容与异动单内容是否一致。物流主管将更改后的经销商基本资料存档并填写《内容变更记录表》。

（5）核准：如果异动内容未超出营业部主管的核决权限，那么可在R/3系统中更改资料。如果异动内容超出营业部主管的核决权限，那么系统会自动将异动内容交由总经理核准。

① 营业部主管审批权限：凡型态未改变的经销商的基本资料发生异动时，营业部主管直接签核即可。

② 如果经销商型态有异动，那么必须提报总经理，由总经理核准。

（6）将经销商资料下载到EM系统：经销商资料经营业部主管或总经理核准后，由根节点操作员将其同步到EM系统，这时方可与该经销商进行交易。

3. 清户

（1）若公司现有的经销商因某种原因不能达到公司对经销商的要求，组长可提报清户签呈，签呈中应注明：

① 清户原因。

② 经销商余额。

③ 余额的处理方式。

④ 附件：对账单。

（2）营业所营销会计审核

① 如果经销商与公司之间存在债务问题，可暂不清户。通知所长及业代向经销商催款，待欠款还清后，再重新申请清户。

② 如果经销商与公司之间无债务问题，那么营销会计可打印出对账单，根据对账作业流程，交由业代和经销商签收并确认。

（3）《清户签呈》的审批。

① 所长签核。

② 营业部主管签核。

③ 财会部主管签核。

④ 总经理核准。

（4）对经销商余额的处理。

① 经销商要求以现金的形式返回余额，则营销会计要做会计分录。

1）余额　借：应收账款/149000000（依经销商）

　　　　　贷：银行存款/11 *** *** **（存款金额）

2）冲回不再发放的返利 TP1

　　　　　借：预提费用－促销费/2280032000

　　　　　贷：销售费用－促销费－通路－返利/632000900

② 经销商要求排货返回余额，则依《产成品受订、出货作业办法》办理出货。

（5）清户之系统处理。

① 待余额处理完毕后，营业部物流科主管在系统中进行清户作业，并通知 EM 系统。

②《清户签呈》存于营业部物流科。物流科主管填写《内容变更登记表》并存档。

（6）对超过一年未与之交易的经销商，系统会自动产生经销商明细，每季由营业部物流科负责打印，然后将打印出的经销商明细提交给各所长及营业部主管。

4. 附件

（1）经销商基本资料建立流程（附件一）。

（2）经销商基本资料变更流程（附件二）。

（3）经销商清户流程（附件三）。

5. 相关文件及表单（编号）

（1）经销商基本资料异动单。

（2）经销商资料目录。

（3）月经销商统计分析表。

附件一：经销商基本资料建立流程（表9－3）

表9－3　经销商基本资料建立流程

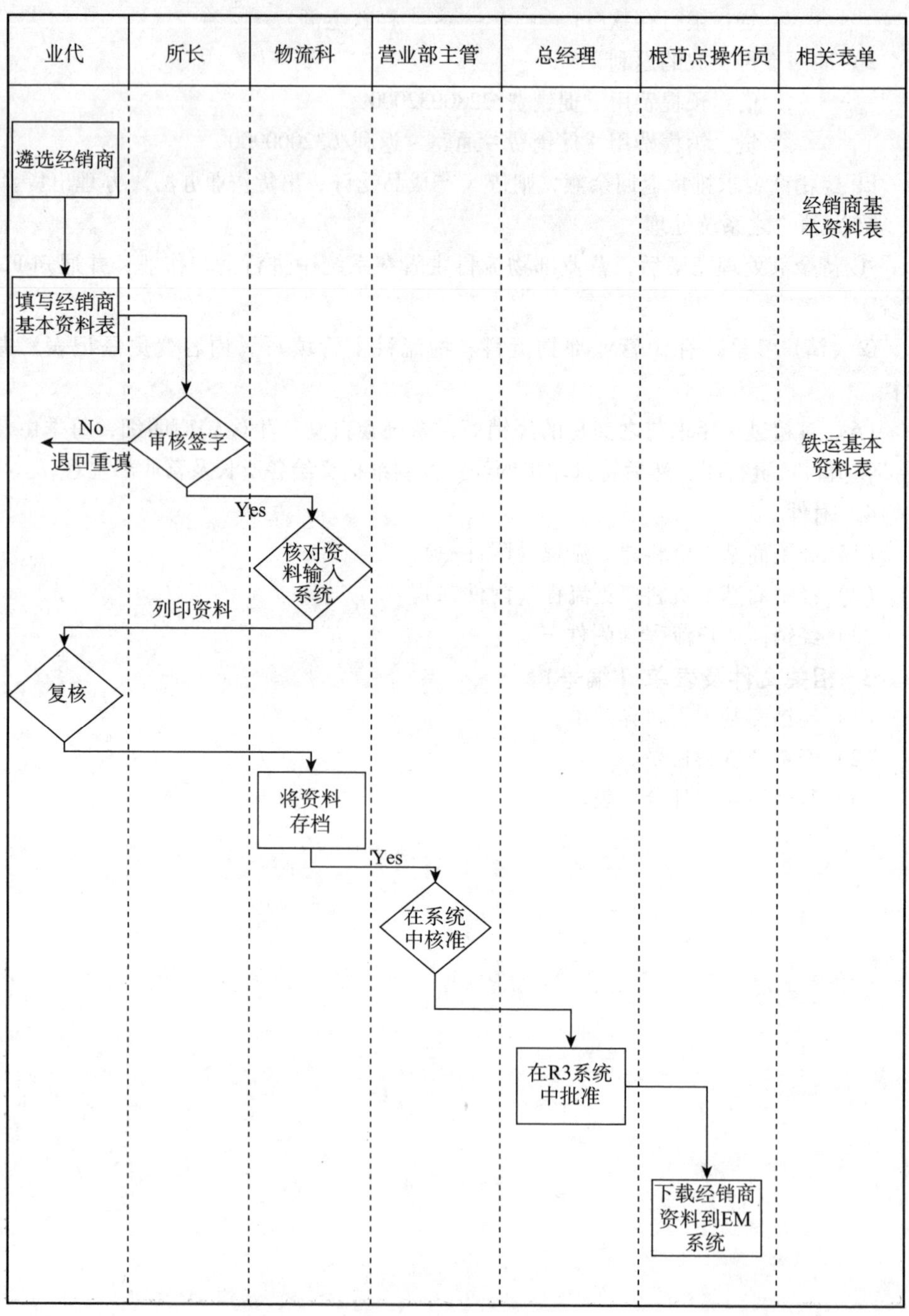

附件二：经销商基本资料变更流程（表9-4）

表9-4　经销商基本资料变更流程

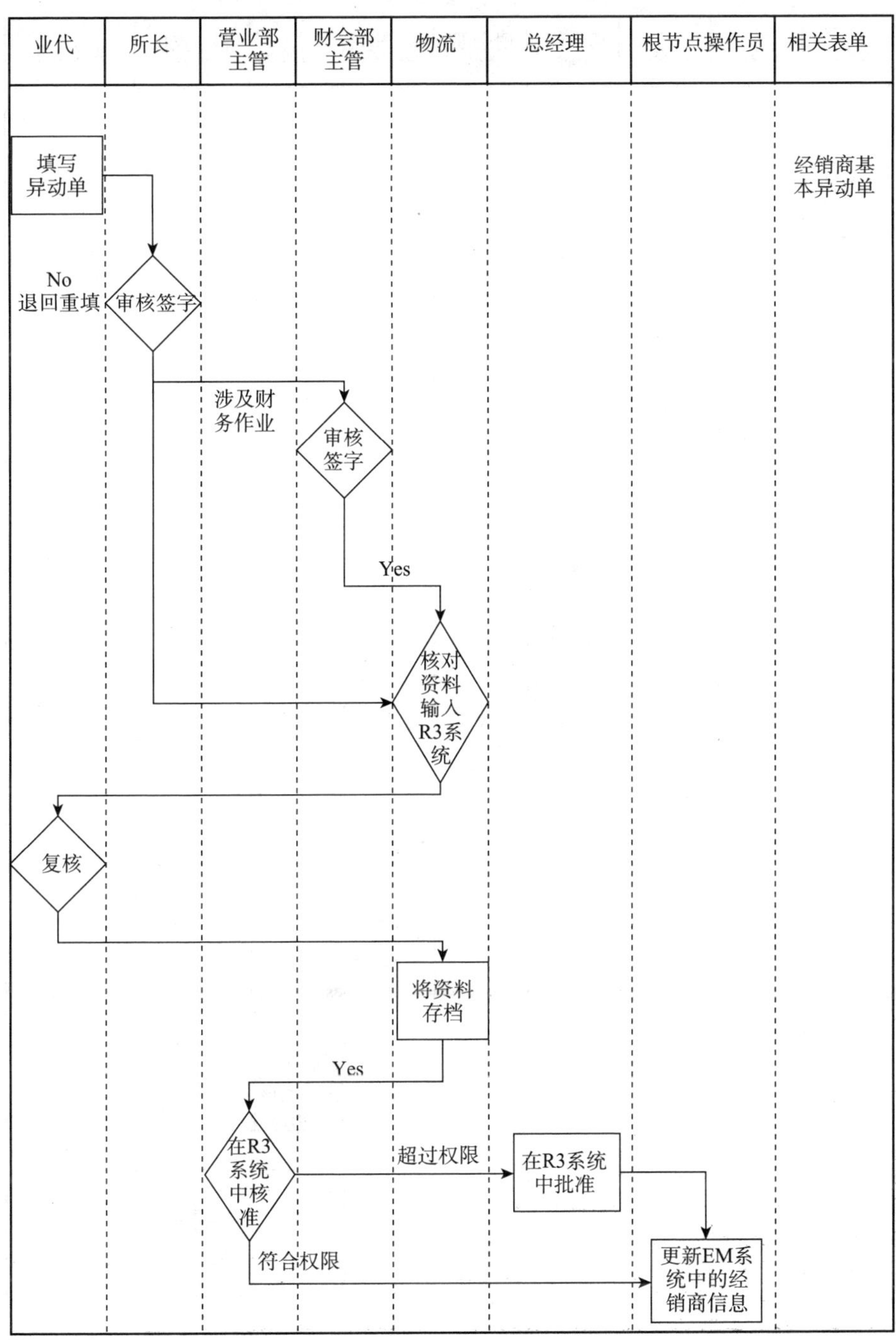

附件三：经销商清户流程（表9－5）

表9－5　经销商清户流程

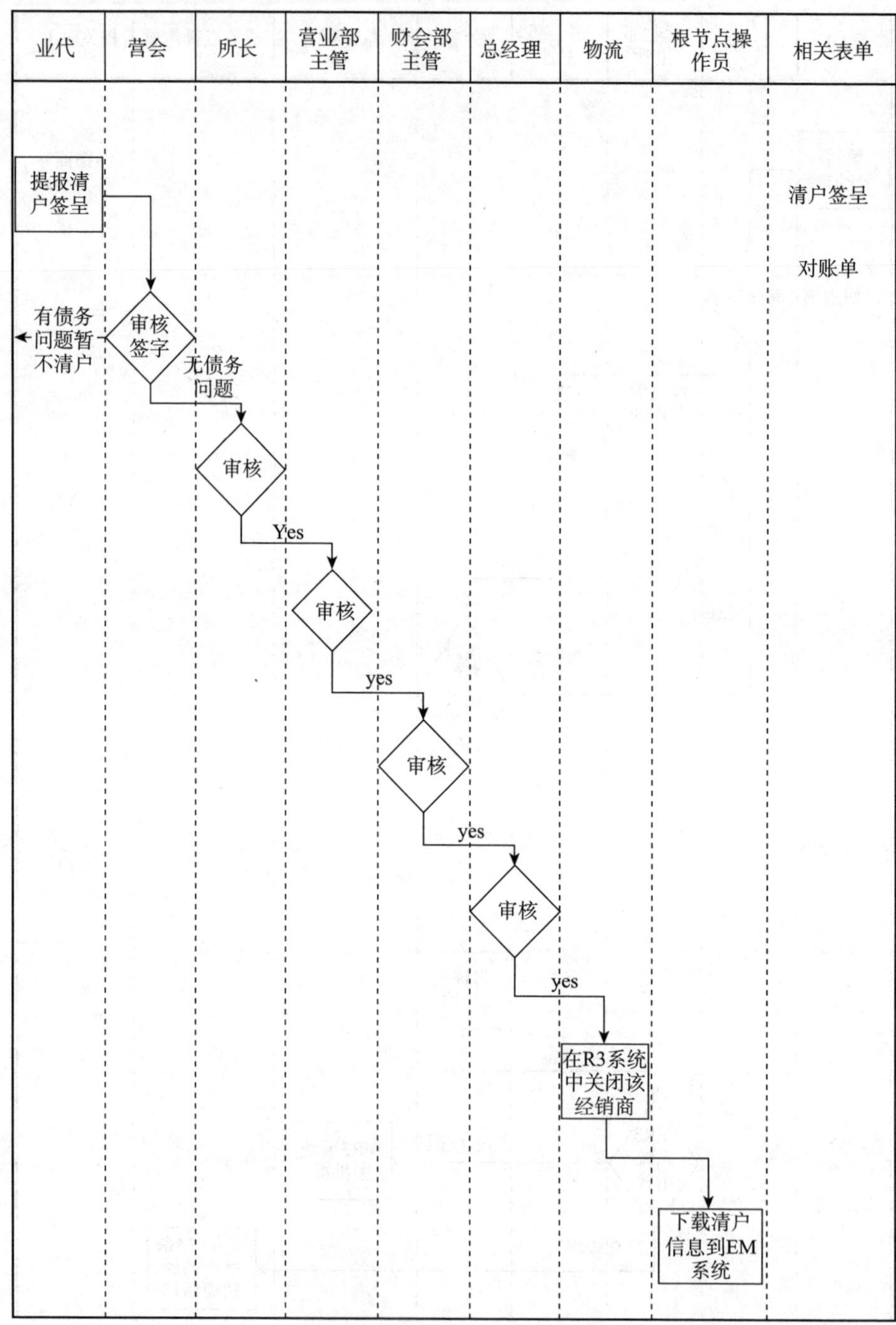

附件四：经销商基本资料异动单（表9－6）

表9－6　经销商基本资料异动单

填表日期：

经销商代码		经销商名称		变更内容		变更日期	
原内容							
变更后内容							

营销会计：　　营业部主管：　　所长：　　业代：

表号：R－019－302－1A

经销商基本资料异动单填写说明如表9－7所示。

表9－7　经销商基本资料异动单填写说明书

表单编号	R－019－302	表单名称	经销商基本资料异动单
使用流程	经销商基本资料管理办法	使用时机	经销商基本资料变更时
表单功能	用于经销商基本资料变更时填写		
编号	栏位名称	填表说明	注意事项
1	经销商代码	《经销商基本资料》中的经销商编号	
2	经销商名称	《经销商基本资料》中的经销商简称	
3	变更内容	《经销商基本资料》、《铁运基本资料》中的需更改栏位	
4	变更日期	变更内容的生效日期	
5	原内容	《经销商基本资料》、《铁运基本资料》中的需变更的原有内容	
6	变更后内容	资料调整后的正确内容	

表号：R－019－005－1A

附件五：经销商资料目录（表9－8）

表9－8　经销商资料目录表

序号	经销商编码	经销商名称	负责业代

续表

序号	经销商编码	经销商名称	负责业代

所别：　　　　　　　　　　　　　　　　　　　　　　填表日期：

经销商资料目录表填写说明如表9－9所示。

表9－9　经销商基本资料目录表填写说明书

表单编号		R－019－302	表单名称	经销商基本资料目录
使用流程		经销商基本资料管理办法	使用时机	经销商基本资料建档时
表单功能		用于经销商基本资料建档时作为目录附在最前面		
编号	栏位名称	填表说明		注意事项
1 2 3	序号 经销商代码 经销商名称	该经销商在本资料档案中的顺序号 《经销商基本资料》中的经销商编码 《经销商基本资料》中的经销商简称		

表号：R－019－005－1A

附件六：××月经销商统计分析表（表9－10）

表9－10　××月经销商统计分析表

经销商型态	户数（户）			
	上月	新户	关户	本月
士多批发商				
DC经销商				
城区经销商				
外埠3阶经销商				
合计				

经销商统计分析表填写说明如表9－11所示。

表9－11　经销商统计分析表填写说明书

表单编号		R－019－302	表单名称	**月经销商统计分析表
使用流程		经销商基本资料管理办法	使用时机	每月统计经销商数量时
表单功能		用于比较上月和本月经销商数量的变化时填写		
编号	栏位名称	填表说明		注意事项
1 2	上月 新户	上月各型态经销商的户数 本月各型态经销商的新开数		

续表

表单编号	R－019－302	表单名称	** 月经销商统计分析表
3	关户 本月	本月关闭的各型态经销商的户数 本月各型态经销商的户数	

9.3 经销商管理

9.3.1 经销商日常管理

1. 目标管理

目标管理主要包括两个方面：一方面是年度计划的拟订（含品项别的销售量、销售金额）；另一方面是每月目标（年度目标按照季节指数分解到日）的达成追踪。

（1）年度目标分配到每位经销商，分品项制定年度销售目标，制订《经销商年度销售计划表》。

（2）组长及业代就当月的促销政策和销售目标向所辖区域经销商做细致说明，对月目标做进一步分解，制订《经销商打款进度追踪表》。

（3）组长及业代根据规划进度对每日的进度进行追踪。

2. 库存管理

（1）组长及业代对经销商的安全库存及品类进行管理。

（2）根据经销商的销售状况和季节指数制订经销商《淡旺季安全库存表》，确保经销商不因缺货、断货降低销量。

（3）了解产品的回转状况，确定经销商的合理库存量。

（4）协助经销商做好库存码放及装卸的规范作业，确保产品先进先出，将不良产品隔离存放，每月进行汇总，提报《不良品退换货单》，保证及时货补。

（5）每周实地盘点经销商的库存，填写《客户别库存周报》。

（6）根据区域策略及产品特性，合理设置经销商的销售品项，保证客户库存的完整性，才能确保本品的全品项销售。

3. 价格的管理

（1）价格控制是维持整个公司价盘的稳定，维护经销商基本利益的重要工作。

（2）经销商应严格按照公司的价格策略执行售价，只赚取应得的合理利润，将价格全部下放到下游通路，确保价格的稳定性，但不得压低价格进行窜货。

（3）组长及业代要定期到一阶、批市了解本品、竞品的通路价格，及时将当地竞品的动态反馈给上级。

4. 配送管理

（1）配送是否及时与经销商配送战线的远近及配送工具直接相关。

（2）经销商必须有足够的配送车辆，要将产品辐射到周边乡镇，士多批发商客户产品配送工具的使用要考虑市区交通情况，以防送货受限。

（3）通常情况下，要求经销商在接到转单后的24小时内将货物完全送达，对无法满足公司配送需要的客户，要及时给予辅导，如果该客户确实无法配合我公司的工作，应立即更换客户。

（4）除根据公司人员的转单配送产品外，经销商应有自己的销售网络，自行销售本品，要及时更换只依赖公司转单的客户。

（5）组长及业代每周汇总《客户转单周报》，将之作为对经销商进行考核的主要依据。

（6）组长及业代每周都要对各级经销商的配送工作进行考核，汇总各经销商的《客户转单周报》。对未能及时送达的订单，应总结产品未及时送达的原因，商讨解决方法。

5. 促销活动的管理

（1）做好对活动资源（如赠品）的管控、促销力度的下放等工作。

（2）在产品促销活动中，经常会出现向经销商借货的现象，因此要加强对借货对账的管理，其目的是确保及时返货和加强对实际使用量的管控。此外，每月对账作业应是所长管理的重点，具体作业请参照集团《借货管理办法》。

（3）促销品的管理重点是查看促销品有无遗失及是否被挪用，业务人员应对促销品的实际使用及库存数量进行严格管控，做好每日产品领用登记工作及库存管理。

6. 相关管理表单

（1）《经销商年度销售计划》（表9－12）。

表9－12　2008年客户销售计划表

品项		1月	2月	3月	第一季	4月	5月	6月	第二季	7月	8月	9月	第三季	10月	11月	12月	第四季	合计
CAN	CAN340				–				–				–				–	–
	小计	–	–	–	–	–	–	–	–	–	–	–	–	–	–	–	–	–
PET300/350	PET小包装				–				–				–				–	–
	小计	–	–	–	–	–	–	–	–	–	–	–	–	–	–	–	–	–
PET490/500	PET490冰茶				–				–				–				–	–
	PET490劲凉				–				–				–				–	–
	PET490绿茶				–				–				–				–	–
	PET490大麦				–				–				–				–	–
	PET500茉莉				–				–				–				–	–
	PET500康果				–				–				–				–	–
	PET450颗粒				–				–				–				–	–
	PET500每日C				–				–				–				–	–
	小计	–	–	–	–	–	–	–	–	–	–	–	–	–	–	–	–	–

续表

品项		1 月	2 月	3 月	第一季	4 月	5 月	6 月	第二季	7 月	8 月	9 月	第三季	10 月	11 月	12 月	第四季	合计
水	PET600 水				–				–				–				–	–
	PET350 水				–				–				–				–	–
	小计	–	–	–	–	–	–	–	–	–	–	–	–	–	–	–	–	–
大包装	PET 大包装茶				–				–				–				–	–
	PET 大包装水				–				–				–				–	–
	PET 大包装果汁				–				–				–				–	–
	PET 大包装每日 C				–				–				–				–	–
	小计	–	–	–	–	–	–	–	–	–	–	–	–	–	–	–	–	–
数量合计					–				–				–				–	–
金额					–				–				–				–	–
占比					–				–				–				–	–

（2）《经销商打款追踪表》（表 9 – 13）。

表 9 – 13　经销商打款追踪表

序号	客户名称	项目	目标金额	1	2	3	4	5	6	7	8	9	10	11	12	13	14	15	16	17	18	19	20	21	22	23	24	25	26	27	28	29	30	31	合计
1		计划																																	
		实际																																	
2		计划																																	
		实际																																	
3		计划																																	
		实际																																	
4		计划																																	
		实际																																	
5		计划																																	
		实际																																	
6		计划																																	
		实际																																	
合计		计划																																	
		实际																																	

（3）《客户别库存周报》（表 9 – 14）。

表9－14　客户别库存周报

所别：　　　　　　　　　　　　　　　　　　　　　　　　　　　资料日期

负责业代	客户名称	项目	PET490/500																		水				大包装											
			冰系列				茉莉系列					康果			每日C果粒		每日C		小计	350(15入)	600(15入)	600(24入)	折24入小计	1.25L			1.5L				2L				大包装小计
			冰红茶	冰绿茶	劲凉冰红	劲凉冰绿	绿茶	大麦低糖	大麦无糖	茉莉低糖	茉莉无糖	橙汁	水晶	水蜜桃	柳橙	葡萄柚	橙汁	水晶						冰红	绿茶	每日C	冰红	绿茶	康果	每日C	冰红	绿茶	康果	每日C	
		本期库存																	0				0												0
		本期进货																	0				0												0
		分流	0	0	0	0	0	0	0	0	0	0	0	0	0	0	0	0	0	0	0	0	0	0	0	0	0	0	0	0	0	0	0	0	0
		上期库存																	0				0												0
		本期库存																	0				0												0
		本期进货																	0				0												0
		分流	0	0	0	0	0	0	0	0	0	0	0	0	0	0	0	0	0	0	0	0	0	0	0	0	0	0	0	0	0	0	0	0	0
		上期库存																	0				0												0
		本期库存																	0				0												0
		本期进货																	0				0												0
		分流	0	0	0	0	0	0	0	0	0	0	0	0	0	0	0	0	0	0	0	0	0	0	0	0	0	0	0	0	0	0	0	0	0
		上期库存																	0				0												0
		本期库存																	0				0												0
		本期进货																	0				0												0
		分流	0	0	0	0	0	0	0	0	0	0	0	0	0	0	0	0	0	0	0	0	0	0	0	0	0	0	0	0	0	0	0	0	0
		上期库存																	0				0												0
		本期库存																	0				0												0
		本期进货																	0				0												0
		分流	0	0	0	0	0	0	0	0	0	0	0	0	0	0	0	0	0	0	0	0	0	0	0	0	0	0	0	0	0	0	0	0	0
		上期库存																	0				0												0
		本期库存																	0				0												0
		本期进货																	0				0												0
		分流	0	0	0	0	0	0	0	0	0	0	0	0	0	0	0	0	0	0	0	0	0	0	0	0	0	0	0	0	0	0	0	0	0
		上期库存																	0				0												0
		本期库存																	0				0												0
		本期进货																	0				0												0
		分流	0	0	0	0	0	0	0	0	0	0	0	0	0	0	0	0	0	0	0	0	0	0	0	0	0	0	0	0	0	0	0	0	0
		上期库存																	0				0												0
		本期库存																	0				0												0
		本期进货																	0				0												0
		分流	0	0	0	0	0	0	0	0	0	0	0	0	0	0	0	0	0	0	0	0	0	0	0	0	0	0	0	0	0	0	0	0	0
		上期库存																	0				0												0

续表

负责业代	客户名称	项目	PET490/500																	水				大包装											
			冰系列				茉莉系列					康果			每日C果粒		每日C		小计	350(15入)	600(15入)	600(24入)	折24入小计	1.25L			1.5L				2L				大包装小计
			冰红茶	冰绿茶	劲凉冰红	劲凉冰绿	绿茶	大麦低糖	大麦无糖	茉莉低糖	茉莉无糖	橙汁	水晶	水蜜桃	柳橙	葡萄柚	橙汁	水晶						冰红	绿茶	每日C	冰红	绿茶	康果	每日C	冰红	绿茶	康果	每日C	
合计		本期库存																	0				0												0
		本期进货																	0				0												0
		分流	0	0	0	0	0	0	0	0	0	0	0	0	0	0	0	0	0	0	0	0	0	0	0	0	0	0	0	0	0	0	0	0	0
		上期库存																	0				0												0

（4）《淡旺季安全库存表》（表9－15）

表9－15 淡旺季安全库存表

所别:　　　　　　　　　　　　　　　　　　　　　资料日期

区域名称	客户名称	负责业代	项目	PET490/500																	水				大包装												总计
				冰系列				茉莉系列					康果			每日C果粒		每日C		小计	350(15入)	600(15入)	600(24入)	折24入小计	1.25L			1.5L				2L				大包装小计	
				冰红茶	冰绿茶	劲凉冰红	劲凉冰绿	绿茶	大麦低糖	大麦无糖	茉莉低糖	茉莉无糖	橙汁	水晶	水蜜桃	柳橙	葡萄柚	橙汁	水晶						冰红	绿茶	每日C	冰红	绿茶	康果	每日C	冰红	绿茶	康果	每日C		
			上限																	0				0												0	0
			下限																	0				0												0	0
			上限																	0				0												0	0
			下限																	0				0												0	0
			上限																	0				0												0	0
			下限																	0				0												0	0
			上限																	0				0												0	0
			下限																	0				0												0	0
			上限																	0				0												0	0
			下限																	0				0												0	0
			上限																	0				0												0	0
			下限																	0				0												0	0
			上限																	0				0												0	0
			下限																	0				0												0	0
			上限																	0				0												0	0
			下限																	0				0												0	0

续表

区域名称	客户名称	负责业代	项目	PET490/500																	水				大包装												总计
				冰系列				茉莉系列					康果			每日C果粒		每日C		小计	350(15入)	600(15入)	600(24入)	折24入小计	1.25L			1.5L				2L				大包装小计	
				冰红茶	冰绿茶	劲凉冰红	劲凉冰绿	绿茶	大麦低糖	大麦无糖	茉莉低糖	茉莉无糖	橙汁	水晶	水蜜桃	柳橙	葡萄柚	橙汁	水晶						冰红	绿茶	每日C	冰红	绿茶	康果	每日C	冰红	绿茶	康果	每日C		
			上限																	0				0												0	0
			下限																	0				0												0	0
			上限																	0				0												0	0
			下限																	0				0												0	0
			上限																	0				0												0	0
			下限																	0				0												0	0
			上限																	0				0												0	0
			下限																	0				0												0	0
			上限																	0				0												0	0
			下限																	0				0												0	0
			上限																	0				0												0	0
			下限																	0				0												0	0
合计			上限																	0				0												0	0
			下限																	0				0												0	0

（5）《转单配送周报表》（表9－16）。

表9－16　转单配送周报表

量化指标	客户主动配送数量	客户主动配送笔数	业务转单数量	业务转单笔数	送货总笔数	配送及时率	送达率
质化分析	客户主动配送笔数与转单笔数差异分析及改善建议						
	客户主动配送数量与转单数量差异分析及改善建议						
	未及时配送原因分析及改善建议						
	未送达原因及改善建议						

9.3.2　各经销商配送客户类型

为了使各经销商顺利、有效地与制造商合作，首先要保证经销商的合理利润，提升各经销商的正常运作效率。

每个经销商均有相应的配送区域，也有与之相对应的配送通路客户。为了使大家对各经销商配送的客户有所了解，下面将对各经销商的配送客户类型做简单介绍。

1. DC 经销商与士多批发商

DC 经销商与士多批发商配送客户的类型如图 9－2 所示。

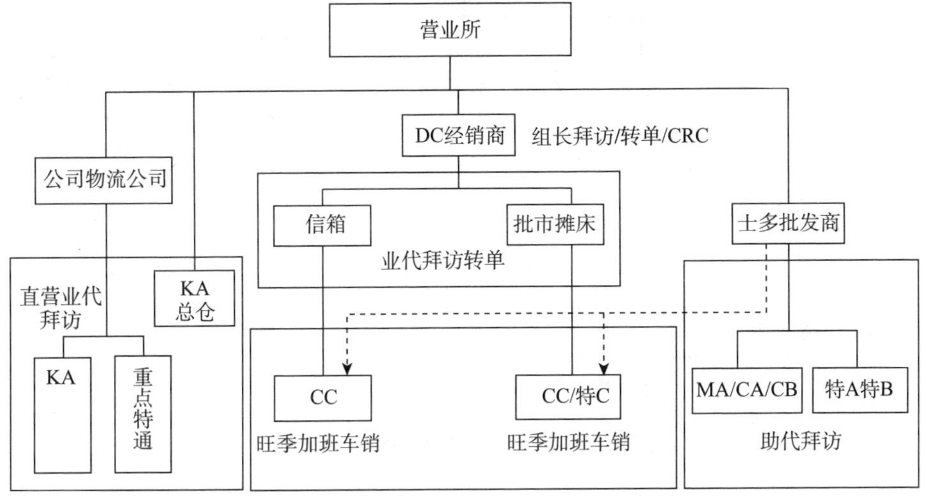

图 9－2　DC 经销商与士多批发商配送客户的类型

2. 城区经销商

城区经销商配送客户的类型如图 9－3 所示。

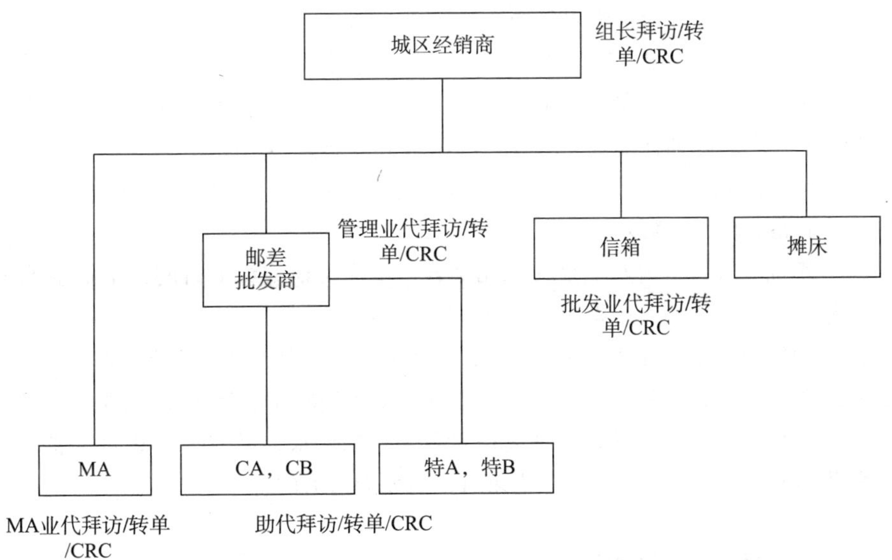

图 9－3　城区经销商配送客户的类型

3. 外埠经销商

外埠经销商配送客户的类型如图9－4所示。

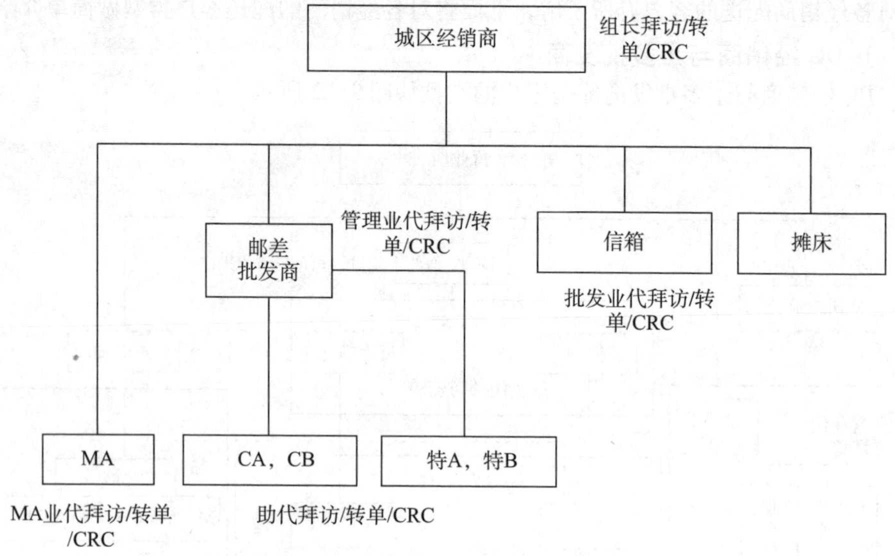

图9－4 外埠经销商配送客户的类型

9.3.3 经销商及业务团队培训

（1）为提高经销商的业务能力、送货人员的业务技巧及经销商对本品卖点的把握能力，公司营业人员应加强对经销商的培训。

（2）培训对象：经销商的业代、送货司机、仓储人员等。

（3）培训内容：产品知识、码放标准、装卸要求、销售话述、POSM的正确使用方法及标准、产品陈列标准及要求等。（POSM指广告宣传用品。）

（4）培训时间：新产品到货后，可拿样品做详细讲解，讲解内容包括产品的铺货区域、通路、目标点数及铺货率目标等。

（5）培训方式：讲解与实地演练相结合，增加实地演练的时间，手把手地进行教导，并持续开展对经销商业代、送货司机、仓储人员等的培训。

（6）向经销商灌输科学的管理理念、发展规划理念等也是培训的重要内容，但是这方面的培训要以日常谈话的形式进行，要循序渐进地向经销商灌输先进的经营理念。

（7）开展培训的前提是该经销商符合我公司的要求，愿与公司共同发展，及时更换那些不能满足公司快速发展的需求且没有发展潜力的客户。

9.3.4 经销商年检

（1）系统对客户基本资料进行年检。

（2）各所应在每年1月对客户营业执照的有效时间进行审核，并将新的有效时间段输入系统。若没有将新的营业执照有效时间输入系统，系统将自动禁止该客户出货。

① 营业人员在每年第四季度进行客户的评估、年检作业。

② 组长及业代对所辖区域经销商的年度销售额、各品类销售情况、仓储、配送、经营理念及配合度、人员配备、销售网络、资金等情况进行综合考虑，并深入了解经销商下一年的资金、车辆、仓储、人员等情况，为对经销商进行评估准备基础资料。

③ 根据组长与业代提供的资料，所长亲自拜访辖区内客户，并结合下一年的区域及通路策略，对客户进行综合评估，更换无法满足公司快速发展的需要且没有发展潜力的客户。

④ 经销商年检作业须在当年12月31日前全部完成，经销商年检作业的落实对下一年的经营很重要。因此，各营业单位要认真落实经销商年检作业，业代、组长、所长亲自拜访客户，做最后判断。

（3）《经销商年检表》（表9－17）

表9－17 经销商年检表

××营业部××营业所

<table>
<tr><td rowspan="2">基础资料</td><td>经销商名称</td><td>经销商代码</td><td>所属城区/片区</td><td>负责人</td><td>电话</td><td colspan="2">经销商地址</td><td>三证</td></tr>
<tr><td></td><td></td><td></td><td></td><td></td><td colspan="2"></td><td></td></tr>
<tr><td rowspan="2">经营资料</td><td>客户型态</td><td>配送一阶点数</td><td>配送二阶点数</td><td>08年销售额</td><td>08年目标</td><td>达成%</td><td>07年销售额</td><td>成长%</td></tr>
<tr><td></td><td></td><td></td><td></td><td></td><td></td><td></td><td></td></tr>
<tr><td>季节占比</td><td colspan="2">第一季%</td><td colspan="2">第二季%</td><td colspan="2">第三季%</td><td colspan="2">第四季%</td></tr>
<tr><td>品类占比</td><td>冰系列%</td><td>茶系列%</td><td>康果汁%</td><td>每日C%</td><td colspan="2">矿质水%</td><td colspan="2">其他%</td></tr>
<tr><td>包装占比</td><td colspan="2">PET小%</td><td colspan="2">PET中%</td><td colspan="2">PET大%</td><td colspan="2">其他%</td></tr>
<tr><td rowspan="2">评比项目</td><td colspan="2">政策配合</td><td colspan="2">经营能力</td><td colspan="2">资金能力</td><td>配送服务</td><td>专业能力</td></tr>
<tr><td colspan="2">%</td><td colspan="2">%</td><td colspan="2">%</td><td>%</td><td>%</td></tr>
<tr><td>状况描述</td><td colspan="2">参考经销商年检“评比项目”指标占比</td><td colspan="2"></td><td colspan="2"></td><td></td><td></td></tr>
<tr><td>得分</td><td colspan="2"></td><td colspan="2"></td><td colspan="2"></td><td></td><td></td></tr>
<tr><td></td><td colspan="2"></td><td colspan="2"></td><td colspan="2"></td><td>得分合计</td><td></td></tr>
</table>

续表

<table>
<tr><td rowspan="2">基础资料</td><td>经销商名称</td><td>经销商代码</td><td>所属城区/片区</td><td colspan="2">负责人</td><td>电话</td><td>经销商地址</td><td colspan="2">三证</td></tr>
<tr><td></td><td></td><td></td><td colspan="2"></td><td></td><td></td><td colspan="2"></td></tr>
<tr><td>意见</td><td>营会</td><td>业务专员</td><td>查核专员</td><td colspan="3">营会部/处主管</td><td colspan="3">总经理</td></tr>
<tr><td>保留
更换
升级</td><td></td><td></td><td></td><td colspan="3"></td><td colspan="3"></td></tr>
<tr><td>建议替换经销商资料</td><td>经销商名称</td><td>负责人</td><td>电话</td><td>经销商地址</td><td>资金</td><td>三证</td><td>车辆</td><td colspan="2">仓容</td></tr>
<tr><td></td><td></td><td></td><td></td><td></td><td></td><td></td><td></td><td colspan="2"></td></tr>
<tr><td>有无特别优势</td><td colspan="9"></td></tr>
</table>

链接

附件一　××公司经销商合作协议书

经销商配送协议书

立协议书人____________有限公司（以下简称甲方）

公司（以下简称乙方）

兹因乙方对甲方公司产品之认知，愿意诚信合作，加入为甲方的经销商，共同推展业务。双方基于共同经营市场的理念，于____________（地点应以甲方所在地为准）达成下列协议事项共同遵守。

第一条：产品的种类及价格

1. 以甲方生产并委托乙方配送的产品品项为主。

2. 配送销售产品的价格，以甲方订立的通路盘价为准。其间，若基于市场需求的变化调整各项价格，甲方须以正式行文通知乙方。乙方应依照行文内容办理，不得自行调整或变更。行文通知应作为协议附件存查。

3. 如乙方未采用甲方制定或调整的价格，且有削价恶性倾销或高价惜售的行为，经甲方查证属实，甲方将以书面通知、传真或信函等方式通知乙方，提前终止本协议，乙方不得提出任何异议及要求。

4. 促销期间，城区经销商排货赠品数量等于辖区内所有客户订单赠品之和。不允许城区经销商多扣促销赠品。

5. 乙方不应配送、销售任何假冒产品，一经发现，甲方可立即以书面形式，包括但不限于通知、传真或信函，终止本协议并保留追诉和查扣的权利。

6. 乙方在取得甲方产品在该城区的经销配送权后，基于共同的经营理念，乙方同意接受甲方的各项销售政策。

第二条：销售区域范围及综合管理指标

1. 乙方应在双方协议的区域内配送销售产品（见附件）。乙方不应擅自跨区配送、销售产品，不得扰乱市场营销秩序。如若发现乙方存在上述行为，经甲方查证属实，甲方可停止出货，或提前终止本协议，乙方不得提出任何异议及要求。

2. 乙方是甲方的经销商，乙方有义务达到一定的综合管理指标，包括及时将订单配送给客户及保障安全库存等，以双方设定目标为准。如乙方未达到销售综合管理指标，则甲方有权取消乙方的配送经销权。反之，甲方将保障乙方续约的优先权，主动辅导乙方，帮助乙方提高其经营效益。

3. 乙方自签订本协议书之日起，应以良好的经营态度，努力配送、经销甲方产品。如乙方未能全面达到甲方的管理指标，经甲方提出改善意见后，仍无法改善其综合表现，或有事实认定乙方有故意抵制销售之行为或有停业之虑时，则甲方可不经乙方同意，以书面告知乙方后，提前终止本协议，乙方不应提出任何异议及要求。

第三条：订货付款和产品运送

1. 乙方订购甲方产品时，同意根据甲方的订货程序作业，并及时付款。订货付款以款到发货为原则。本协议签署时，乙方已经熟知甲方的订货程序，并同意将该程序作为本协议的附件，双方共同遵守。

2. 甲方将乙方订购的产品运送至乙方营业场所或仓库，运费由甲方承担。

3. 甲方将产品交给乙方时，乙方应及时验货（以乙方之验收人员名册所载人员及签收样章为凭），乙方验收人员签字，或以加盖签收章为收货结算凭证，验收人员或签收章变更时，乙方应以书面形式通知甲方，否则，若产生不良后果，则由乙方自行承担责任。如发现产品短缺或有质量问题，乙方应在收货单返回联上备载原因并同送货司机共同签字确认。有关凭证需在五日内寄交甲方，经甲方查证后，如系运输单位造成，则由甲方负责向运输单位提出索赔，并弥补乙方的损失。未备载确认或逾期寄交的，视为乙方对产品质量、数量无异议。

第四条：市场拓展与区域责任及义务

1. 乙方不得拒绝甲方业务人员提出的订单配送要求，包括成品、生动化工具等物品。

2. 乙方有责任在接到甲方业务订单24个工作小时内将货配送至指定客户。

3. 乙方必须按月提供各月份各产品品项的实际配送销售资料、库存量及其他所需表格，供甲方分析市场营运状况。

4. 乙方必须按月提供经销区域内竞品商情及异常货品来源之相关资料，供甲方分析市场营运状况。

5. 乙方对客户配送销售产品保证先进先出原则，并每月按时提交库存层别表，对即期产品（三个月内到保质期）必须进行预警并及时通知甲方。如因甲方产品逾期，甲方有责任进行处理，包括换货、促销等。如因乙方没有按先进先出原则或其他客户自身的原因造成产品即期，则由乙方自行处理，乙方应自行销毁过期产品，不再销售过期产品，否则，一切后果由乙方承担。

6. 若双方提前终止本协议，乙方剩余产品良品库存由甲方以原出货厂价予以购回，但如果部分产品是有效期只剩（或不足）三个月的即期产品，且即期产品的出现是乙方造成的，那么即期产品的购回价格按基价的50%折算。此外，乙方不得再以任何理由向甲方索要其他权益。

第五条：违约处罚

1. 在合约期间内如发现乙方违反甲方之经营政策，则扣除经销商返利。

2. 在合约期间内如乙方私自单方面解约（不可抗力之因素除外），甲方有权扣除全部经销商返利。

第六条：本协议书有效期：

自________年____月____日起至________年____月____日止

协议书期限届满后，乙方仍按订货流程向甲方订货，甲方同意并实际发货的，本协议自动延至该笔交易结束后，双方的权利及义务仍按本协议之约定。

第七条：甲乙双方应本着协议书之协议精神，以诚信原则执行本协议书之各项协议内容。其间若有争议，应先友好协商解决，如果协议不成，双方同意将争议提交________________人民法院解决。（应以甲方所在地法院为主）

第八条：本协议书连同城区经销商经销协议书附件一式两份，甲乙各持一份为凭。

甲方：	乙方：
公司名称：	公司名称：
签约代表人：	签约代表人：
公司地址：	公司地址：
营业登记证号：	营业登记证号：

签约日期：________________年________月________日

城区经销商配送协议书附件

甲方：________________有限公司

乙方：________________________公司

一、配送区域：____________________________________（详见附件一）

二、产品价格及盘价：（见附件二）

甲方：	乙方：
公司名称：	公司名称：
签约代表人：	签约代表人：
公司地址：	公司地址：
营业登记证号：	营业登记证号：

签约日期：________________年________月________日

附件1：甲方产品配送区域

配送区域范围：____________

批发客户________家

零售客户________家

其他客户________家

附件2：价格表：××年××月

表9－18　价格表

元/箱

产品系列	批发商进货价格

说明：表中未列出产品将另行通知。

链接

附件二　××公司经销商窜货管理办法

一、说明：为减少区域间窜货现象，特制定下列管理方法。

二、定义

1. 恶性窜货定义：指客户不遵守公司价盘和促销政策，蓄意将货（90箱以上）流到其他客户的核心销售区域，导致其他客户无法正常销售产品的行为。

2. 正常窜货：指相邻2个营业所（区域接近）、客户之间的正常商流，产品数量在90箱以下，且产品价格没有低于公司规定的价盘。

三、源头的控制

1. 各级主管要了解客户货源、产品的去向，业代、组长加强对经销商的管理（库存管理）。

2. 从1月1日起，加强对批市业代的转单管理，业代也要通过订单记录经销商自己的销售情况。单品项出货超过90箱的，组长签字后再送货，且要留档备查。

3. 业代要依照公司规定的价格出货，一旦公司的促销活动结束，请自动取消促销，不能自行延长促销时间。

4. 所有客户都不能供货给各营业部门内的大炒家，无论他们给出怎样优惠的价格，否则将按照冲货处罚规定给予客户处罚。

5. 成品库的产品出货时，必须登记其生产批号（时间精确到分钟），并且烙印，烙号量不能少于该品项出货量的80%。（注意：需要烙印的品项有：PET490冰红茶、CAN340冰红茶、PET500蜂蜜绿茶及PET500每日C橙汁。）

6. 客户出货时要登记货品的批号，给司机一份登记批号的出货管控表，由司机随货带给客户，客户收货时必须对实物与成品库提供的批号进行核对，如果发现错误，请写上实际的批号，并签名留档（请司机确认）。如果所收的货烙号与自己的烙号不符，请在收货单上注明，并签名留档（请司机确认），同时通知包括当辖区域组长在内的联单报备营业部查核组和成品库。

四、窜货的提报

如果所辖区域内不是该区域编码（烙号或批号）的货达90箱以上，其出售价低于市场流通价，如果公司的促销是90+6箱，流通价=32×90/96=30.2元/箱，而其价格是29.5元，则是窜货。

五、窜货的回收

回收50箱货，尽可能地多购买，收购价格不得高于一阶价2元（含运费），最终价请营业主管确定。到经销商处，为货和炒家的出货单（有价格的）拍照。

六、窜货的举报

被窜货的营业所拍下并记录《被窜货登记表》，2天之内交给营业部门查核组（查核组以收到的完整资料为立案依据），查核组转总经办营业专员及成品库，由他们协助查实。成品库收到邮件后，2天之内给营业部回复，如成品库因没有登记找不到该批号出货的客户，则扣相关人员的奖金，200元/次。

七、窜货的证明

成品库回复冲货提报单后，部查核组进行分析、取证、调查（3天之内完成），将调查结果交给营业部主管，同时将成品库的回复发给营业所作举证。

八、窜货的举证

涉嫌窜货的营业所在收到查核组转发的成品库的回复通知后，如果对证据有疑问，可在3天之内进行举证。

九、窜货的最终确认

营业部内的窜货由部主管依据查核结果做出最终裁决，跨营业部的窜货由相关部主管提出建议，最后由总经理裁决。

十、窜货客户及管辖窜货客户营业人员的惩罚

经销所之间冲货，由部主管视情节严重程度，给予如下处罚。

1. 对客户：第1次扣除其当月的所有返利；第2次扣除其3个月的所有返利；第3次则停止与客户的合作，进行销户处理。

2. 确定是窜货行为，则要高价回收其产品，以作为证据（价格：回收价格+5元）。

3. 对营业人员：

第1次：扣除所长、组长或管理经销商的批市业代的当月奖金。

第2次：扣除所长、组长、业代3个月的奖金，组长和业代记大过一次，所长记小过一次。

第3次：开除业代，扣除所长、组长、业代3个月的奖金（总经理做最后裁决）。

4. 对车队和主管（如果有参与的）：扣除车队当次的运费，每次扣除管理车队的储运主管300元的奖金。

十一、从××年1月18日开始执行，各营业所要严格执行！若是1月份发现有12月份的货源，就开始执行这套方案。

十二、此窜货管理办法适用于广直部。

十三、本《窜货管理办法》由营业人员宣导到每个经销客户与所有营业同仁，并请客户在附件1中签名、盖章并留档。

附件1：对经销商宣导《窜货管理办法》回执函

各经销商：

你们好！

在感谢你们大力支持与配合我们的同时，恭祝各位在新的一年生意兴隆，货如轮转。

一直以来，价盘的混乱给我们带来极大的困扰，窜货事件经常发生。为了维护价盘稳定，确保通路利润，我司制定了《窜货管理办法》。希望各经销商共同遵守。

顺祝

商祺

××有限公司

经销商签名（盖章）

××年1月18号

第 10 章

组织结构与营业所管理

营业所是整个通路精耕系统中最小的独立营运单位。公司制定的销售目标与利润达成目标均以营业所为单位进行统计与核算。所以在通路精耕系统的营运管理中，营业所的管理尤为重要。

营业所管理分为销售目标管理、人员管理与通路营销资源管理三部分。只有管理好这三个方面，才能顺利地完成公司制定的销售目标与利润达成目标。

10.1 销售目标管理

营业人员的最大任务就是定期完成销售目标。为了达成定期销售目标，需从市场分析、4P营销组合及具体的落实执行等方面进行管理。

1. 竞争环境分析

(1) 区域。

① 强势区域：如中山、顺德、珠海城区。

② 弱势区域：如肇庆城区、湛江城区。

③ 胶着区域：如阳江城区、茂名城区。

(2) 产品。

① 强势产品：冰红茶、绿茶及茉莉清茶。

② 弱势产品：果汁、大包装产品。

③ 胶着产品：矿物质水。

(3) 通路。

① 强势通路：CA/CB、工厂及景点。

② 弱势通路：网吧、餐饮店及团购店。

③ 胶着通路：批发店和学校。

(4) 市场策略的形成。

① 产品策略。

② 区域策略。

③ 通路策略。

④ 价格策略。

⑤ 促销推广策略。

……

(5) 具体市场分析如表10－1所示。

表10－1 市场分析表

项目	强势	胶着	弱势	策略
区域				

续表

项目	强势	胶着	弱势	策略
产品				
通路				

2. 产品管理

（1）新产品的上市与维护。

① 铺货率。

② 陈列生动化。

③ ××率（各制造商可根据产品特点设定一些指标。比如，在南方市场，冰镇饮料比较受欢迎，因此可以设定一个“冰镇率”，一次作为考核依据）。

（2）产销协调。

① 包装别产品：不同包装别产品销售量的预估与生产量的确定。

1）大包装产品：PET1.25L以上的大包装产品销售量的预估与生产量的确定。

2）中包装产品：PET490～PET1L的产品销售量的预估与生产量的确定。

3）小包装产品：490ML以下的小包装产品销售量的预估与生产量的确定。

② 口味别产品：不同口味别产品销售量的预估与生产量的确定，如冰系列、绿茶、果汁、矿物质水。

（3）经销商库存。

因经销商的库存需由营业所的销售人员进行出货消化，所以协调产品的产出与销量时要充分考虑到经销商的库存，否则，产销的不协调会造成库存过大或供货不足等不良后果。

经销商库存调查表如表10－2所示。

表10－2　××营业部门经销商库存调查表

<table>
<tr><th rowspan="3">经销商</th><th rowspan="3">型态</th><th rowspan="3">项目</th><th colspan="3">TP</th><th colspan="6">PET1.25L</th><th colspan="10">CAN</th><th rowspan="3">合计</th></tr>
<tr><th rowspan="2">250茶</th><th rowspan="2">250果汁</th><th rowspan="2">250每日C</th><th colspan="3">茶类</th><th colspan="3">康果</th><th colspan="5">340</th><th colspan="2">康果340</th><th colspan="3">每日C340</th></tr>
<tr><th>冰红茶</th><th>绿茶</th><th>茉莉</th><th>橙汁</th><th>葡萄</th><th>水蜜</th><th>冰红茶</th><th>劲凉</th><th>绿茶</th><th>蜂蜜绿茶</th><th>实料派</th><th>水蜜</th><th>橙汁</th><th>水晶葡萄</th><th>橙汁</th><th></th></tr>
<tr><td rowspan="8">××所</td><td rowspan="8">DC</td><td>期初库存量</td><td></td><td></td><td></td><td></td><td></td><td></td><td></td><td></td><td></td><td></td><td></td><td></td><td></td><td></td><td></td><td></td><td></td><td></td><td></td><td></td></tr>
<tr><td>本期进货量</td><td></td><td></td><td></td><td></td><td></td><td></td><td></td><td></td><td></td><td></td><td></td><td></td><td></td><td></td><td></td><td></td><td></td><td></td><td></td><td></td></tr>
<tr><td>上期回转量</td><td></td><td></td><td></td><td></td><td></td><td></td><td></td><td></td><td></td><td></td><td></td><td></td><td></td><td></td><td></td><td></td><td></td><td></td><td></td><td></td></tr>
<tr><td>本期回转量</td><td></td><td></td><td></td><td></td><td></td><td></td><td></td><td></td><td></td><td></td><td></td><td></td><td></td><td></td><td></td><td></td><td></td><td></td><td></td><td></td></tr>
<tr><td>上月销售量</td><td></td><td></td><td></td><td></td><td></td><td></td><td></td><td></td><td></td><td></td><td></td><td></td><td></td><td></td><td></td><td></td><td></td><td></td><td></td><td></td></tr>
<tr><td>期末库存量</td><td></td><td></td><td></td><td></td><td></td><td></td><td></td><td></td><td></td><td></td><td></td><td></td><td></td><td></td><td></td><td></td><td></td><td></td><td></td><td></td></tr>
<tr><td>库存情况</td><td></td><td></td><td></td><td></td><td></td><td></td><td></td><td></td><td></td><td></td><td></td><td></td><td></td><td></td><td></td><td></td><td></td><td></td><td></td><td></td></tr>
<tr><td>消耗库存量</td><td></td><td></td><td></td><td></td><td></td><td></td><td></td><td></td><td></td><td></td><td></td><td></td><td></td><td></td><td></td><td></td><td></td><td></td><td></td><td></td></tr>
</table>

续表

经销商	型态	项目	TP			PET1. 25L						CAN										合计
			250茶	250果汁	250每日C	茶类			康果			340					康果 340		每日 C340			
						冰红茶	绿茶	茉莉	橙汁	葡萄	水蜜	冰红茶	劲凉	绿茶	蜂蜜绿茶	实料派	水蜜	橙汁	水晶葡萄	橙汁	葡萄	
××所	物流	期初库存量																				
		本期进货量																				
		上期回转量																				
		本期回转量																				
		上月销售量																				
		期末库存量																				
		库存情况																				
		消耗库存量																				
	城区经销商	期初库存量																				
		本期进货量																				
		上期回转量																				
		本期回转量																				
		上月销售量																				
		期末库存量																				
		库存情况																				
		消耗库存量																				
	外埠	期初库存量																				
		本期进货量																				
		上期回转量																				
		本期回转量																				
		上月销售量																				
		期末库存量																				
		库存情况																				
		消耗库存量																				
中山所合计		期初库存量																				
		本期进货量																				
		上期回转量																				
		本期回转量																				
		上月销售量																				
		期末库存量																				
		库存情况																				
		消耗库存量																				

（4）确定营业所各地区的重点发展产品，做重点经营与管理。

（5）区域与通路管理。

① 区域经营。

a. 重点区域：该营业所业绩最高的区域及重点开发的区域，如精耕城区、城郊。

b. 次重点区域：该营业所业绩稍高的区域及次重点开发区域，如外埠甲A片区。

c. 非重点区域：该营业所目前待开发的外埠区域，如外埠乙级以下的片区。

② 通路经营。

a. 重点通路：该营业所业绩最高的区域及重点开发的通路，如KA、MA、封闭通路及CA类点。

b. 次重点通路：该营业所业绩稍高的区域及次重点开发通路，如CB类点、冰摊。

c. 非重点通路：该营业所目前待开发的通路，如餐饮、酒店。

（6）方法。

① 达成销售目标的方法（业代以上人员管理）。

a. 当月业绩精分至每天及每人。

b. 每天朝会时业代设定销售目标。

c. 每天夕会时追踪当日销售目标的达成状况。

d. 分析未达成目标的原因，及时改善工作。

② 一线人员管理方法。

a. 每月第一天设定助代拜访的DPI目标（DPI是指每日的管理指标）。

- 销售金额目标。
- 成交数与成交量。
- 重点品项达成。

b. 月底对助代达成率进行分析并提出改善意见

c. 每日追踪助代拜访目标的达成率。

d. 助代拜访达成率是重要的考核依据。

e. 协同拜访。

f. 市场查核。

③ 市场经营方法。

a. 接受竞品的挑战。

b. 对当地市场信息进行分析并制定相应的策略。

c. 提升助代拜访成交率。

d. 提升拜访成交率、冰冻率、排面率等。

（7）专案执行。

为顺利达成销售目标，有必要制定一些专案，以支持并达成该营业所的区域市场目标，如新品铺市率目标、销量目标。具体专案有：

- 开学专案
- 人均产值提升专案

- “果汁翻一番”专案
- 车销专案
- “箱箱有礼”专案
- “再来一罐”执行专案
- 矿物质水“遍地开花”专案

10.2 人员管理

10.2.1 所长自身管理

所长是营业所的最高长官，营业所人员管理由所长负责，所长自身的管理尤为重要。为了完善营业所的管理，各营业所所长需完成以下事项：

1. 营业所标准布置

（1）编列原则

- 营业所场地配置3～4个营业组。
- 每位组长管理5～7名业代（主要依据区域组织设定）。
- 每位管理业代负责5～7个助理业代。
- 注意事项：8：00～9：30与16：30～18：00两个时段，办公室的营业人员较多，这时不应该再安排外来人员进入公司。人员招聘、MS招聘工读生及讲解促销活动应安排在非繁忙时间。

（2）场地划分。

- 办公室可划分为会议室（SD/SM所在地）、SD/SM室、促销品储藏室和员工办公区。
- 会议室兼做训练室、理货员办公室，并配备活动桌椅。
- SD/SM办公室设在通观全局的位置。
- 门口：连线设置打卡钟、布告栏、当日POSM拿取区、CRC卡夹柜、陈列示范区，便于营业人员作业。
- 陈列示范区的设置含冰箱模板、陈列架实物、侧堆演示。
- 促销品储藏室设立货架，将促销品分类、分层码放，以免压损，方便取用。

（3）墙面的使用。

- 指示牌：在营业部办公室所在大厦的门厅、电梯出口、楼层办公室门口设立公司指示牌，标明公司的具体位置，指示牌上除文字外，还要有公司的logo。
- 将“诚信、务实、创新”的经营理念张贴在营业部最醒目的位置。
- 固定白板：业绩看板设置在主管座位后侧，连续设置，方便主管查阅。
- 看板：终端执行标准（八步骤、生动化）、办公室管理说明。

• 地图：悬挂地图（营业部所辖省图和营业部所在城市地图）。

（4）办公用品

• 电脑：集中设置，便于管理，避免网线拖扯，放置在干燥、整洁的地方；必须用专用电脑桌摆放，方便操作人员使用和放置各种电缆；要注意防鼠，以防电缆被老鼠咬断。

• 保险柜：放在财务人员附近。

• 文件柜：文件夹摆放整齐，即时或本年度资料夹竖式摆放在架上，过期（上一年度）资料可平放进柜中，以节省空间，空白表单应置于方便众人取用位置。

（5）生活用品。

• 饮水机：放置在进门处。

• 钟表：每个营业所配置一个，悬挂在墙上。

• 废纸篓：每2人一个，置于桌下。

• 穿衣镜、衣柜：按需配置。

（6）设备划分明细如表10－3所示。

表10－3　设备划分明细表

物品名称	放置位置	SD主所	SM主所	SOM主所	营业所	城区组	外埠组
指示牌	大厅、电梯出口、办公室门口	√	√	√	√		
公司理念	办公室最醒目墙	√	√	√	√	√	√
复印机	相对角落	√	√				
传真机	相对角落	√	√	√	√	√	√
省地图	部主管后侧旁边	√	√	√	√	√	√
市地图	所主管后侧旁边	√	√	√	√	√	√
绩效看板	主管后侧旁边，2组1个	√	√	√	√	√	√
终端执行看板	过道	√	√	√	√	√	√
促销品存放区	独立房间	√	√	√	√	√	
当日POSM拿取区	进门处	√	√	√	√	√	√
打卡钟	进门处	√	√	√	√		
样品架	进门处	√	√				
CRC架	进门处	√	√	√	√		
衣帽柜	进门处	按需					
饮水机	中心区靠墙	√	√	√	√	√	332
时钟	中心区靠墙	√	√	√	√	√	
固定白板	早会处、SD/SM办公室	√	√	√	√	√	√

（7）办公室的标准布置。

① 营业部门办公室标准布置如图10－1所示。

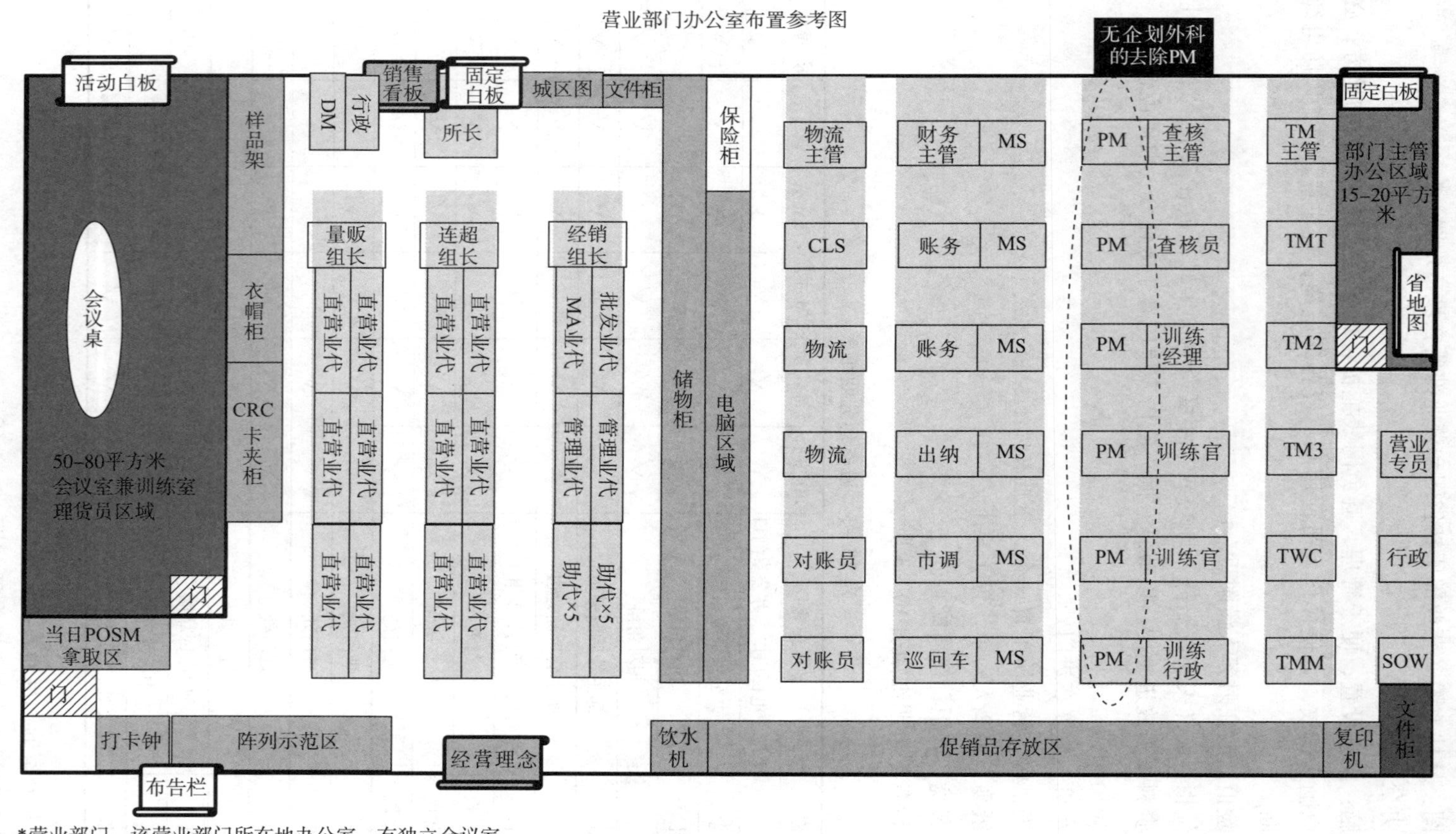

*营业部门：该营业部门所在地办公室，有独立会议室。

*浅灰部分：区域　中灰部分：办公设施/设备　深灰部分：独立房间

图10-1　营业部门办公室布置参考图

② 营业部办公室标准布置如图 10－2 所示。

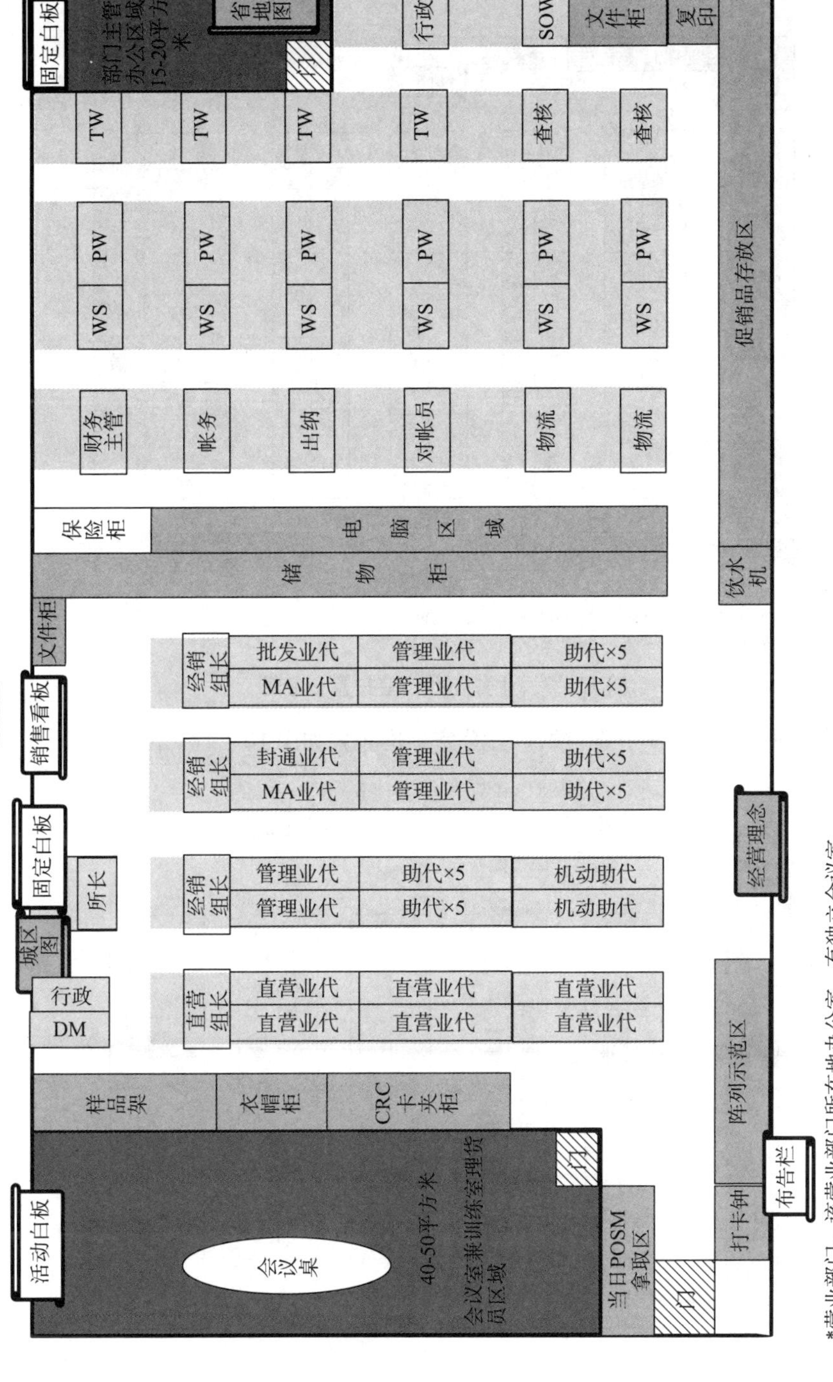

图10-2　营业部办公室布置参考图

③ 业务处办公室标准布置如图10－3所示。

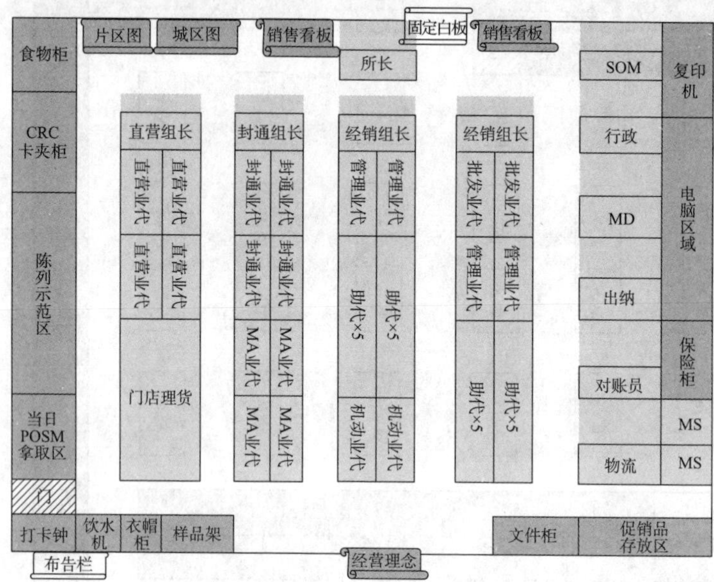

图10－3　业务处办公室布置参考图

④ 营业所（含1～2个直营组）办公室标准布置如图10－4所示。

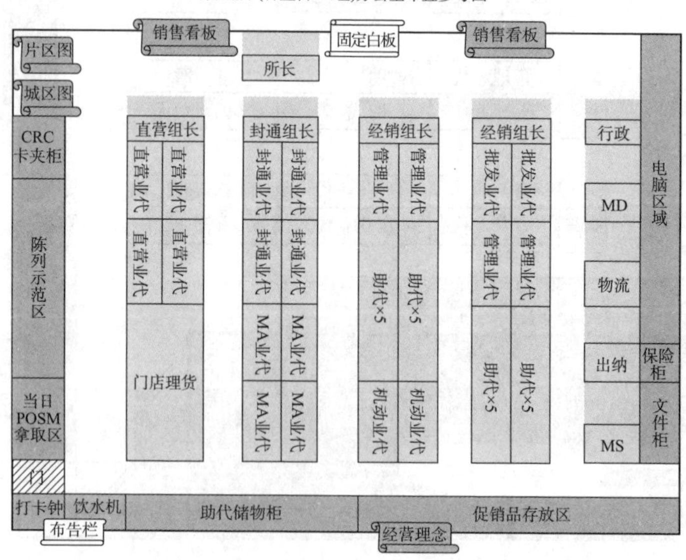

图10－4　营业所（含1～2个直营组）办公室布置参考图

⑤ 营业所（直营组小于 1 组）办公室标准布置如图 10－5 所示。

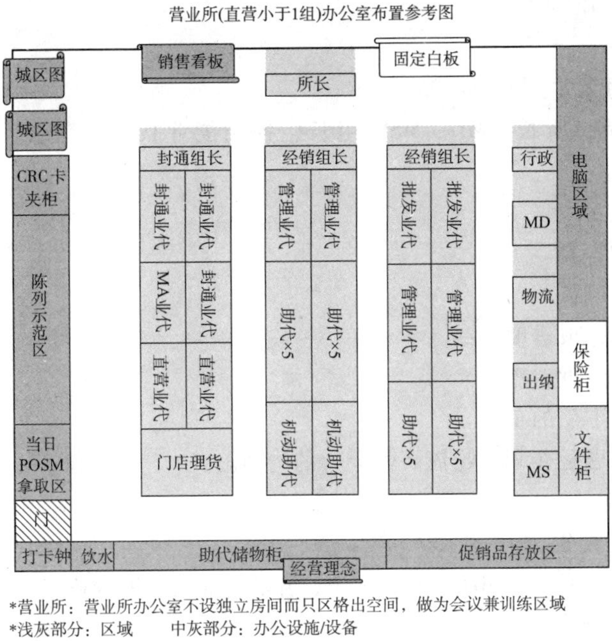

营业所(直营小于1组)办公室布置参考图

*营业所：营业所办公室不设独立房间而只区格出空间，做为会议兼训练区域
*浅灰部分：区域　　中灰部分：办公设施/设备

图 10－5　营业所（直营组小于 1 组）办公室布置参考图

⑥ 营业所（经销 1～2 组）办公室标准布置如图 10－6 所示。

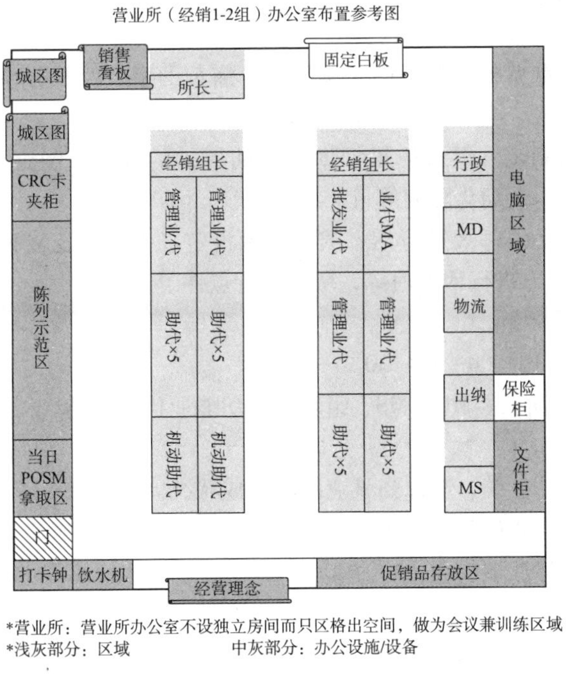

营业所（经销1-2组）办公室布置参考图

*营业所：营业所办公室不设独立房间而只区格出空间，做为会议兼训练区域
*浅灰部分：区域　　中灰部分：办公设施/设备

图 10－6　营业所（经销 1～2 组）办公室布置参考图

2. 召开早晚会

（1）主持召开早会。

① 会前

a. 时间：每天8：15～8：25。

b. 参加人员：所长、MD、MS、组长、各功能业代、所营会、物流、内勤等人员。

c. 会议内容：

- 工作问题答复。
- 工作重点确认。
- 当日业绩达成进度追踪。
- 当日工作进度追踪。
- 领导交代事项的布达。
- 部门间（营运企划、物流、营会）的沟通。

② 主持早会

a. 时间：每天8：30～8：50

b. 参加人员：所长、MD、MS、组长、各功能业代、助理业代、理货员等人员。

c. 会议流程与内容：

- 全体人员喊口号，口号要简单、有力。
- 对前一天市场共性问题的检讨。
- 当日重点工作事项的宣达。
- 功能单位事项宣导。
- 经验分享：重点分享有趣的、快乐的、痛苦的事。经验分享环节有必要改日再进行，如果没必要，当天可跳过经验分享环节。
- 当天目标的制定：组长应根据助代前期提供的数据，制定当日的成交家数、成交量、重点品项、生动化陈列等目标。
- 话术演练：必须每天进行话术演练，除设定场景外，还需设定老板的个人背景，每天挑选3～4人进行话术演练，所长进行点评。

（2）主持召开夕会。

① 时间：每天18：00～18：30。

② 参加人员：所长、MD、MS、组长、各功能业代等人员。

③ 会议内容：

- 针对朝会预估业绩，追踪当日业绩的达成状况。
- 对助代当日拜访的问题点进行追踪。
- 帮助解决助代反馈的问题。
- 为次日的朝会做准备。

3. 每日定期事项处理

如当天的销售业绩追踪、CRC检查、相关文件签核、邮件处理。

4. 每日不定期事项处理

如客诉处理、其他异常状况处理。

5. 协同拜访

- 确定每周的协同拜访人员并提前告知本人。
- 协同拜访的注意事项，如关注本品铺货率、品项、陈列、生动化、助代与店家的客情及竞品的相关情况。
- 助代在拜访客户工作中的不足之处，事后再指出并帮助其提升业务技能。

6. 协同辅导

协同辅导是组长（含）以上的主管就日常管理对下一级主管进行的辅导，辅导的内容主要有：

- 组长与管理业代的协访技巧进行辅导。
- 发现并解决市场问题。

7. 市场查核

市场查核是指组长（含）以上级别的主管对下一级主管的日常管理工作进行查核，查核的重点有：

- 事先不通知，对事不对人。
- 了解助代订单的准确性。
- 评估助代对所属片区的经营工作。
- 奖励或表扬表现好的助代，私下劝诫表现不好的助代，重罚屡教不改的助代。

8. 经销商拜访与沟通

- 定期拜访经销商。
- 就当前的市场动向与经销商沟通。
- 就当前公司的相关策略与经销商沟通。
- 就该经销商所属助代问题点与经销商沟通。
- 就该经销商应对公司履行的义务与经销商沟通。

9. 团队活动计划与组织

营业所的团队活动有团队游戏、生日 party、聚餐、篮球赛、郊游等，开展团队活动的目的是增强团队的凝聚力，提升团队的士气，有效完成销售业绩。

10. 2. 2　组长日常管理

营业组是营业所内相对独立的营业组织。营业所业绩的完成是建立在营业组完成业绩的基础之上的。为了完善营业组的管理，各营业组长需做到以下几点：

1. 组长自身管理

（1）营业所 5S 管理。

① 朝会

- 当天业绩的预估

• 助代当天拜访DPI的确定
• 工作重点的宣达

② 夕会

• 针对预估的业绩，追踪当日业绩的达成状况。
• 对助代当日拜访问题点的追踪。
• 帮助解决助代反馈的问题
• 为次日的早会做准备。

（2）每日定期事项的处理。

（3）每日不定期事项的处理。

（4）团队活动计划与组织。

2. MA 客户管理

（1）目标管理。

• 事先：设定目标。
• 事中：设定达成目标的期限。
• 事后：未达成目标时，要进行检讨，提出改善工作的方案。

（2）MA 现场管理。

• 原货架陈列。
• 第二陈列位。
• 公司陈列主题。
• 卖场生动化布建。
• 与卖场采购之间的客情。
• 卖场安全库存。
• 冰箱陈列。
• 特价、付费陈列执行状况追踪。
• 建立检核表。
• 不定期抽查。
• 奖优惩劣。

3. 日常管理

（1）目标管理。

• 事先：设定目标。
• 事中：设定达成目标的期限。
• 事后：未达成目标时，进行检讨，提出改善工作的方案。

（2）协同拜访。

• 确定每周协同拜访客户的人员，并事先告知其本人。

• 协同拜访客户的注意事项（关注本品铺货率、品项、陈列、生动化、助代与店家的客情及竞品的相关情况）。

- 发现助代在拜访工作中的不足之处，应事后再指出，并帮助其提升业务技能。

（3）协同辅导。

- 就协同拜访客户的技巧，对管理业代进行辅导。
- 发现并解决市场问题。

（4）市场查核。

- 事先不通知，对事不对人。
- 了解助代订单的准确性。
- 评估助代对所属片区的经营状况。
- 奖励或表扬表现好的助代，私下劝诫表现不好的助代，重罚屡教不改的助代。
- 重点品项铺货率的抽查。
- 通过助代 CRC 卡抽查产品的铺货率。
- 实地抽查。
- 告诉业代抽查结果，奖优惩劣，并做限期整改。

（5）经销商日常管理。

- 保持经销商的安全库存。
- 保证经销商及时送货。
- 配合度（专属）。
- 提高经销商的积极性。

10.2.3 管理业代日常管理

1. 新人辅导

- 一对一辅导
- 熟悉营业所
- 熟悉路线
- 熟悉产品
- 掌握客户拜访的流程与方法。
- 定期与新人面谈。

2. 协同拜访

确定每周协同拜访客户的人员，并事先告知其本人。

协同拜访客户的注意事项（关注本品铺货率、品项、陈列、生动化、助代与店家的客情及竞品的相关情况）。

发现助代在客户拜访工作中的不足之处，应事后指出并帮助其提升业务技能。

3. 市场查核

- 事先不通知，对事不对人。
- 了解助代订单的准确性。
- 评估助代对所属片区的经营状况。

- 奖励或表扬表现好的助代，私下劝诫表现不好的助代，重罚屡教不改的助代。

4. 助代表单管理

- 填写 CRC 卡。
- 填写日报表。
- 追踪每日业绩的达成情况。
- 追踪助代对专案的执行情况。

10.2.4 业代/助代日常管理

（1）填写 CRC 卡。

（2）填写日报表。

（3）填写玻璃白板。

（4）保持公司产品的能见度。

（5）公司产品的生动化布建。

（6）保持排面率、冰冻率、打击率。

（7）提升订单送达的及时率。

（8）专案执行及销量统计。

（9）提交专案执行照片。

（10）回收专案奖品及回收签收单。

（11）了解竞品动态。

10.2.5 MD 日常管理

（1）推广产品品牌。

（2）申请、补充广告宣传资源。

（3）与业务人员沟通，做好本品的生动化陈列，促进回转。

（4）保持市场敏感度，应对竞品的冲击。

10.2.6 办公室内勤人员日常管理

（1）营业所办公室标准布置。

（2）办公室人员统一着装。

（3）办公室 5S。

（4）员工各司其职，工作井然有序。

（5）桌椅摆放整齐。

（6）人员考勤，不迟到，不早退。

10.2.7 经销商管理

（1）资金。

（2）仓储。

（3）车辆。

（4）配合度（专属）。

（5）送货及时性。

（6）经销商的社会关系。

10.3 通路营销资源管理

1. 资产应用管理

（1）冰箱管理

注意：为使本书所述的内容完整且容易掌握，本书始终以饮料行业为例，进而展开论述。陈列架是公司制作的用于展售商品的工具。

① 冰箱投放原则（见本书第 7 章生动化陈列标准一节）

② 冰箱采购流程如图 10－7 所示。

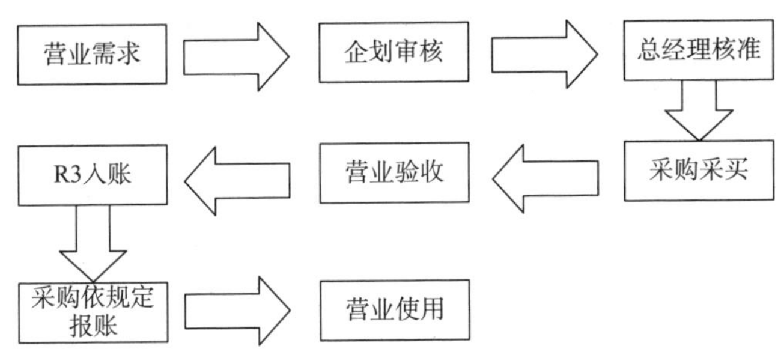

图 10－7 冰箱采购流程示意图

③ 冰箱入库流程如表 10－4 所示。

④ 冰箱投放管理。

A. 冰箱投放前的工作。

营业单位拿到冰箱的分配量后，根据辖区经营现状，将各类型冰箱分配到各经营片区，并要求业务人员填写《冰箱投放计划表》，做到合理配置资源。

a. 冰箱投放规划表（表 10－5）。

表10－4　冰箱入库明细表

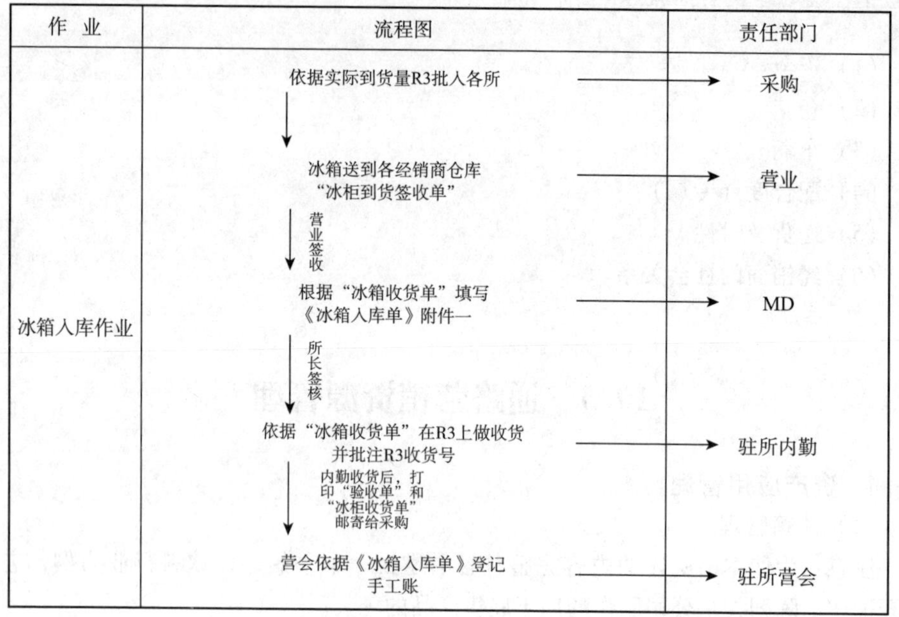

作 业	流程图	责任部门
冰箱入库作业	依据实际到货量R3批入各所 ↓ 冰箱送到各经销商仓库“冰柜到货签收单” ↓ 营业签收 根据“冰箱收货单”填写《冰箱入库单》附件一 ↓ 所长签核 依据“冰箱收货单”在R3上做收货并批注R3收货号 ↓ 内勤收货后，打印“验收单”和“冰柜收货单”邮寄给采购 营会依据《冰箱入库单》登记手工账	采购 营业 MD 驻所内勤 驻所营会

表10－5　辖区冰箱投放规划表

序号	店名	店型	地址	月销量	竞品冰箱	合作状况	负责业务
1							
2							
3							
4							
5							
6							
7							
8							
9							
10							
11							
12							
13							
14							
15							

这张表是供助理业代和业代使用的，制作这张表格的目的是辅助业代对投放冰箱之前的工作进行规划。

b. 各通路冰箱投放规划表（表10－6）。

表10－6　各通路冰箱投放规划表

区域	冰箱型号	MA			CA/CB	网吧	学校	航站	其他	合计
		总点数	已投冰箱数量	规划冰箱数量	冰箱数量	冰箱数量	冰箱数量	冰箱数量	冰箱数量	
A区	380									
	双开门									
B区	380									
	双开门									
C区	380									
	双开门									
D区	380									
	双开门									

这张表是供管理业代、组长及所长使用的，制作这张表的目的是协助主管进行统计、汇总，了解区域内各通路冰箱投放状况。

B. 冰箱投放前要与客户确认下列事项：

a. 冰箱押金。

b. 冰箱费用。

c. 冰箱陈列。

d. 冰箱维护。

e. 手续办理（合同、所需资料等）。

f. 附加条件。

C. 冰箱投放流程如表10－7所示。

表 10－7　冰箱投放明细表

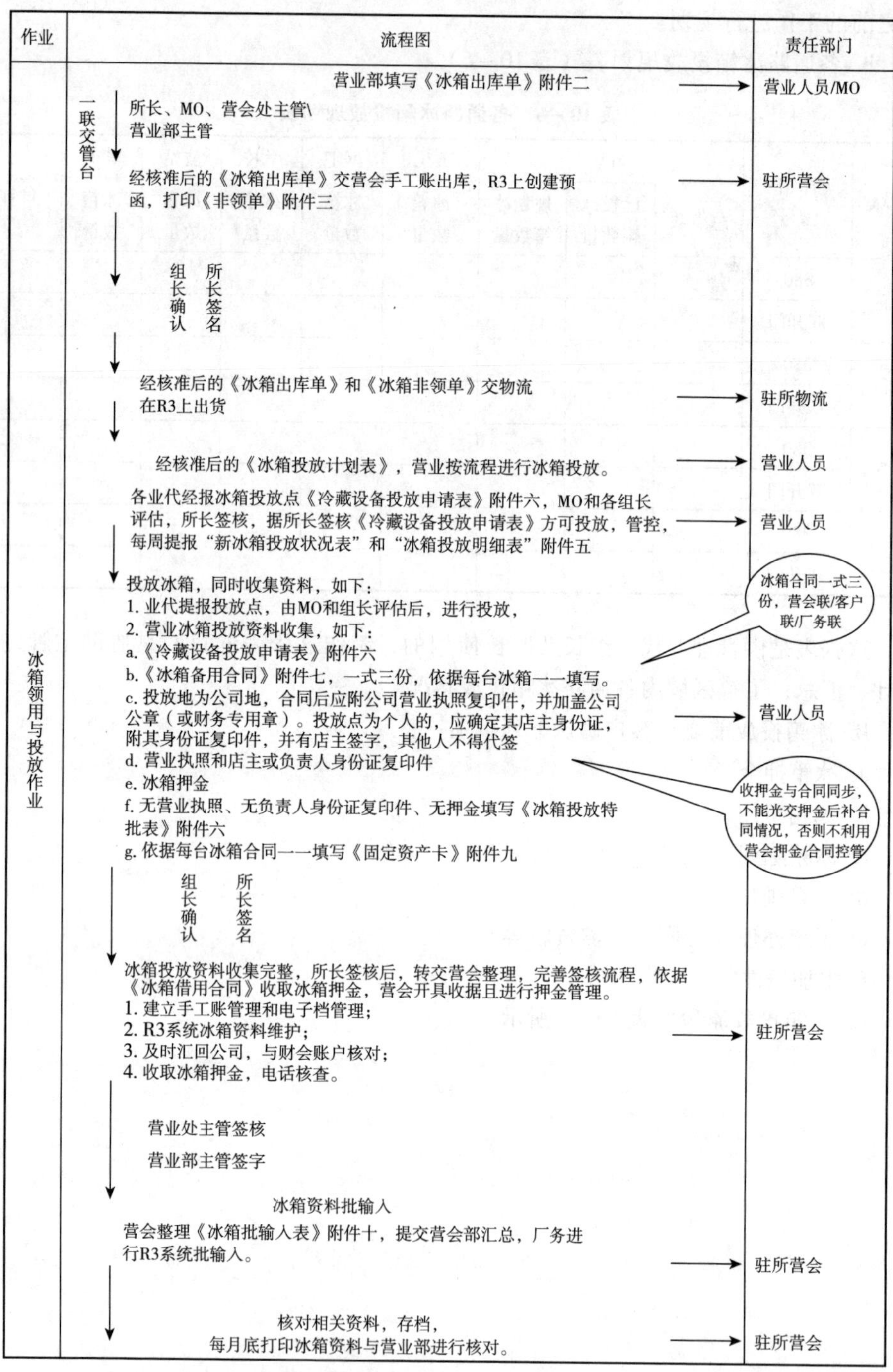

作业	流程图	责任部门
一联交管台	营业部填写《冰箱出库单》附件二	营业人员/MO
	所长、MO、营会处主管\营业部主管	
	经核准后的《冰箱出库单》交营会手工账出库，R3上创建预函，打印《非领单》附件三	驻所营会
	组长确认　所长签名	
冰箱领用与投放作业	经核准后的《冰箱出库单》和《冰箱非领单》交物流在R3上出货	驻所物流
	经核准后的《冰箱投放计划表》，营业按流程进行冰箱投放。	营业人员
	各业代经报冰箱投放点《冷藏设备投放申请表》附件六，MO和各组长评估，所长签核，据所长签核《冷藏设备投放申请表》方可投放，管控，每周提报"新冰箱投放状况表"和"冰箱投放明细表"附件五	营业人员
	投放冰箱，同时收集资料，如下： 1. 业代提报投放点，由MO和组长评估后，进行投放， 2. 营业冰箱投放资料收集，如下： a.《冷藏设备投放申请表》附件六 b.《冰箱备用合同》附件七，一式三份，依据每台冰箱一一填写。（冰箱合同一式三份，营会联/客户联/厂务联） c. 投放地为公司地，合同后应附公司营业执照复印件，并加盖公司公章（或财务专用章）。投放点为个人的，应确定其店主身份证，附其身份证复印件，并有店主签字，其他人不得代签 d. 营业执照和店主或负责人身份证复印件（收押金与合同同步，不能光交押金后补合同情况，否则不利用营会押金/合同控管） e. 冰箱押金 f. 无营业执照、无负责人身份证复印件、无押金填写《冰箱投放特批表》附件六 g. 依据每台冰箱合同一一填写《固定资产卡》附件九	营业人员
	组长确认　所长签名	
	冰箱投放资料收集完整，所长签核后，转交营会整理，完善签核流程，依据《冰箱借用合同》收取冰箱押金，营会开具收据且进行押金管理。 1. 建立手工账管理和电子档管理； 2. R3系统冰箱资料维护； 3. 及时汇回公司，与财会账户核对； 4. 收取冰箱押金，电话核查。	驻所营会
	营业处主管签核 营业部主管签字	
	冰箱资料批输入 营会整理《冰箱批输入表》附件十，提交营会部汇总，厂务进行R3系统批输入。	驻所营会
	核对相关资料，存档， 每月底打印冰箱资料与营业部进行核对。	驻所营会

D. 冰箱异动流程如表 10－8 所示。

表 10－8　冰箱异动流程明细表

作业	流程图	责任部门
冰箱异动及续签作业	营业部填写《固定资产异动申请单》附件十一 →	营业人员
	↓ 组长审查　MD审查　所长签名	
	核准后的异动申请表及新投放合同资料交所营会，新投放冰箱资料收集和流程，如上 →	营业人员
	↓ 营业处主管签核　营业部主管签核	
	客户退押金 1. 营业填写“退还冰柜押金回执”一式三份； 2. 如店主丢失“押金收据”，需提供店主身份证复印件，及　填写“外借设备押金契结书”，一式三份； 3. 营业填写“请款单” →	“退还冰柜押金回执”客户签字确认 营业人员
	↓ 组长审查　所长签核	
	核对相关资料后合同建档保存 →	驻所营会

E. 冰箱盘点流程如表 10－9 所示。

表 10－9　冰箱盘点流程明细表

作业	流程图	责任部门
冰箱盘点作业	营业部每月30号盘点冰箱市场量(所长签核) →	营业人员
	物流每月30日提供R3账上期初库存量、本月入库量、本月领用量、R3剩余量(物流主管签核) →	驻所内勤(物流)
	营会每月1号提供手工账期初库存、本月入库量、本月领用量、暂未投放量、取得合同资料量(营会主管签核) →	驻所营会
	综合以上资料，由所营会主导每月1号出具盘点明细表及盘点报告表(营业部主管核) →	驻所营会

F. 冰箱管理相关表格。

附件1：冰箱入库单（表10－10）。

表10－10　××所冰箱入库单

序号	日期	型号	规格	单位	数量	资产编号
1						
2						
3						
4						
5						
6						
7						
8						
9						
10						
合计						

附件2：冰箱出库领料单（表10－11）。

表10－11　冰箱出库领料单

非生产性领料用单 2008年5月3日					××公司中山所工厂 非领单号：0001132412		
领料单位号码	GTJ0090601	领料单位名称	中山所营业部	仓库代码	3734	仓库名称	中山所企划品库
申请用途	08年380大连三洋冰红茶冰箱	领用类别	○维修备品　○材料　●其他				
物料编码	物料名称	申请数	单位	单价	金额	实发数	备注
X320011707001G	08年380大连三洋冰红茶冰箱	1	台	2500	2500	1	
领料人签收	仓管单位		存控单位		领料单位		
					主管		经办

附件3：冰箱投放规划表（表10－12）

表10－12　冰箱投放规划表

序号	组别	客户名称	客户类型	客户详细地址	数量	规格型号	资产编号
1			如士多、商场、超市、学校等				
2							
3							
4							
5							
6							
7							
8							
9							
10							
合计							

部主管：　　　　　　　　　　　　　处长：　　　所长：　　　　制表（MD）：

附件4：冰箱投放明细表（表10－13）

表10－13　冰箱投放明细表

序号	列管资产号	次级编号－冰箱机身号	公司代码	设备规格	设备名称	保管人	负责业代	客户名称	客户地址	联系人＋联系电话	押金	合同开始日期	合同到期日期
例		SC380－00765			冰箱－富申380（大）－冰系列		黄宗显	云汉大港副食店	沙溪镇云汉村三队	刘杞行 0760－7794769	500	2004.07.20	2006.12.31

附件5：冰箱投放区域汇总表（表10－14）

表10－14　××年××所冰箱投放区域汇总表

制表日期：2008－05－04

营业所	营业组	冰柜品项别															分配量合计（台）
		SC－360			SC－260			SC－160			卧式水柜（不分品牌）	双开门					
		红	绿	小计	红	绿	小计	红	绿	小计	小计	红	绿	每日C	小计		
××所	小榄组	33	16	49	17	11	28			0							77
	沙溪组	26	13	39	16	6	22			0							61
	三角组	32	16	48	13	7	20			0							68
	火炬组	26	16	42	13	7	20			0							62
	石岐组	26	16	42	16	9	25			0							67
	中山所合计	143	77	220	75	40	115	0		0	0	0		0			336

附件6：冰箱投放申请表（表10－15）

表10－15　顶津公司辖区内店头冰箱申请表

<table>
<tr><td>店名</td><td></td><td>所在城市</td><td></td><td>联系电话</td><td></td></tr>
<tr><td>详细地址</td><td colspan="5"></td></tr>
<tr><td>地段类型</td><td colspan="5">车站□　航站□　码头□　公交车站□　旅游点□　商业/步行街□　十字路口□　学校□
影剧院□　游乐场□　体育中心□　证券交易所□　各类型专业市场□　其他 ______</td></tr>
<tr><td>销量情况</td><td colspan="5">目前每月本品销量　　　　预估未来三个月本品销量</td></tr>
<tr><td>店头类型</td><td colspan="2">商场所　□小卖店　□其他______</td><td colspan="2">申请冰箱规格</td><td>大□　中□　小□</td></tr>
<tr><td colspan="3">店头坐落位置示意图</td><td colspan="3">店内布局及冰箱摆放位置示意图</td></tr>
<tr><td colspan="3"></td><td colspan="3"></td></tr>
<tr><td colspan="3">店内有无其他品牌投放冰箱</td><td colspan="3" rowspan="2">本次摆设本公司要求店方必须维持______%的本品陈列排面</td></tr>
<tr><td colspan="3">有　□　　台数：______　无　□</td></tr>
<tr><td>竞品投放冰箱情况</td><td></td><td></td><td colspan="3">投放审核意见</td></tr>
</table>

续表

<table>
<tr><td>提供冰箱厂商</td><td>1（　）</td><td>2（　）</td><td>3（　）</td><td rowspan="2">营业部主管意见　　企划部主管意见</td></tr>
<tr><td rowspan="2">各品牌陈列面积</td><td>康师傅（　）
统一（　）
可口可乐（　）
可口可乐（　）
百事可乐（　）
娃哈哈（　）
乐百氏（　）
旭日升（　）
汇源（　）
其他（　）
合计（100%）</td><td>康师傅（　）
统一（　）

百事可乐（　）

娃哈哈（　）
乐百氏（　）
旭日升（　）
汇源（　）
其他（　）
合计（100%）</td><td>康师傅（　）
统一（　）
可口可乐（　）
百事可乐（　）
百事可乐（　）
娃哈哈（　）
乐百氏（　）
旭日升（　）
汇源（　）
其他（　）
合计（100%）</td></tr>
<tr><td></td><td></td><td></td><td>顶津公司总经理意见</td></tr>
<tr><td>申请规则要点说明</td><td colspan="4">一、选点原则：
1. 车站、航站、码头、公交车停靠站附近
2. 各旅游景点
3. 主要商业街、步行街、十字路口
4. 各类学校包括大学、中学、小学校内或校外邻近的卖点以及学生上学放学必经之地
5. 影剧院、游乐场、体育中心、证券交易所附近小卖店
6. 各类专业市场内或入口处（小商品市场、服装市场、花鸟虫鱼市场等）
7. K/A 商场出入口主动线
二、评估标准：
1. 地理位置的重要性较强、人流量较大的店头。
2. 饮料旺季本品月销量不低于30箱
3. 店头应具备较强的经营管理能力，并一贯乐于配合我公司的各项活动。
4. 能履行对冷藏设备必要的保管养护义务
5. 主竞品因素</td></tr>
</table>

附件7：冰箱合同

冷藏设备借用合同

出借方：　　　　　　　有限公司（以下简称甲方）

借用方：　　　　　　　（以下简称乙方）

经甲、乙双方协商，同意就乙方向甲方借用冷藏设备达成如下协议，双方对协议条款已互尽说明之义务，双方对权利义务有详尽了解，并确认合同已反映双方真实意愿。

1. 冷藏设备（以下亦称借用物或该设备）情况

名称　　厂牌　　规格（机型）　　编号　　数量　　价值

2. 借用期限：借用期限从＿＿＿年＿＿月＿＿日至＿＿＿年＿＿月＿＿日止，共计＿＿年。

3. 使用费用及借用物产权

（1）甲方保证对出借物有合法产权，同时甲乙双方同意对于该借用物除非甲方处置所有权，否则所有权始终属于甲方，乙方将于本合同终止时返还原物。

（2）其他约定：____。

4. 押金

（1）为确保乙方善尽保管人之责任，甲方收取押金，每台人民币__________元，本合同签订后，乙方在冷藏设备交付之前交纳押金。

（2）本押金不计利息，乙方不得转让借用物，不得抵作依本合同乙方应向甲方支付的费用，于合同终止且办完一切清结手续之后的七日内，将押金返还给乙方。

5. 该设备的使用要求

（1）该设备仅限于陈列甲方公司销售的系列饮料，并保证必须占冷藏设备__________%的使用空间，不得摆放______________________________品牌的饮料。

（2）保持该设备外观整洁，除甲方的海报等宣传品外，禁止张贴其他任何物品。

（3）乙方应保护好甲方的广告宣传用品，确保广告宣传用品不受他人破坏，未经甲方许可，乙方不得私自拆除甲方的广告宣传用品。

（4）对该设备的使用情况，乙方应接受甲方业务人员的检查。

（5）如发现乙方违反上述四条内容，甲方有权要求乙方在三日内改正，若乙方未在限定的时间内改正，则甲方有权终止合同，收回该设备。

6. 移交与安置

（1）甲方收取乙方的押金后，将冷藏设备放置于乙方指定的位置，同时办理移交手续，所发生的费用由________承担；未经甲方之书面许可，乙方不得随意移置该设备。

（2）合同终止后，该设备由甲方收回，程序上先由乙方填制该设备基本情况说明表，由甲方复核确认，如有遗失、损坏，乙方应按第7条第1页的规定承担赔偿责任。

7. 保管、保养与维修

（1）乙方保证在借用期内妥善保管该设备，并声明按第6条规定安置借用物；如有遗失，乙方将按市场同类产品的价格扣除设备的折旧费予以赔偿，如果因保管不善或使用不当致使该设备损坏，乙方将承担维修费用。

（2）乙方承担对该设备的日常保养义务。

（3）如该设备出故障需维修，乙方不得自行处理，须立即通知甲方进行维修，有关部件的更换费用，除按第7条第1项由乙方负担的费用外，均由甲方负担。

（4）若乙方不履行保管、保养借用物的义务，甲方有权要求其改正，必要时可终止合同，收回该设备。

8. 在借用期内，乙方无权将借用物向第三方抵押、转借、出售、交换、赠予，或以其他任何方式处置借用物，若违反此项，甲方有权立即收回该借用物，并依法追究乙方的责任。

9. 本合同因下列原因而终止

(1) 本合同期限届满，不再续签。

(2) 甲、乙双方经协商一致同意提前解除本合同。

(3) 如乙方违反本合同第5条、第7条、第8条，甲方可提前解除合同。

(4) 一方破产或资不抵债，另一方可提前解除本合同。

10. 违约责任：一方违反约定，给另一方造成损失的，应向对方承担赔偿责任。

11. 争议解决：因执行本合同产生争议，在协商不成的情况下，任何一方有权提交甲方所在地管辖法院解决。

12. 其他

(1) 本合同经甲、乙双方签字、盖章后生效。

(2) 本合同一式二份，甲方执一份，乙方执一份。

(3) 未尽事宜，经双方协商，同意以书面形式加以补充。

借出方：
公司名称：
法定地址：
邮政编码：
签约代表：
盖章：

年月日

借用方：
公司（个人）名称：
法定地址：
邮政编码：
电话：
营业执照号码：
签约代表：
身份证号码：
盖章：

年月日

附件8：冰箱投放特批表

遇到无冰箱押金的客户时，以《冰箱投放特批表》进行申请、签核，待各级主管签核后方可进行免押金投放。

冰箱投放特批表

现有××所（客户）　　　　　　（地址）　　　　　需我司提供冰箱壹台

☐ 1. 能提供身份证复印件，但无法提供营业执照复印件及无法收取押金。

☐ 2. 能供营业执照复印件，但无法提供负责人身份证复印件及无法收取押金。

该地点需投放冰箱的原因为：

☐ 1. 增加销量，投放前的销量为______箱，投放后可提升销量______箱。

☐ 2. 整合VIP店，布建4A店。已投________（资源），销量可增加______箱。

☐ 3. 学校旺点，打击竞品，可提升销量________箱。

☐ 4. 柜台专卖店，打击竞品，可提升销量________箱。

□ 5. 其他

原因备注

所以建议在此处投放我司冰箱。

部主管：　　　　处主管：　　　　所长：　　　　助代/业代

附件9：固定资产卡（表10－16）。

表10－16　固定资产卡

建卡日期：

<table>
<tr><td>财产编号</td><td colspan="3"></td><td>财产分类名称</td><td colspan="2"></td><td colspan="2">开始折旧月份</td><td colspan="2"></td></tr>
<tr><td>财产名称</td><td colspan="6"></td><td colspan="2">数量</td><td colspan="2"></td></tr>
<tr><td>取得年月</td><td colspan="2"></td><td colspan="2">取得价格</td><td colspan="2"></td><td colspan="2">使用期限</td><td colspan="2"></td></tr>
<tr><td>净残值</td><td></td><td>年折旧率</td><td></td><td>月折旧率</td><td colspan="2"></td><td colspan="2">月折旧额</td><td colspan="2"></td></tr>
<tr><td>规格</td><td colspan="10">形式：　马力：　电力：　体积：</td></tr>
<tr><td>供应制造商</td><td colspan="7"></td><td colspan="3">电话：</td></tr>
<tr><td>联络地址</td><td colspan="10"></td></tr>
<tr><td colspan="11">原值及折旧变动记录</td></tr>
<tr><td>日期</td><td>凭证</td><td colspan="2">摘要</td><td colspan="2">原值增减额</td><td colspan="4">变动后原值</td><td>变动后月折旧额</td></tr>
<tr><td></td><td></td><td colspan="2"></td><td colspan="2"></td><td colspan="4"></td><td></td></tr>
<tr><td colspan="11">财产异动记录</td></tr>
<tr><td>日期</td><td>使用部门</td><td>保管人</td><td colspan="3">异动后使用部门</td><td colspan="4">异动后保管人</td><td>存放地点</td></tr>
<tr><td></td><td></td><td></td><td colspan="3"></td><td colspan="4"></td><td></td></tr>
<tr><td></td><td></td><td></td><td colspan="3"></td><td colspan="4"></td><td></td></tr>
<tr><td></td><td></td><td></td><td colspan="3"></td><td colspan="4"></td><td></td></tr>
</table>

附件10：固定资产异动申请单（表10－17）。

表10－17　固定资产异动申请单

所别：　　区域：　　制表日期：　　合同号：

固定资产名称			资产编号		分类名称	
原内容	客户名称		变更原因			
	详细地址					
	负责人					
	联系电话					
	押金	￥				
变更后内容	客户名称					
	详细地址					
	负责人					
	联系电话					
	押金	￥				

部主管核准：　　企划主管：　　所长审核：　　驻所企划：

附件11：冰箱资料变更月汇总表（表10－18）

表10－18　广直部××所2008年×月冰箱资料变更汇总表

原资料									变更资料								
主资产号	资产描述	规格	客户名称	存放位置	保管人	负责业代	资产旧编号	取得日期	主资产号	资产描述	规格	客户名称	存放位置	保管人	负责业代	资产旧编号	取得日期

双开门写在上面，单开门营会变更好后跟双开门填写

双开门：封纸后面："客户简称"与R3系统简称保持一到

部主管：　　部管会：　　所长：　　管会：

附件12：退还冰柜押金回执

退还冰柜押金回执

本公司/本人已收到________有限公司退还冰柜押金人民币____元（大写人民币：　　　　　）。

客户签章：

年　　月　　日

第一联　客户联

退还冰柜押金回执

本公司/本人已收到________有限公司退还冰柜押金人民币____元（大写人民币：　　　　　）。

客户签章：

年　　月　　日

第二联　营会联

退还冰柜押金回执

本公司/本人已收到________有限公司退还冰柜押金人民币____元（大写人民币：　　　　　）。

客户签章：

年　　月　　日

第三联　财会联

表号：R－0110－927－1A

附件 13：外借设备押金契结书

外借设备押金契结书

________有限公司：

本公司/本人（营业执照号　　/身份证号：　　　　）于______年____月____日与贵公司签订冷藏设备借用合同。依双方合同约定，本公司/本人交纳冷藏设备押金____元（收据号：　　　）。现与贵公司签订的合同已终止，因本公司/本人不慎将贵公司开具的押金收据遗失，特拟定本切结书，恳请贵公司将押金予以返还。本公司/本人保证收到此押金后，不再以任何理由、任何凭证对以上押金要求返还。对于因本公司/本人的过错给贵公司作业流程造成之不便，本公司/本人深表歉意。

第一联 客户联

立书人（盖章:）

时间：　　年　　月　　日

外借设备押金契结书

________有限公司：

本公司/本人（营业执照号　　/身份证号：　　　　）于______年____月____日与贵公司签订冷藏设备借用合同。依双方合同约定，本公司/本人交纳冷藏设备押金____元（收据号：　　　）。现与贵公司签订的合同已终止，因本公司/本人不慎将贵公司开具的押金收据遗失，特拟定本切结书，恳请贵公司将押金予以返还。本公司/本人保证收到此押金后，不再以任何理由、任何凭证对以上押金要求返还。对于因本公司/本人的过错给贵公司作业流程造成之不便，本公司/本人深表歉意。

第二联 营会联

立书人（盖章:）

时间：　　年　　月　　日

外借设备押金契结书

__________________有限公司：

本公司/本人（营业执照号　　　/身份证号：　　　　　　）于

______年____月____日与贵公司签订冷藏设备借用合同。依双方合同约定，本公司/本人交纳冷藏设备押金____元（收据号：　　　）。现与贵公司签订的合同已终止，因本公司/本人不慎将贵公司开具的押金收据遗失，特拟定本切结书，恳请贵公司将押金予以返还。本公司/本人保证收到此押金后，不再以任何理由、任何凭证对以上押金要求返还。对于因本公司/本人的过错给贵公司作业流程造成之不便，本公司/本人深表歉意。

第三联　财会联

立书人（盖章：）

时间：　　　年　　月　　日

表号：R－0110－926－1A

G. 冰箱陈列。

冰箱是所有生动化工具中效果最好的，既有广告效果，又能展示产品的形象，带动产品销售。在饮料销售旺季，冰箱还具有冰镇饮料的功能。冰箱陈列具体操作方法见第7章终端客户管理中的生动化陈列章节。

a. 户外布建广告宣传用品。

- 店招
- 雨篷
- 太阳伞
- 休闲桌椅

b. 店内布建广宣品。

- 陈列架
- 跳跳卡
- 货架插卡
- 价格牌

c. 日常常用广宣品。

- 海报
- 围裙
- 冰箱贴

2. 通路营销费用管理。

具体内容见“第7章终端客户管理”中“终端促销执行办法”一节。

（1）通路费用分类与用途。

（2）营销计划与费用预估。

（3）费用申请与核准。

（4）营销活动执行与管控。

（5）营销活动查核结案与效果评估。

所长及其他干部负责业绩管理、人员管理、营销资源管理等工作，使员工每日都能达成业绩，并养成良好的工作习惯，从而为公司的持续发展打下坚实的基础。

10.4 组织结构

在通路精耕操作过程中，建立稳定、高效的营业组织尤为重要。有效的通路操作系统要由高效的团队操作！

一、通路精耕中营业系统组织架构设置原则

1. 组织架设应努力做到扁平，确保沟通管道的顺畅。

2. 营业组织（部门、部、处、所）定位的主要考虑指标为：管理幅度、辖区幅员、创造效益等。

3. 单纯进行业务操作的组织以4~5人为最佳。

4. 在符合条件的核心城区以通路别设立组织。

5. 以其他功能单位为辅，其组织架设需配合业务组织设计，如MS、物流与所营会。

6. 每个公司下设2~5个营业部门或营业部，每个营业部门下设2~3个营业处，每个营业处下设4~5个营业所，每个营业所下设3~6个营业组。

7. 以人员为基础定位组织的金字塔结构，营业组直接管理的业代有4~7人，管理业代管理的助理业代有4~6人。

二、通路精耕中营业组织的功能

在通路精耕操作系统中，区域与通路在分布上差异很大，营业人员众多，各区域的通路规划及经营方式不同，其各自的营业组织架构也不同，但是各营业组织的功能基本相同。为使营业组织成为区域的经营者，务必做到：

- 以营业利润与区域的长远经营为导向。
- 立足品牌与市场占有率经营市场。
- 为获取利润和提升品牌，制定产品促销政策。
- 从全局角度协调各相关部门完成销售目标

- 要求合理的人力资源。
- 注重人才培育与人力发展。
- 兼顾短期目标与长期目标。

在具体工作中，营业组织的基本功能有：

（一）规划

1. 年度预算。
2. 年度策略规划。
3. 年度 KPI 指标计划。
4. 年度人力计划。
5. 年度组织规划。
6. 通路发展规划。
7. 季度促销计划。
8. 季度工作计划。

（二）教导

1. 所长的业务能力。
2. 所长的管理能力。
3. 所长应对市场的能力。
4. TM 规划方向。
5. 业代的操作技巧。
6. 业务主管的教导能力。
7. 教导工具：业务培训手册和各种 SOP。

（三）监督

1. 年度策略的落实与执行。
2. 营业利润的达成。
3. 部、处销售目标的达成。
4. 部、处 KPI 指标的达成。
5. 促销规划的落实与执行。
6. 通路品牌的布建。
7. 品类品项发展均衡
8. 规范业务作业。

（四）执行

1. 定期产销协调。

2. 与公司、物流公司密切配合
3. 产品发展策略的执行。
4. 通路开拓的执行。
5. 区域竞品动态的应对。
6. 业务流程的精进。
7. 管理系统的加强。

为充分发挥营业部门的功能，达成公司交给各个组织的任务，营业部门除了营业单位外，还要有通路企划组、训练组与查核组等幕僚单位的协助。

在营业幕僚单位中，通路企划组的任务是及时应对营业市场的竞争，强化TP费用管理，兼顾通路资源运用效益与品牌建设；营业训练组的任务是专注于提升业务人员的执行能力与专业技巧，培养、提高基层主管的管理能力；营业查核组的任务是对业务操作执行层面上的问题进行查核，改进、完善业务作业办法，提升管理绩效。营业幕僚单位具体组织架构与功能如图10－8所示。

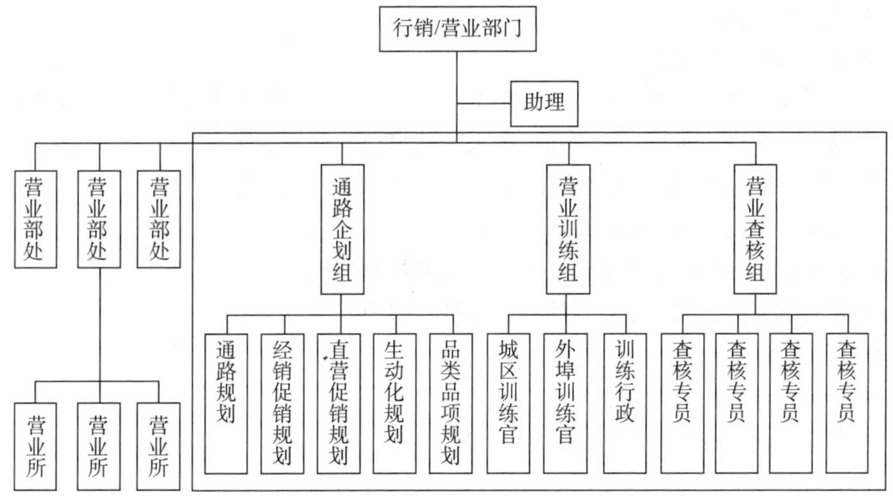

图10－8　营业幕僚单位的组织架构及其功能

通路企划组由1名通路企划主管、1名通路规划专员、1名经销促销规划专员、1名直营促销规划专员、1名品类品项管理专员与1名生动化规划专员组成，其主要功能有：

1. 促销规划

- 传统通路分区域、产品、通路促销力度规划。
- KA三个月品类、方式、价格及多选择促销原则规划。
- 各区特案促销审核与区域平衡。

2. 生动化规划

- 生动化原则的规划与推动执行。
- 生动化工具的策划与发展。

- 对生动化执行的查核。
- 正确的品牌，正确的位置。
- 正确的工具，正确的方式。

3. **品类品项管理**

- 九宫图品类发展规划。
- 品类发展均衡性。
- KA 品类别管理。
- 品类改善行动规划。
- 品项管理推动。

4. **通路规划**

- 关注通路的发展趋势。
- 区域规划，经销商布建，零售商开发。
- 精耕城市通路细分。
- 通路抢攻规划。
- 通路别业务作业手册。

营业训练组由 1 名训练经理、1 名城区训练官、1 名外埠训练官与 1 名训练行政人员组成，其主要功能是专注于对业务人员的培训，具体功能有：

1. **训练规划占 20% 的工作时间，主要集中以下方面：**

- 组长、业代的技能培训、通识培训。
- 助代、理货员的新人培训、导入训练及技能训练。
- 规划内容：时间、地点、课程、学员、讲师。

2. **训练执行占 80% 的工作时间**

- 配合群与所长培训的展开
- 组长、业代的技能培训、通识培训。
- 助代、理货员的新人培训、导入训练及技能训练。
- 担当部分课程的讲师。

查核组由 1 名查核主管与几名查核专员组成，一般一个营业处需配置 1 名查核专员，核查专员不属于营业处主管管辖。核查组的主要功能是对日常管理或专题项目执行进行检核，重在改善经营，具体功能有：

1. **营业查核**

- 拟定查核计划时间与地点。
- 执行群规划之查核专案。
- 依据查核规划执行：查核执行与结果反馈。
- 查核结果通报给各营业所。
- 追踪查核改善状况。
- 分享查核工作经验。

2. 辅导组长与管理业代

（1）针对营业组长

- 市场查核技巧。
- 查核管控要点。
- 稽核问题预警。

（2）针对管理业代

- 市场查核技巧。
- 查核管控要点。

3. 制度与标准作业精进

- 制度与标准作业宣导。
- 了解是否有需要改善或精进之处。
- 提出制度修改建议。

三、通路精耕中营业组织架构

在通路精耕操作中，最终的目标是完成销售目标。而完成销售目标的主要单位是营业所，幕僚单位只起到协助作用。为了使销售系统发挥有效作用，务必要建立合理、有效的营业组织。

1. 行销部门组织架构

此种组织架构主要用于特大型城市，如上海、北京。

北京、上海是核心城区，其市场潜力巨大，饮料的年销售额可达 10 亿元以上。设置此类营业组织架构，可保证该区域市场操作有独立的自主权。

此类组织架构由 1 个企划部、1 个直营部、2 个经销营业处及通路企划组、训练组、查核组、物流科、营会科等其他配套单位组成。

行销部门一般由 10 ~ 15 个营业所组成，拥有独立运作的企划部和配置较高级别的后勤单位，其组织架构如图 10 – 9 所示。

2. 营业部门的组织架构

此种组织架构主要用于大型城市及经济较发达地区，如经济较发达的浙江省、江苏省。

该区域的饮料市场潜力巨大，既有经济发达的核心城市，又有经济发展水平一般的外埠片区，营业部门由 8 ~ 10 个营业所组成，既有直营所，又有经销所，配备通路企划组、训练组、查核组、物流科、营会组与一个 MS 处。营业部门的组织架构如图 10 – 10 所示。

3. 营业部的组织架构

此种组织架构主要用于中型城市及经济欠发达地区，如经济欠发达的广西壮族自治区、云南省。

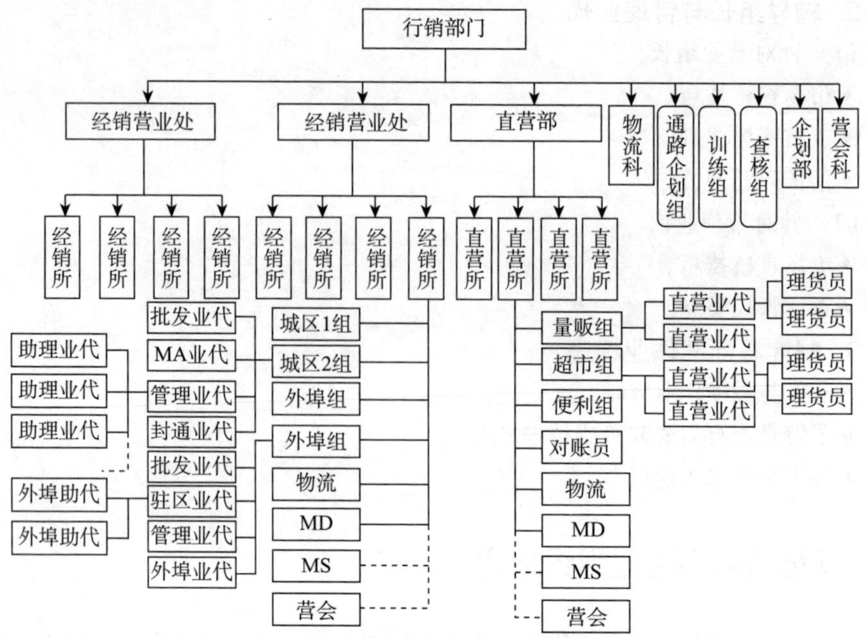

图10－9 行销部门的组织架构图

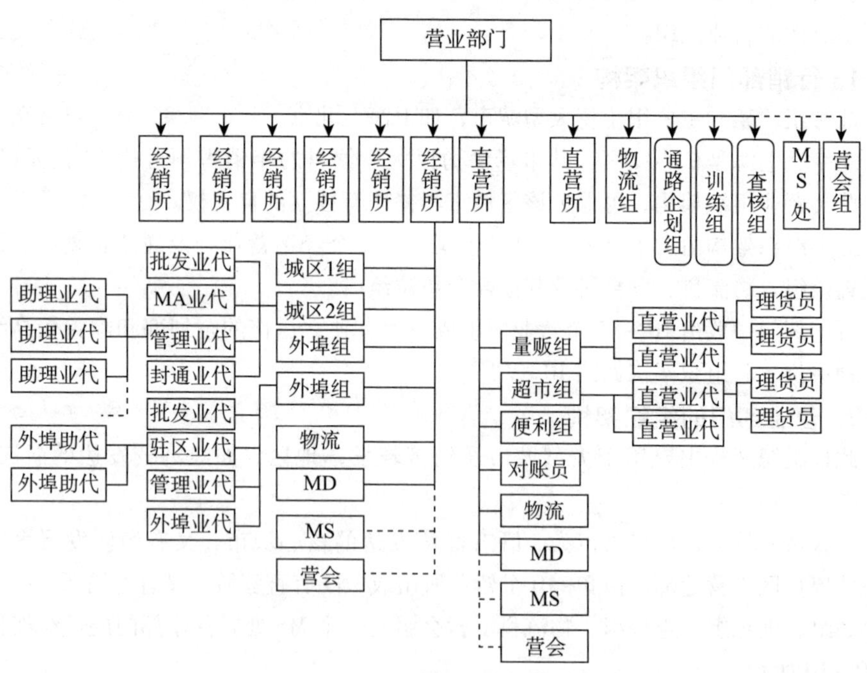

图10－10 营业部门的组织架构图

该区域既有经济较发达的核心城市，又有经济发展水平一般的外埠片区，营业部一般由4～6个营业所组成，既有直营所，又有经销所，配备较低级别的通路企划组、训练组、查核组、MS 科、物流组及营会组。营业部的组织架构如图 10－11 所示。

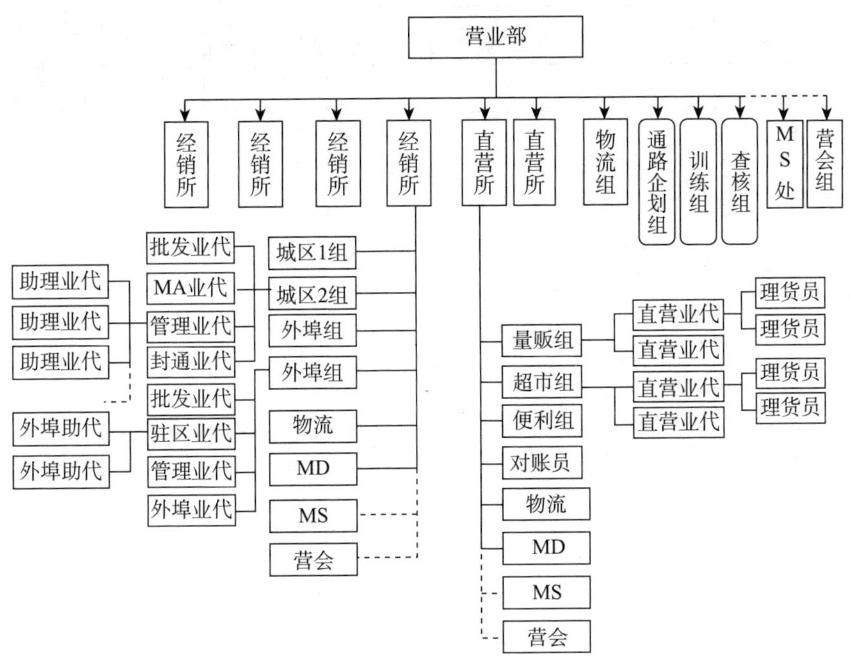

图 10－11　营业部的组织架构图

4. 营业部门＋直营部组织架构

此种组织架构主要用于饮料销量非常大的广东省区域。广东省区域分成 2 个经销营业部门与一个直营部。对广州、深圳、东莞、中山、珠海、佛山等珠三角核心城区的现代型通路进行直营，其他客户与区域可分成两个营业部门经营。

营业部门由 8～12 个经销营业所组成，可分成 3 个经销营业处，配备通路企划组、训练组、查核组、MS 处、物流科和营会组等单位，营业部门的组织架构如图 10－12所示。

直营部由 4～6 个直营营业所组成，配备级别较低的通路企划组、训练组、查核组、MS 科、物流组和营会组等单位，直营部的组织架构如图 10－13 所示。

在以上的组织架构中，营业所的组织架构基本相同。经销所一般由城区组和外埠组组成，少数营业所有直营组。除营业组之外，营业所还配备所 MD、所 MS、物流与营会人员。城区组一般由管理业代、MA 业代、批发业代、封闭通路业代与助理业代组成。外埠组除了管理业代、MA 业代、批发业代、封闭通路业代与助理业代之外，还由外埠业代、驻区业代、外埠助代及车销助代负责外埠乡镇市场。经销所中的直营组一般由 KA 业代和封闭通路业代组成。

直营所一般按通路别划分营业组，可分为量贩组、超市组、便利组和封闭通路组，配备所 MD、所 MS、物流、营会和对账员。直营组一般由直营业代与直营助代

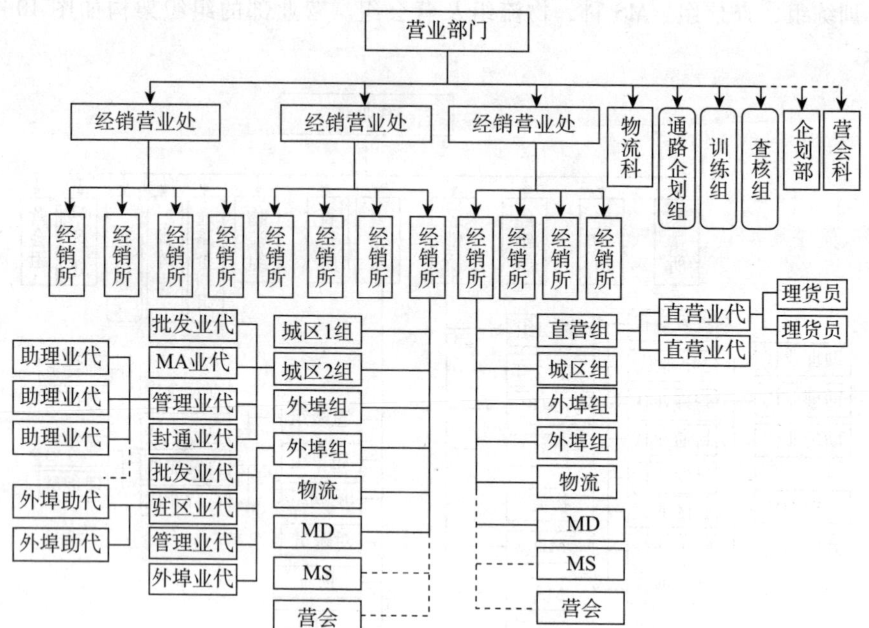

图10－12　营业部门组织架构图

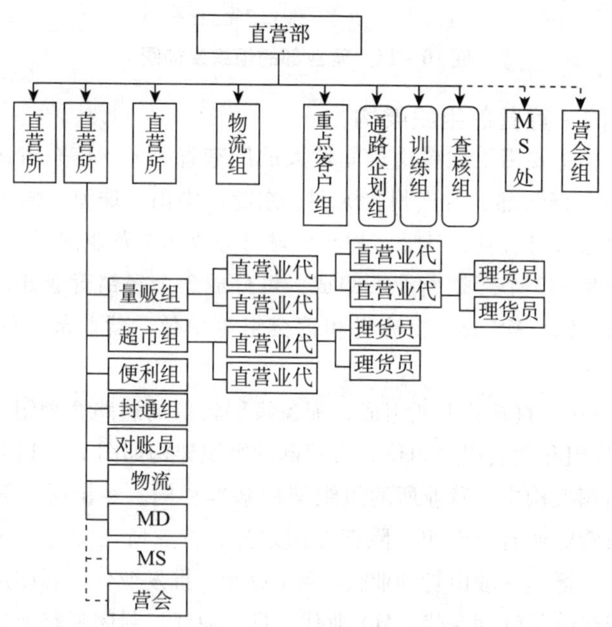

图10－13　直营部组织架构图

组成，直营助代由直营业代管辖，部分直营业代或直营助代还管理一定数量的理货员。

三、营业组织人员配备原则

各种类型营业组织中的各个岗位均需配备相应规格的人员。各岗位人员配置原则如下：

1. 营业部门（部）主管：一般由协理或经理担任，该职位等同于销售总监或大区销售经理。营业部门（部）主管的工作职责是制定辖区营业策略，督导完成销售目标。

2. 直营部主管：一般由协理或经理担任，该职位等同于销售总监或大区销售经理。直营部主管的工作职责是制定辖区营业策略，督导完成销售目标。

3. 通路企划组：隶属于营业部门，负责通路规划与推广工作。通路企划组的主要功能有品类品项规划、通路规划、直营促销规划、经销促销规划及生动化规划，共有 6 人。该组需根据营业部的规模配置人员，如果是营业部门（含）以上级别的组织，则配置 6 名员工；如果是营业部组织，则一般由 2 ~ 3 人组成，但其功能基本相同。

4. 训练组：负责营业人员训练与辅导工作，隶属于营业部门或公司，由训练经理、训练官与训练行政人员组成。营业部门（含）以上级别的单位需配置一名训练经理、一名城区训练管、一名外埠训练官与一名训练行政人员；如果是营业部（含）以下级别的单位，那么就只配置一名训练经理与一名训练官，训练经理可兼任查核主管。

5. 查核组：负责营业人员操作查核，隶属于营业部门或公司，由查核主管与查核专员组成。营业部门（含）以上级别的单位需配置一名查核主管和若干查核专员（营业处的数量与核查专员的人数相同）；如为营业部营业处以下级别的单位，则只配置一名查核主管与一名查核专员，查核主管可由训练经理兼任。

6. 营业处主管：一般由营业处处长担任，该职位等同于大区销售经理，营业处主管的工作职责是制定辖区营业策略，督导完成销售目标。

7. 营业所主管：也称为营业所所长，该职位等同于销售经理，营业所主管的工作职责是规划并执行完成业绩的方案，一般管理 3 ~ 8 个营业组。

8. 营业组主管：也称为营业组组长，该职位等同于销售城市经理，营业组主管的工作职责是执行、督导及协同辅导完成业绩，一般管理 4 ~ 7 名业代。

9. 管理业代：该职位等同于销售主任，一般一个营业组有 1 ~ 2 名管理业代，每名管理业代管理 4 ~ 7 名助理业代，管理业代的主要工作是督导、管理助理业代完成销售业绩。

10. 批发业代：一般一个营业组有 1 ~ 2 名批发业代，批发业代的主要工作是负责拜访批市批发及单点批发客户，每个批发业代负责 120 个客户或两个以上批发市场。

11. 直营业代：负责KA点客户的拜访与服务，每人负责15~20个KA单店或2个以上连锁系统。

12. MA业代：负责拜访MA客户，每人负责60~80个MA店。

13. 直营助代：负责直营客户中部分封闭通路客户的拜访与服务，如加油站、小型连锁便利店。

14. 理货员：协助责任区内的重要客户和封闭通路做陈列、POP粘贴、竞品动态与直营业代的转单报告，一般可分为驻店理货员和巡场理货员。

15. 封闭通路业代：负责城区的学校、网吧、交通航站等封闭通路客户的拜访与服务，每人负责60~80个封闭通路客户。

16. 助理业代：负责城区士多店的拜访与服务，每人负责拜访220点左右的零售点。

17. 驻区业代：负责管理车铺助代和县城助代，每个甲A片区配置1名驻区业代。

18. 外埠业代：负责外埠乙、丙片区的服务，每人负责4~6个片区，帮助经销商建立通路。

19. 外埠助代：负责拜访外埠甲A区域有经济价值的一阶店，每人负责拜访220点左右的零售点。

20. 车铺助代：不属于公司人员，由经销商招募，负责车铺工作，其薪资“论件计酬”，与一般业代不同，广义上的车铺助代是指利用车销工作的人。

21. MD（Merchandising Development）：生动化拓展专员，负责营业所内品牌生动化推广与产品陈列。

22. MS（Marketing Service）：简称行销服务人员，隶属与企划部，负责市场推广工作，每个营业所配备1~2名MS人员。

23. 所物流：隶属于营业部，是负责营业单位出货作业的后勤人员。

24. 所营会：隶属于公司财务部，负责处理行销人员相关的日常财务报支和财产管理等。

25. 对账员：隶属于直营营业所，负责直营客户订单与出货追踪等行政工作。

26. 所内勤：隶属于各营业所，负责营业所的日常行政共作，辅助所长工作。

第 11 章

全书术语表

本章是为了方便读者完整理解本书中的一些术语而设立的。

词语的编排顺序，是按照该词语的汉语拼音的首字字母排列顺序排下来的。

D

定线

定线是指在负责的固定区域划分出6条路线，明确周一至周六的拜访路线，当然这涉及客户的分级，业务人员定出拜访频率，按每天拜访40家客户的标准，安排6天的路线。

注：有些快速消费品企业的管理系统，实行“5+1”工作制度，一周法定工作时间是5天，1天计为加班，共6天。

DC（Distritube Centre）

DC即三阶物流公司。

F

封通

封通即封闭型通路，应该讲全书中的封闭通路、封通、封闭型通路等词统一为封闭通路。

J

经销商（Dealer）

阶

阶即层级，是通路精耕系统的专有名词，在本书第一章中出现过：

“产品从制造商运送到零售商的过程中，中间需经过几个层级，我们就分别将其称为“几阶”。如产品从制造商分别经过经销商、批发商到零售商的通路结构中，我们将经销商称为三阶、批发商称为二阶、零售商则称为一阶。”

价盘（price system）

价盘：即价格体系，指某种商品或服务与销售通路各层级的价格所组成的链接系统。

价格：指消费者获得某种商品或服务所需支付的货币数量。

注：在本书第1版中，有时使用“价盘”，更多时候则使用“价格体系”，现统一为价盘。

L

零售商（Retailer）

量贩店

又称量贩超市、大卖场或超级市场。

M

幕僚

MA（Majoy account）

即中小型超市。

MD（Merchandising Development）

MD即生动化拓展专员，负责营业所内品牌生动化推广与产品陈列。

MS（Marketing Service）

简称行销服务人员，隶属于企划部，负责市场推广工作，每个营业所配备 1～2 名 MS 人员。

K

考虑

原书有些地方将“考虑”与“考量”混用，现全部统一为“考虑”。

客情（Customer relationship）

即客户关系。“客情”的用词与“生意”一词有着同样妙不可言的深意在里面，比客户关系更让人回味。

但是我们有时会说，“我与客户的关系好得很”、“我的客情好”，这两个用法也是不一样的，单独使用时，我们都会用“客情”来表达。

P

批发商（Wholesaler）

POSM 指广告宣传用品。

Q

制造商

本书中的制造商，通常指厂家、制造商。在某种程度上，制造商也指规模化的经销商或品牌运营商，他们也能通过掌握通路精耕的方法成为区域的通路霸主。

R

人流

指人群在商圈中的流动。

S

所长

注：在一些快速消费品企业的管理系统之中及通路精耕体系中，区域营业单位即营业所，营业所的负责人即所长，一些制造商称办事处主任或分公司经理、组长，其他公司称销售主任。

士多

士多店（C-store）

T

通路（Channel）

百度百科解释：“通路”是指产品从生产出来到消费者使用的中间销售过程，现界内习惯把“通路”理解为通路就是流通渠道。“流通”是指将产品从制造者（生产者）移转至使用者（消费者）的过程；而参与这个交易过程的所有制造商就构成所谓的“通路”（Channel），通路又称为营销通路或配销通路。

注：在第 1 版中，我们同时使用了“通路”和“渠道”两个词，为了避免读者的混淆，现在我们全部统一到“通路”这个词上面来。

通路企划（Trade marketing）

英文为 Trade marketing，简称 TM。

TM

见“通路企划”

X

行商（Tradesman）

Y

营业所

指驻总部外的营业网点，又称办事处或分公司。

营会

营业所会计

Z

制造商（Manufacturer）

百度词典解释：或称为“生产厂商”，它是主要包装食品及轻工制品的供应商。它以原料或零组件（自制或外购），经过较为自动化的机器设备及生产工序，制成一系列的日常消费用品（Con Sumer Goods）。较有规模或品牌信誉的供应商除了制造的功能外，通常还从事营销（Marketing）及商品流通（Physical Distribution）或进出口的功能。

注：在第1版中，我们使用了“厂家”、“厂商”、“制造厂商”“公司”这些词，现全部统一为“制造商”。在一些特指制造商的地方使用了“厂商”一词，如今也一并更正。

坐商（Shopkeeper）

坐店经营者，是相对于进行四处走动式经营的行商而言的，通常指零售商。但是，对制造商而言，称经销商为坐商，通常是指坐店经营，工作不主动的经营者。百度百科释义：亦称“坐贾”。开设店肆，销售货物的商人。《宋史·食货志下八》：“居者市鬻，谓之住税，每千钱算三十，大约如此。然无定制，其名物各随地宜而不一焉。”这是坐商缴纳住税的情况。在唐宋及其以后，城市经济发展，坐商的行业越来越多，作用越来越明显。明顾起元《客座赘语》中说：“薪粲（柴米）而下，百物皆仰给于贸易。”

转单

转移订单（拿订单送货）

“本土管理实践与创新论坛”成立

长期以来，中国企业在学习西方管理、本土化实践中不断进步。经济进入新常态，管理也要进入深水区。东西方企业与管理，有共性，也有个性。本土管理领域正在产生自己独特的理论与模式。尤其在移动互联时代，中国的情况与西方更不同，有很多新课题，需要本土专家们一起研究。

为此，博瑞森图书与各位本土管理专家作者，联合成立“本土管理实践与创新论坛”！“论坛”不以盈利为目的。“论坛”的宗旨是：

孵化思想——加速本土管理思想的孕育诞生

促进实践——促进本土管理创新成果更好服务企业、贡献社会

交流协作——加强本土管理界业内交流、协作

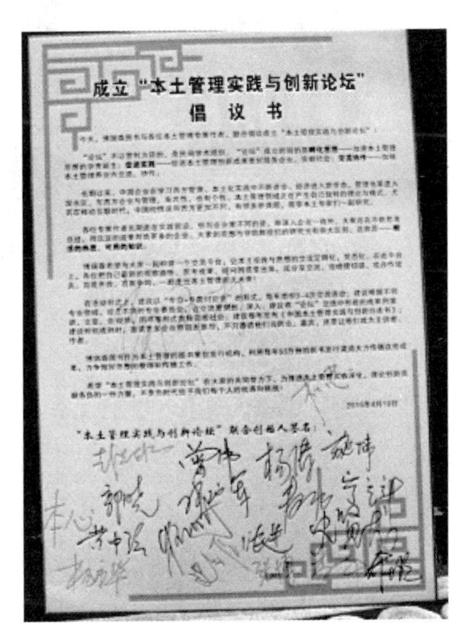

成立“本土管理实践与创新论坛”
倡 议 书

通过这个论坛，让本土实践与思想的交流定期化、常态化。在此平台上，各位作者把自己最新的观察感悟、思考成果、疑问困惑拿出来，或分享交流、或碰撞切磋、或合作攻关。通过举办“年度论坛”、出版《年度报告》等方式，百花齐放、百家争鸣，一起走出本土管理的大未来！

“本土管理实践与创新论坛”联合创始人

彭志雄、曾伟、宋新宇、杨涛、施炜、郭晓、张学军、秦国伟、宁立新、黄中强、程绍珊、张进、史贤龙、杨永华、高可为、史立臣、张博、李志华、张本心、余世耀、杜忠（以年龄为序，以示本土管理群体思想传承之意）

博瑞森图书分类导读图＋书目

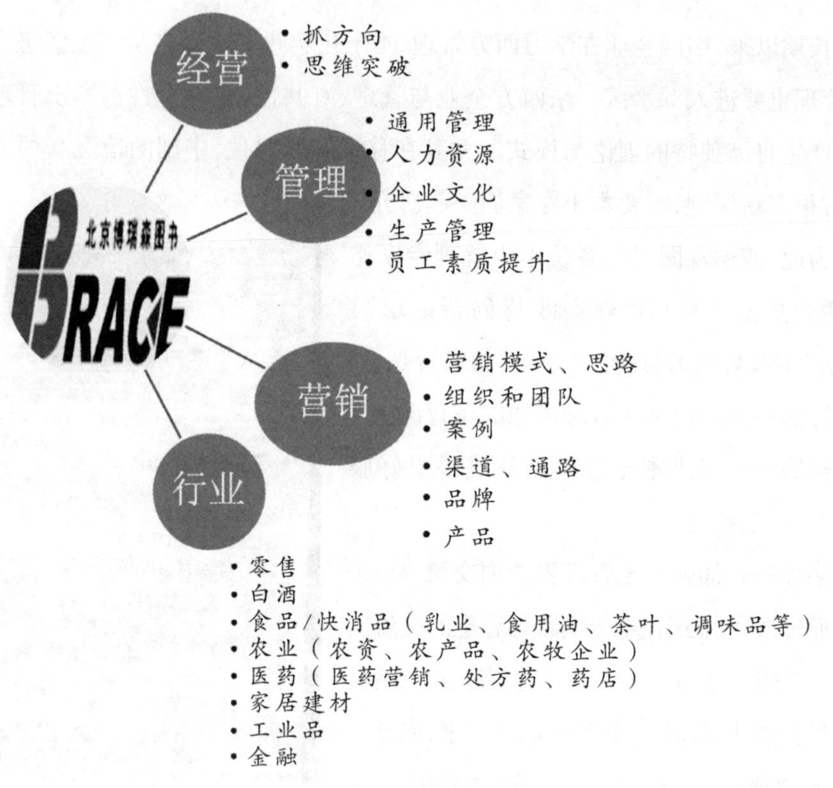

更多实战好书，请关注“**博瑞森管理图书网**”

BRACE http://www.bracebook.com.cn

博瑞森图书：多读干货，少走弯路

互联网 +

	书名．作者	内容/特色	读者价值
互联网+	**移动互联新玩法:未来商业的格局和趋势** 史贤龙　著	传统商业、电商、移动互联,三个世界并存,这种新格局的玩法一定要懂	看清热点的本质,把握行业先机,一本书搞定移动互联网
	创造增量市场:传统企业互联网转型之道 刘红明　著	传统企业需要用互联网思维去创造增量,而不是用电子商务去转移传统业务的存量	教你怎么在"互联网 +"的海洋中创造实实在在的增量
	画出公司的互联网进化路线图:用互联网思维重塑产品、客户和价值 李　蓓　著	18 个问题帮助企业一步步梳理出互联网转型思路	思路清晰、案例丰富,非常有启发性
	7 个转变,让公司 3 年胜出 李　蓓　著	消费者主权时代,企业该怎么办	这就是互联网思维,老板有能这样想,肯定倒不了
	重生战略:移动互联网和大数据时代的转型法则 沈　拓　著	在移动互联网和大数据时代,传统企业转型如同生命体打算与再造,称之为"重生战略"	帮助企业认清移动互联网环境下的变化和应对之道
	跳出同质思维,从跟随到领先 郭　剑　著	66 个精彩案例剖析,帮助老板突破行业长期思维惯性	做企业竟然有这么多玩法,开眼界
	今后这样做品牌:移动互联时代的品牌营销策略 蒋　军　著	与移动互联紧密结合,告诉你老方法还能不能用,新方法怎么用	今后这样做品牌就对了
	互联网 +"变"与"不变":本土管理实践与创新论坛集萃．2016 本土管理实践与创新论坛　著	本土管理领域正在产生自己独特的理论和模式,尤其在移动互联时代,有很多新课题需要本土专家们一起研究	帮助读者拓宽眼界、突破思维
	微商生意经:揭秘 33 个微商鲜为人知的赚钱秘诀 伏泓霖　罗晓慧　著	本书为 33 个真实案例,分享案例主人公在做微商过程中的经验教训	案例真实,有借鉴意义

行业类:零售、白酒、食品/快消品、农业、医药、建材家居等

	书名．作者	内容/特色	读者价值
零售·超市·餐饮·服装·汽车	1. 总部有多强大,门店就能走多远 2. 超市卖场定价策略与品类管理 3. 连锁零售企业招聘与培训破解之道 4. 中国首家未来超市:解密安徽乐城 5. 三四线城市超市如何快速成长:解密甘雨亭 IBMG 国际商业管理集团　著	国内外标杆企业的经验 + 本土实践量化数据 + 操作步骤、方法	通俗易懂,行业经验丰富,宝贵的行业量化数据,关键思路和步骤
	涨价也能卖到翻 村松达夫　【日】	提升客单价的 15 种实用、有效的方法	日本企业在这方面非常值得学习和借鉴
	零售:把客流变成购买力 丁　昀　著	如何通过不断升级产品和体验式服务来经营客流	如何进行体验营销,国外的好经营,这方面有启发
	餐饮企业经营策略第一书 吴　坚　著	分别从产品、顾客、市场、盈利模式等几个方面,对现阶段餐饮企业的发展提出策略和思路	第一本专业的、高端的餐饮企业经营指导书
	赚不赚钱靠店长:从懂管理到会经营 孙彩军　著	通过生动的案例来进行剖析,注重门店管理细节方面的能力提升	帮助终端门店店长在管理门店的过程中实现经营思路的拓展与突破
	汽车配件这样卖:汽车后市场销售秘诀 100 条 俞士耀　著	汽配销售业务员必读,手把手教授最实用的方法,轻松得来好业绩	快速上岗,专业实效,业绩无忧

续表

白酒	变局下的白酒企业重构 杨永华　著	帮助白酒企业从产业视角看清趋势，找准位置，实现弯道超车的书	行业内企业要减少90%，自己在什么位置，怎么做，都清楚了
	1. 白酒营销的第一本书 2. 白酒经销商的第一本书 唐江华　著	华泽集团湖南开口笑公司品牌部长，擅长酒类新品推广、新市场拓展	扎根一线，实战
	区域型白酒企业营销必胜法则 朱志明　著	为区域型白酒企业提供35条必胜法则，在竞争中赢销的葵花宝典	丰富的一线经验和深厚积累，实操实用
	10步成功运作白酒区域市场 朱志明　著	白酒区域操盘者必备，掌握区域市场运作的战略、战术、兵法	在区域市场的攻伐防守中运筹帷幄，立于不败之地
	酒业转型大时代：微酒精选2014－2015 微酒　主编	本书分为五个部分：当年大事件、那些酒业营销工具、微酒独立策划、业内大调查和十大经典案例	了解行业新动态、新观点，学习营销方法
快消品·食品	乳业营销第一书 侯军伟　著	对区域乳品企业生存发展关键性问题的梳理	唯一的区域乳业营销书，区域乳品企业一定要看
	食用油营销第一书 余　盛　著	10多年油脂企业工作经验，从行业到具体实操	食用油行业第一书，当之无愧
	中国茶叶营销第一书 柏　龑　著	如何跳出茶行业"大文化小产业"的困境，作者给出了自己的观察和思考	不是传统做茶的思路，而是现在商业做茶的思路
	调味品营销第一书 陈小龙　著	国内唯一一本调味品营销的书	唯一的调味品营销的书，调味品的从业者一定要看
	快消品营销人的第一本书：从入门到精通 刘　雷　伯建新　著	快消行业必读书，从入门到专业	深入细致，易学易懂
	变局下的快消品营销实战策略 杨永华　著	通胀了，成本增加，如何从被动应战变成主动的"系统战"	作者对快消品行业非常熟悉、非常实战
	快消品经销商如何快速做大 杨永华　著	本书完全从实战的角度，评述现象，解析误区，揭示原理，传授方法	为转型期的经销商提供了解决思路，指出了发展方向
	一位销售经理的工作心得 蒋　军　著	一线营销管理人员想提升业绩却无从下手时，可以看看这本书	一线的真实感悟
	快消品营销：一位销售经理的工作心得2 蒋　军　著	快消品、食品饮料营销的经验之谈，重点图书	来源与实战的精华总结
	快消品营销与渠道管理 谭长春　著	将快消品标杆企业渠道管理的经验和方法分享出来	可口可乐、华润的一些具体的渠道管理经验，实战
	成为优秀的快消品区域经理 伯建新　著	37个"怎么办"分析区域经理的工作关键点	可以作为区域经理的'速成催化器'
	销售轨迹：一位快消品营销总监的拼搏之路 秦国伟　著	本书讲述了一个普通销售员打拼成为跨国企业营销总监的真实奋斗历程	激励人心，给广大销售员以力量和鼓舞
	快消老手都在这样做：区域经理操盘锦囊 方刚　著	非常接地气，全是多年沉淀下来的干货，丰富的一线经验和实操方法不可多得	在市场摸爬滚打的"老油条"，那些独家绝招妙招一般你问都是问不来的
农业	农资营销实战全指导 张　博　著	农资如何向"深度营销"转型，从理论到实践进行系统剖析，经验资深	朴实、使用！不可多得的农资营销实战指导
	农产品营销第一书 胡浪球　著	从农业企业战略到市场开拓、营销、品牌、模式等	来源于实践中的思考，有启发
	变局下的农牧企业发展9大策略 彭志雄　著	食品安全、纵向延伸、横向联合、品牌建设……	唯一的农牧企业经营实操的书，农牧企业一定要看

续表

医药	**新医改下医药营销与团队管理** 史立臣　著	探讨新医改对医药行业的系列影响和医药团队管理	帮助理清思路，有一个框架
	医药营销与处方药学术推广 马宝琳　著	如何用医学策划把“平民产品”变成“明星产品”	有真货、讲真话的作者，堪称处方药营销的经典！
	新医改了，药店就要这样开 尚　锋　著	药店经营、管理、营销全攻略	有很强的实战性和可操作性
	电商来了，实体药店如何突围 尚　锋　著	电商崛起，药店该如何突围？本书从促销、会员服务、专业性、客单价等多重角度给出了指导方向	实战攻略，拿来就能用
	在中国，医药营销这样做：时代方略精选文集 段继东　主编	专注于医药营销咨询15年，将医药营销方法的精华文章合编，深入全面	可谓医药营销领域的顶尖著作，医药界读者的必读书
	OTC医药代表药店开发与维护 鄢圣安　著	要做到一名专业的医药代表，需要做什么、准备什么、知识储备、操作技巧等	医药代表药店拜访的指导手册，手把手教你快速上手
	引爆药店成交率1：店员导购实战 范月明　著	一本书解决药店导购所有难题	情景化、真实化、实战化
	引爆药店成交率2：经营落地实战 范月明　著	最接地气的经营方法全指导	揭示了药店经营的几类关键问题
	医药企业转型升级战略 史立臣　著	药企转型升级有5大途径，并给出落地步骤及风险控制方法	实操性强，有作者个人经验总结及分析
建材家居	**建材家居营销实务** 程绍珊　杨鸿贵　主编	价值营销运用到建材家居，每一步都让客户增值	有自己的系统、实战
	建材家居门店销量提升 贾同领　著	店面选址、广告投放、推广助销、空间布局、生动展示、店面运营等	门店销量提升是一个系统工程，非常系统、实战
	10步成为最棒的建材家居门店店长 徐伟泽　著	实际方法易学易用，让员工能够迅速成长，成为独当一面的好店长	只要坚持这样干，一定能成为好店长
	手把手帮建材家居导购业绩倍增：成为顶尖的门店店员 熊亚柱　著	生动的表现形式，让普通人也能成为优秀的导购员，让门店业绩长红	读着有趣，用着简单，一本在手、业绩无忧
	建材家居经销商实战42章经 王庆云　著	告诉经销商：老板怎么当、团队怎么带、生意怎么做	忠言逆耳，看着不舒服就对了，实战总结，用一招半式就值了
工业品	**解决方案营销实战案例** 刘祖轲　著	用10个真案例讲明白什么是工业品的解决方案式营销，实战、实用	有干货、真正操作过的才能写得出来
	变局下的工业品企业7大机遇 叶敦明　著	产业链条的整合机会、盈利模式的复制机会、营销红利的机会、工业服务商转型机会……	工业品企业还可以这样做，思维大突破
	工业品市场部实战全指导 杜　忠　著	工业品市场部经理工作内容全指导	系统、全面、有理论、有方法，帮助工业品市场部经理更快提升专业能力
	工业品营销管理实务 李洪道　著	中国特色工业品营销体系的全面深化、工业品营销管理体系优化升级	工具更实战，案例更鲜活，内容更深化
	工业品企业如何做品牌 张东利　著	为工业品企业提供最全面的品牌建设思路	有策略、有方法、有思路、有工具
	丁兴良讲工业4.0 丁兴良　著	没有枯燥的理论和说教，用朴实直白的语言告诉你工业4.0的全貌	工业4.0是什么？本书告诉你答案
	大客户营销，好策略带动强执行 叶敦明　著	从业务开发、发起攻势、关系培育、职业成长四个方面，详述了大客户营销的精髓	满满的全是干货
	营销取胜靠订单：订单驱动下的工业品营销实践 唐道明　著	其实，所有的企业都在围绕着两个字在开展全部的经营和管理工作，那就是“订单”	开发订单、满足订单、扩大订单。本书全是实操方法，字字珠玑、句句干货，教你获得营销的胜利

续表

金融	**交易心理分析** (美)马克·道格拉斯　著 刘真如　译	作者一语道破赢家的思考方式，并提供了具体的训练方法	不愧是投资心理的第一书，绝对经典
	精品银行管理之道 崔海鹏　何　屹　主编	中小银行转型的实战经验总结	中小银行的教材很多，实战类的书很少，可以看看
	支付战争 Eric M. Jackson　著 徐　彬　王　晓　译	PayPal创业期营销官，亲身讲述PayPal从诞生到壮大到成功出售的整个历史	激烈、有趣的内幕商战故事！了解美国支付市场的风云巨变
房地产	**产业园区/产业地产规划、招商、运营实战** 阎立忠　著	目前中国第一本系统解读产业园区和产业地产建设运营的实战宝典	从认知、策划、招商到运营全面了解地产策划
	人文商业地产策划 戴欣明　著	城市与商业地产战略定位的关键是不可复制性，要发现独一无二的"味道"	突破千城一面的策划困局

经营类：企业如何赚钱，如何抓机会，如何突破，如何"开源"

	书名．作者	内容/特色	读者价值
抓方向	**让经营回归简单．升级版** 宋新宇　著	化繁为简抓住经营本质：战略、客户、产品、员工、成长	经典，做企业就这几个关键点！
	企业由小到大要过哪些坎 卢　强　著	老板手里的一张"企业成长路线图"	现在我在哪儿，未来还要走哪些路，都清楚了
	企业二次创业成功路线图 夏惊鸣　著	企业曾经抓住机会成功了，但下一步该怎么办？	企业怎样获得第二次成功，心里有个大框架了
	老板经理人双赢之道 陈　明　著	经理人怎养选平台、怎么开局，老板怎样选/育/用/留	老板生闷气，经理人牢骚大，这次知道该怎么办了
	简单思考：AMT咨询创始人自述 孔祥云　著	著名咨询公司(AMT)的CEO创业历程中点点滴滴的经验与思考	每一位咨询人，每一位创业者和管理经营者，都值得一读
	企业文化的逻辑 王祥伍　黄健江　著	为什么企业绩效如此不同，解开绩效背后的文化密码	少有的深刻，有品质，读起来很流畅
	使命驱动企业成长 高可为　著	钱能让一个人今天努力，使命能让一群人长期努力	对于想做事业的人，'使命'是绕不过去的
思维突破	**移动互联新玩法：未来商业的格局和趋势** 史贤龙　著	传统商业、电商、移动互联，三个世界并存，这种新格局的玩法一定要懂	看清热点的本质，把握行业先机，一本书搞定移动互联网
	画出公司的互联网进化路线图：用互联网思维重塑产品、客户和价值 李　蓓　著	18个问题帮助企业一步步梳理出互联网转型思路	思路清晰、案例丰富，非常有启发性
	重生战略：移动互联网和大数据时代的转型法则 沈　拓　著	在移动互联网和大数据时代，传统企业转型如同生命体打算与再造，称之为"重生战略"	帮助企业认清移动互联网环境下的变化和应对之道
	创造增量市场：传统企业互联网转型之道 刘红明　著	传统企业需要用互联网思维去创造增量，而不是用电子商务去转移传统业务的存量	教你怎么在"互联网+"的海洋中创造实实在在的增量
	7个转变，让公司3年胜出 李　蓓　著	消费者主权时代，企业该怎么办	这就是互联网思维，老板有能这样想，肯定倒不了
	跳出同质思维，从跟随到领先 郭　剑　著	66个精彩案例剖析，帮助老板突破行业长期思维惯性	做企业竟然有这么多玩法，开眼界
	麻烦就是需求　难题就是商机 卢根鑫　著	如何借助客户的眼睛发现商机	什么是真商机，怎么判断、怎么抓，有借鉴
	2015本土管理实践与创新论坛思想荟萃	加速本土管理思想的孕育诞生，促进本土管理创新成果更好地服务企业、贡献社会	各个作者本年度最新思想，帮助读者拓宽眼界、突破思维

续表

管理类:效率如何提升,如何实现经营目标,如何“节流”			
	书名. 作者	内容/特色	读者价值
通用管理	1. 让管理回归简单. 升级版 2. 让经营回归简单. 升级版 3. 让用人回归简单 宋新宇 著	宋博士的“简单”三部曲,影响20万读者,非常经典	被读者热情地称作“中小企业的管理圣经”
	边干边学做老板 黄中强 著	创业20多年的老板,有经验、能写、又愿意分享,这样的书很少	处处共鸣,帮助中小企业老板少走弯路
	阿米巴经营的中国模式 李志华 著	让员工从“要我干”到“我要干”,价值量化出来	阿米巴在企业如何落地,明白思路了
	阿米巴中国落地实践三部曲之科学划分阿米巴 胡八一 著	重点讲解如何科学划分阿米巴单元,阐述划分的实操要领、思路、方法、技术与工具	最大限度减少“推行风险”和“摸索成本”,利于公司成功搭建适合自身的个性化阿米巴经营体系
	欧博心法:好管理靠修行 曾 伟 著	用佛家的智慧,深刻剖析管理问题,见解独到	如果真的有‘中国式管理’,曾老师是其中标志性人物
流程管理	1. 用流程解放管理者 2. 用流程解放管理者2 张国祥 著	中小企业阅读的流程管理、企业规范化的书	通俗易懂,理论和实践的结合恰到好处
	跟我们学建流程体系 陈立云 著	畅销书《跟我们学做流程管理》系列,更实操,更细致,更深入	更多地分享实践,分享感悟,从实践总结出来的方法论
战略落地	公司大了怎么管:从靠英雄到靠组织 AMT 金国华 著	第一次详尽阐释中国快速成长型企业的特点、问题及解决之道	帮助快速成长型企业领导及管理团队理清思路,突破瓶颈
	低效会议怎么改:每年节省一半会议成本的秘密 AMT 王玉荣 著	教你如何系统规划公司的各级会议,一本工具书	教会你科学管理会议的办法
	年初订计划,年尾有结果:战略落地七步成诗 AMT 郭晓 著	7个步骤教会你怎么让公司制定的战略转变为行动	系统规划,有效指导计划实现
企业案例·老板传记	宗:一位制造业企业家的思考 杨 涛 著	1993年创业,引领企业平稳发展20多年,分享独到的心得体会	难得的一本老板分享经验的书
	简单思考:AMT咨询创始人自述 孔祥云 著	著名咨询公司(AMT)的CEO创业历程中点点滴滴的经验与思考	每一位咨询人,每一位创业者和管理经营者,都值得一读
	六个核桃凭什么:从0到150亿 张学军 著	首部全面揭秘养元六个核桃裂变式成长的巨著	学习优秀企业的成长路径,了解其背后的理论体系
	三四线城市超市如何快速成长:解密甘雨亭 IBMG 国际商业管理集团 著	国内外标杆企业的经验+本土实践量化数据+操作步骤、方法	通俗易懂,行业经验丰富,宝贵的行业量化数据,关键思路和步骤
	中国首家未来超市:解密安徽乐城 IBMG 国际商业管理集团 著	本书深入挖掘了安徽乐城超市的试验案例,为零售企业未来的发展提供了一条可借鉴之路	通俗易懂,行业经验丰富,宝贵的行业量化数据,关键思路和步骤
	借力咨询:德邦成长背后的秘密 官同良 王祥伍 著	讲述德邦是如何借助咨询公司的力量进行自身 与发展的	来自德邦内部的第一线资料,真实、珍贵,令人受益匪浅
人力资源	回归本源看绩效 孙 波 著	让绩效回顾“改进工具”的本源,真正为企业所用	确实是来源于实践的思考,有共鸣
	曹子祥教你做绩效管理 曹子祥 著	复杂的理论通俗化,专业的知识简单化,企业绩效管理共性问题的解决方案	轻松掌握绩效管理
	把招聘做到极致 远 鸣 著	作为世界500强高级招聘经理,作者数十年招聘经验的总结分享	带来职场思考境界的提升和具体招聘方法的学习
	人才评价中心. 超级漫画版 邢 雷 著	专业的主题,漫画的形式,只此一本	没想到一本专业的书,能写成这效果

续表

人力资源	**走出薪酬管理误区** 全怀周　著	剖析薪酬管理的8大误区，真正发挥好枢纽作用	值得企业深读的实用教案
	集团化人力资源管理实践 李小勇　著	对搭建集团化的企业很有帮助，务实，实用	最大的亮点不是理论，而是结合实际的深入剖析
	我的人力资源咨询笔记 张　伟　著	管理咨询师的视角，思考企业的HR管理	通过咨询师的眼睛对比很多企业，有启发
	本土化人力资源管理8大思维 周　剑　著	成熟HR理论，在本土中小企业实践中的探索和思考	对企业的现实困境有真切体会，有启发
	HRBP是这样炼成的之“菜鸟起飞” 新　海　著	以小说的形式，具体解析HRBP的职责，应该如何操作，如何为业务服务	实践者的经验分享，内容实务具体，形式有趣
企业文化	**华夏基石方法：企业文化落地本土实践** 王祥伍　谭俊峰　著	十年积累、原创方法、一线资料，和盘托出	在文化落地方面真正有洞察，有实操价值的书
	企业文化的逻辑 王祥伍　著	为什么企业之间如此不同，解开绩效背后的文化密码	少有的深刻，有品质，读起来很流畅
	企业文化激活沟通 宋杼宸　安　琪　著	透过新任HR总经理的眼睛，揭示出沟通与企业文化的关系	有实际指导作用的文化落地读本
	在组织中绽放自我：从专业化到职业化 朱仁健　王祥伍　著	个人如何融入组织，组织如何助力个人成长	帮助企业员工快速认同并投入到组织中去，为企业发展贡献力量
	企业文化定位·落地一本通 王明胤　著	把高深枯燥的专业理论创建成一套系统化、实操化、简单化的企业文化缔造方法	对企业文化不了解，不会做？有这一本从概念到实操，就够了
生产管理	**高员工流失率下的精益生产** 余伟辉　著	中国的精益生产必须面对和解决高员工流失率问题	确实来源于本土的工厂车间，很务实
	车间人员管理那些事儿 岑立聪　著	车间人员管理中处理各种“疑难杂症”的经验和方法	基层车间管理者最闹心、头疼的事，‘打包’解决
	1. 欧博心法：好管理靠修行 **2. 欧博心法：好工厂这样管** 曾　伟　著	他是本土最大的制造业管理咨询机构创始人，他从400多个项目、上万家企业实践中锤炼出的欧博心法	中小制造型企业，一定会有很强的共鸣
	欧博工厂案例1：生产计划管控对话录 **欧博工厂案例2：品质技术改善对话录** **欧博工厂案例3：员工执行力提升对话录** 曾　伟　著	最典型的问题、最详尽的解析，工厂管理9大问题27个经典案例	没想到说得这么细，超出想象，案例很典型，照搬都可以了
	苦中得乐：管理者的第一堂必修课 曾　伟　编著	曾伟与师傅大愿法师的对话，佛学与管理实践的碰撞，管理禅的修行之道	用佛学最高智慧看透管理
	比日本工厂更高效1：管理提升无极限 刘承元　著	指出制造型企业管理的六大积弊；颠覆流行的错误认知；掌握精益管理的精髓	每一个企业都有自己不同的问题，管理没有一剑封喉的秘笈，要从现场、现物、现实出发
	比日本工厂更高效2：超强经营力 刘承元　著	企业要获得持续盈利，就要开源和节流，即实现销售最大化，费用最小化	掌握提升工厂效率的全新方法
	比日本工厂更高效3：精益改善力的成功实践 刘承元　著	工厂全面改善系统有其独特的目的取向特征，着眼于企业经营体质（持续竞争力）的建设与提升	用持续改善力来飞速提升工厂的效率，高效率能够带来意想不到的高效益
	3A顾问精益实践1：IE与效率提升 党新民　苏迎斌　蓝旭日　著	系统的阐述了IE技术的来龙去脉以及操作方法	使员工与企业持续获利

续表

员工素质提升	**跟老板"偷师"学创业** 吴江萍　余晓雷　著	边学边干,边观察边成长,你也可以当老板	不同于其他类型的创业书,让你在工作中积累创业经验,一举成功
	销售轨迹:一位快消品营销总监的拼搏之路 秦国伟　著	本书讲述了一个普通销售员打拼成为跨国企业营销总监的真实奋斗历程	激励人心,给广大销售员以力量和鼓舞
	在组织中绽放自我:从专业化到职业化 朱仁健　王祥伍　著	个人如何融入组织,组织如何助力个人成长	帮助企业员工快速认同并投入到组织中去,为企业发展贡献力量
	企业员工弟子规:用心做小事,成就大事业 贾同领　著	从传统文化《弟子规》中学习企业中为人处事的办法,从自身做起	点滴小事,修养自身,从自身的改善得到事业的提升
	手把手教你做顶尖企业内训师:TTT培训师宝典 熊亚柱　著	从课程研发到现场把控、个人提升都有涉及,易读易懂,内容丰富全面	想要做企业内训师的员工有福了,本书教你如何抓住关键,从入门到精通

营销类:把客户需求融入企业各环节,提供"客户认为"有价值的东西

	书名.作者	内容/特色	读者价值
营销模式	**变局下的营销模式升级** 程绍珊　叶　宁　著	客户驱动模式、技术驱动模式、资源驱动模式	很多行业的营销模式被颠覆,调整的思路有了!
	卖轮子 科克斯【美】	小说版的营销学!营销理念巧妙贯穿其中,贵在既有趣,又有深度	经典、有趣!一个故事读懂营销精髓
	弱势品牌如何做营销 李政权　著	中小企业虽有品牌但没名气,营销照样能做的有声有色	没有丰富的实操经验,写不出这么具体、详实的案例和步骤,很有启发
	老板如何管营销 史贤龙　著	高段位营销16招,好学好用	老板能看,营销人也能看
	动销:产品是如何畅销起来的 吴江萍　余晓雷　著	真真切切告诉你,产品究竟怎么才能卖出去	击中痛点,提供方法,你值得拥有
组织和团队	**升级你的营销组织** 程绍珊　吴越舟　著	用"有机性"的营销组织替代"营销能人",营销团队变成"铁营盘"	营销队伍最难管,程老师不愧是营销第1操盘手,步骤方法都很成熟
	用数字解放营销人 黄润霖　著	通过量化帮助营销人员提高工作效率	作者很用心,很好的常备工具书
	成为优秀的快消品区域经理 伯建新　著	37个"怎么办"分析区域经理的工作关键点	可以作为区域经理的'速成催化器'
	一位销售经理的工作心得 蒋　军　著	一线营销管理人员想提升业绩却无从下手时,可以看看这本书	一线的真实感悟
	快消品营销:一位销售经理的工作心得2 蒋　军　著	快消品、食品饮料营销的经验之谈,重点突出	来源于实战的精华总结
	销售轨迹:一位快消品营销总监的拼搏之路 秦国伟　著	本书讲述了一个普通销售员打拼成为跨国企业营销总监的真实奋斗历程	激励人心,给广大销售员以力量和鼓舞
	用营销计划锁定胜局:用数字解放营销人2 黄润霖　著	全方位教你怎么做好营销计划,好学好用真简单	照搬套用就行,做营销计划再也不头痛
	快消品营销人的第一本书:从入门到精通 刘　雷　伯建新　著	快消行业必读书,从入门到专业	深入细致,易学易懂
营销案例	**解决方案营销实战案例** 刘祖轲　著	用10个真案例讲明白什么是工业品的解决方案式营销,实战、实用	有干货、真正操作过的才能写得出来
	招招见销量的营销常识 刘文新　著	如何让每一个营销动作都直指销量	适合中小企业,看了就能用

续表

营销案例	**我们的营销真案例** 联纵智达研究院　著	五芳斋粽子从区域到全国/诺贝尔瓷砖门店销量提升/利豪家具出口转内销/汤臣倍健的营销模式	选择的案例都很有代表性，实在、实操！
	中国营销战实录：令人拍案叫绝的营销真案例 联纵智达　著	51 个案例，42 家企业，38 万字，18 年，累计 2000 余人次参与……	最真实的营销案例，全是一线记录，开阔眼界
	双剑破局：沈坤营销策划案例集 沈　坤　著	双剑公司多年来的精选案例解析集，阐述了项目策划中每一个营销策略的诞生过程，策划角度和方法	一线真实案例，与众不同的策划角度令人拍案叫绝、受益匪浅
产品	**产品炼金术Ⅰ：如何打造畅销产品** 史贤龙　著	满足不同阶段、不同体量、不同行业企业对产品的完整需求	必须具备的思维和方法，避免在产品问题上走弯路
	产品炼金术Ⅱ：如何用产品驱动企业成长 史贤龙　著	做好产品、关注产品的品质，就是企业成功的第一步	必须具备的思维和方法，避免在产品问题上走弯路
	新产品开发管理，就用 IPD 郭富才　著	10 年 IPD 研发管理咨询总结，国内首部 IPD 专业著作	一本书掌握 IPD 管理精髓
品牌	**中小企业如何建品牌** 梁小平　著	中小企业建品牌的入门读本，通俗、易懂	对建品牌有了一个整体框架
	采纳方法：破解本土营销 8 大难题 朱玉童　编著	全面、系统、案例丰富、图文并茂	希望在品牌营销方面有所突破的人，应该看看
	中国品牌营销十三战法 朱玉童　编著	采纳 20 年来的品牌策划方法，同时配有大量的案例	众包方式写作，丰富案例给人启发，极具价值
	今后这样做品牌：移动互联时代的品牌营销策略 蒋军　著	与移动互联紧密结合，告诉你老方法还能不能用，新方法怎么用	今后这样做品牌就对了
渠道通路	**快消品营销与渠道管理** 谭长春　著	将快消品标杆企业渠道管理的经验和方法分享出来	可口可乐、华润的一些具体的渠道管理经验，实战
	传统行业如何用网络拿订单 张　进　著	给老板看的第一本网络营销书	适合不懂网络技术的经营决策者看
	采纳方法：化解渠道冲突 朱玉童　编著	系统剖析渠道冲突，21 个渠道冲突案例、情景式讲解，37 篇讲义	系统、全面
	学话术　卖产品 张小虎　著	分析常见的顾客异议，将优秀的话术模块化	让普通导购员也能成为销售精英
	向高层销售：与决策者有效打交道 贺兵一　著	一套完整有效的销售策略	有工具，有方法，有案例，通俗易懂
	通路精耕操作全解：快消品 20 年实战精华 周　俊　陈小龙　著	通路精耕的详细全解，每一步的具体操作方法和表单全部无保留提供	康师傅二十年的经验和精华，实践证明的最有效方法，教你如何主宰通路

思想·文化

	书名．作者	内容/特色	读者价值
思想·文化	**史幼波中庸讲记（上下册）** 史幼波　著	全面、深入浅出地揭示儒家中庸文化的真谛	儒释道三家思想融汇贯通
	史幼波心经讲记（上下册） 史幼波　著	句句精讲，句句透彻，佛法经典的多角度阐释	通俗易懂，将深刻的教理以浅显的语言讲出来
	史幼波大学讲记 史幼波　著	用儒释道的观点阐释大学的深刻思想	一本书读懂传统文化经典
	史幼波《周子通书》《太极图说》讲记 史幼波　著	把形而上的宇宙、天地，与形而下的社会、人生、经济、文化等融合在一起	将儒家的一整套学修系统融合起来